CW01631887

© Éditions du Palio, octobre 2008.

Témoignages d'aujourd'hui
recueillis par Étienne Gotschaux

Transmettre le judaïsme...

Préface de Robert Misrahi

Professeur émérite de l'université Paris I

Avant-propos de Marie-Françoise Bonicel

Docteur en psychologie sociale clinique - Diplômée de l'IEP de Strasbourg
Maître de conférence en psychologie de l'université de Reims

Post-propos de Claude Birman

Professeur de chaire supérieure de philosophie
en classes préparatoires aux grandes écoles
Professeur au Collège d'études juives et au Séminaire d'études juives
de l'Alliance israélite universelle

Éditions du Palio

Ouvrage réalisé avec le soutien de l'AECJ/Dapim.

Couverture : Sophie Berlioz.
Iconographie : © Galyna Baibakova - Fotolia.

Ma gratitude va bien sûr par priorité à toutes celles et à tous ceux qui ont accepté de m'accorder un entretien. Je dois leur dire ma reconnaissance pour avoir, tous sans exception, accepté de livrer leur témoignage avec courage et authenticité.

Plus encore, je leur sais gré d'être restés fidèles à leur discours lorsqu'il fallut en corriger la retranscription.

Sans elles et sans eux, je n'aurai pas eu la chance de ces rencontres si riches, et combien émouvantes.
Sans elles et sans eux, ce livre n'aurait pas existé.

Mes remerciements vont à M. Robert Misrahi qui a honoré cet ouvrage en acceptant d'en rédiger la préface, faisant ainsi un beau cadeau à l'un de ses anciens élèves.

Comment ne pas dire à Marie-Françoise Bonicel que je le suis redevable de son écoute et de ses savoirs. Elle était toute désignée pour présenter « les mécanismes de construction qui forgent une transmission », ce qui, bien évidemment, ne concerne pas que les Juifs.

Une mention spéciale est méritée par mon maître en philosophie juive, Claude Birman, dont l'érudition ne cesse de développer mon admiration... et ma jalousie.

Je tiens à dire à Sophie Berlioz combien j'ai apprécié sa disponibilité et sa compétence technique, si précieuses lors de la mise en page et de l'élaboration de la couverture de cet ouvrage.

Enfin, comment ne pas remercier mon épouse Nadine, pour sa patience et ses avis toujours aussi sûrs.

Étienne Gotschaux

ג. זרעו של אברהם

"כה יהיה זרעך": אמר ר' לוי בשם ר' יוחנן: למה הדבר דומה? למי שיצא לדרך והלך במדבר יום הראשון ויום השני ויום השלישי עד עשרה ימים, ולא מצא לא עיר ולא פנדק, ולא אילן ולא מים ולא בריה. ואחר שהלך עשרה ימים צפה אילן אחד ברחוק, אמר: שמא יש תחתיו מים. כיון שהגיע אצליו מצאו עומד על המעין, ראה אותו נאה ופירותיו מתוקים וענפיו נאים וצלו נאה, ישב לו ונתקרר בצלו ואכל מן פירותיו ושתה מן המעין וערב לו ושבת נפשו עליו. כיון שעמד לילך אמר לאילן: אילן, אילן, במה אברכך ומה יש לי לומר לך? שיהא עצך נאה - נאה הוא; שיהא צלך נאה - כבר הוא נאה; שיהיו ענפיך נאים - נאים הם; שיהיו פירותיך מתוקים - מתוקים הם; שיהא מעין יוצא מתחת קרקעך - כבר מעין יוצא מתחת קרקעך; שתהא עומד במקום חביב - במקום חביב אתה עומד. במה אברכך? אלא כל הנטיעות העומדות ממך יהיו כמותך. כך כשברא הקדוש־ברוך־הוא את־העולם עמדו עשרים דור ולא היתה בהם תועלת ולא עמד מהם צדיק עד אחר עשרים דור. צפה הקדוש־ברוך־הוא את אברהם, שהיה נתון בארץ כשדים, ואמר הקדוש־ברוך־הוא: תאמר שיש בו כח לעמוד? כיון שהשליכו אותו לכבשן־האש וקדש שמו של הקדוש־ברוך־הוא ועמד בנסיונו, מיד קרבו הקדוש־ברוך־הוא לארץ־ישראל. בנה לו את הפנדק והיה זן עוברים ושבים, והיה מכניס את־הבריות תחת כנפי השכינה, והודיע כבודו של הקדוש־ברוך־הוא בעולם. אמר לו הקדוש־ברוך־הוא: אברהם, אברהם, מה יש לי לומר לך ובמה אברכך? שתהא שלם וצדיק לפני, או שתהא שרה אשתך צדקת לפני - צדיק אתה ושרה אשתך צדקת לפני; או שיהיו כל בני־ביתך צדיקים - צדיקים הם לפני. - במה אברכך? אלא כל־בנים שעתידים לעמוד ממך יהיו כמותך (במד"ר ב: תצ' יב).

« Ainsi en ai-Je décidé, ainsi est la loi du monde : chaque génération a ses interprètes, chaque génération a ses guides économiques, chaque génération a ses chefs politiques. Jusqu'à présent, tu avais ta part de service devant Moi, maintenant, ton tour est passé et c'est au tour de Josué ton disciple de Me servir. » Moïse dit : « Maître du monde, si je meurs à cause de Josué, je vais aller et je serai son disciple. » Il lui dit : « Agis comme tu le désires ! ».

Extrait du Midrash Tanhouma,
« Vaethanane »,
Nombres, chapitre 6.

Préface

Pour une transmission éclairée

Comme Juifs nous sommes encore et toujours confrontés à la question de notre propre existence. Au XXe siècle on massacrait les communautés juives d'Europe, au XXIe siècle on en appelle à la destruction de l'État juif, et cela dans l'espoir de nous anéantir corps et âme. Et pourtant, comme dirait Spinoza, nous persévérons dans l'être. Notre réponse, ancrée dans le désir d'exister, est en première analyse notre existence même.

On comprend, dans ces conditions, l'importance de la transmission. Cette question est remarquablement abordée par les témoignages ici réunis par Étienne Gotschaux. Leur richesse est d'autant plus grande que, se proposant de répondre au seul thème des modalités de la transmission du judaïsme, elles donnent en fait des informations précieuses sur la conscience juive, c'est-à-dire sur les différentes manières dont les Juifs vivent leur judaïsme, aujourd'hui en France.

Ne s'interrogeant que sur les modalités de l'enseignement, ces entretiens laissent de côté, par méthode, la question du « pourquoi ? » et illustrent d'une manière vivante celle du « comment ». On ne s'interroge pas encore sur les raisons profondes qui justifient la transmission, c'est-à-dire en fait notre existence. Seul un récit pose brièvement mais clairement le problème : la transmission est-elle un devoir ? Pourquoi transmettre ? Le témoin avoue ne pas savoir répondre. Je donnerai plus loin ma propre réponse et l'on verra qu'elle correspond à l'esprit général de toutes les enquêtes.

Soulignons auparavant la richesse de ces textes. Qu'il s'agisse d'intellectuels, de rabbins, de professeurs, ou de personnes engagées dans les affaires ou dans la création artistique, les auteurs présentent toujours un récit biographique vivant et concret ainsi que des réflexions sincères sur leur histoire familiale, leur pratique ou leur refus de la pratique, leurs interrogations et leurs actions politiques, communautaires ou sociales.

De tous ces textes se détachent des lignes de force qui définissent le judaïsme vécu de nos contemporains. Il s'agit en fait des multiples approches du judaïsme. C'est ainsi qu'on peut lire les témoignages très spécifiques de plusieurs rabbins : attachés à l'enseignement de la Torah, du Talmud et des Commentaires, ainsi qu'à l'action communautaire et à la défense des rites, ils n'évoquent pas les questions métaphysiques ou philosophiques relatives à la foi. Un autre interlocuteur, apparemment paradoxal, souligne, dans un esprit assez proche, qu'il prie sans s'adresser à Dieu et qu'il est agnostique. Nombreux sont les interlocuteurs qui font remarquer que dans leur famille, la question de la foi « n'est pas abordée » et les débats d'idées peu fréquents.

On n'est pourtant pas placé devant un formalisme. Les plus éminents des rabbins et des écrivains soulignent l'importance de l'interprétation des textes : perpétuelle innovation et non pas répétition. Le peuple juif est, disent-ils à bon droit, le peuple de l'exégèse, c'est-à-dire de la liberté et de l'invention.

Un autre élément d'agréable surprise est la présence très fréquente de la laïcité, qu'elle soit vécue dans le conflit ou comme précieux héritage. À l'encontre de ce que l'on pourrait croire au premier abord, cet esprit laïque s'accompagne toujours de la plus vive et claire fidélité envers le peuple juif. Quelques témoignages disent courageusement le désarroi, le doute et l'incertitude, mais tous concluent par la fidélité et l'affirmation très ferme, par chacun, de son être juif.

Ainsi, le judaïsme concret est-il constitué par des orthodoxes et des laïques, par des traditionalistes et par des athées, par des intellectuels contemplatifs et par des militants progressistes. Et aussi : par des êtres angoissés et par des gens heureux d'être juifs, ou d'être juifs et français.

Que pouvons-nous conclure de cette diversité ? Religion ou coutumes familiales, étude des textes ou solidarité avec Israël seront-ils les seuls vecteurs de la transmission ? Sont-ils suffisants ? Ne sont-ils pas trop différents les uns des autres pour valoir chacun comme fondement du judaïsme ? Sans contenu philosophique, sont-ils en mesure de se justifier eux-mêmes ?

Paradoxalement, c'est dans la lecture attentive des présents témoignages que nous trouverons des éléments de réponse et des raisons d'espérer. Regardons en effet ce que ces textes ont de commun : non pas une doctrine, mais une volonté.

Volonté ferme et constante. Elle n'est jamais confrontée au doute quant à la décision de fidélité. Le désarroi ne concerne que les manières de transmettre, jamais le fait même de transmettre. L'une des interlocutrices résume d'un mot ce fait général de la certitude et de la fidélité : elle prononce le mot responsabilité, qui est en fait le mot-clef et la raison qui justifie la transmission. Nous sommes responsables, devant nous-mêmes et à l'égard du peuple juif, de son existence même et du sens de son existence. Je puis donc maintenant donner ma réponse à la question que nous posons ici, et cette réponse (philosophique) rejoindra le sentiment commun : l'être juif et la volonté de transmettre cette continuité reposent beaucoup plus sur une décision éthique que sur des contenus doctrinaux. Ce qui unit et constitue les Juifs est à la fois l'identité globale des situations historiques où ils se trouvent, et l'identité de la décision responsable par laquelle ils s'affirment comme Juifs. C'est par une décision éthique (« morale » si l'on veut) que chaque individu né dans la communauté juive affirme que sa responsabilité consiste à soutenir cette communauté dans son existence et dans sa vie.

Cette décision d'appartenance est un choix qui résulte (librement) de deux prises de conscience : la conscience de l'injustice constamment faite aux Juifs, et la conscience de la valeur irremplaçable de l'existence des Juifs. Ces deux prises de conscience peuvent être obscures, non dites, ou mal exprimées, elles n'en sont pas moins toujours présentes. De plus, elles sont solidaires et liées : pour que l'injustice faite à la communauté motive la décision de fidélité, il faut que cette communauté soit valable en elle-même et porteuse de valeurs inaliénables. La communauté juive est choisie et voulue par les Juifs parce qu'elle vaut en elle-même comme véhicule de vie et de valeurs et non pas simplement parce qu'elle constitue leur communauté.

Nous rejoignons ainsi la question des contenus, mais posée en de nouveaux termes, éthiques et philosophiques. À partir du Décalogue, des Prophètes, et de la Sortie d'Égypte, on peut voir que les valeurs juives sont essentiellement la liberté et l'indépendance pour la communauté (et toutes les nations), la justice pour tous, et la joie de vivre et d'aimer pour chacun, ici et maintenant. L'absolu est dans ce monde-ci (ha olam ha zè).

Mais pourquoi faudrait-il que, au nom de l'amour d'Israël et de l'amour de l'étude, ces valeurs humaines et humanistes ne soient exprimées que d'une seule façon, codifiées pour toujours ? Pourquoi faudrait-il borner la liberté de l'interprétation ? Pourquoi faudrait-il arrêter l'activité de réflexion et d'invention au sein du peuple juif ? Non seulement la transmission peut inventer sans cesse ses modalités, mais le contenu de cette transmission, soutenu par la décision éthique et la responsabilité, devrait pouvoir être lui aussi constamment réinventé. C'est ce qui se produit en Israël. Le mouvement de l'invention peut fort bien accompagner un amour, une connaissance et un respect pour les grands textes classiques de notre histoire.

Je préconise donc l'ouverture de notre culture sur l'avenir. Nous devons prendre conscience du fait qu'une culture n'est pas un code extérieur figé qui s'impose aux individus, mais un acte très riche de création. Ce sont les individus qui créent la culture : à la fois lorsqu'ils en inventent les termes, et lorsqu'ils en reçoivent et en acceptent les propositions. En retour, les individus se créent eux-mêmes en recevant activement cette culture et en la portant plus loin. La Sortie d'Égypte, comme fin de la servitude et mise en marche de la liberté, ne doit pas rester une mémoire, elle doit devenir un symbole constamment réanimé. Et si le peuple juif est l'inventeur de la liberté, pourquoi celle-ci devrait-elle être arrêtée dans sa marche créatrice ? Après tout, l'esprit de l'utopie, ou l'esprit du messianisme laïque, est le digne descendant de l'esprit prophétique.

Au-delà des coutumes familiales et de la chaleur qu'elles savent engendrer, et sans les annuler le moins du monde, il conviendrait donc de donner un contenu éthique et philosophique à la joie d'être juif qui est aussi une joie de vivre. Et c'est bien en effet ce à quoi nous invitent tous les témoignages ici réunis : une philosophie morale qui soit une éthique de la joie. Si Levinas avait raison de voir dans le message biblique un enseignement moral et non pas une ontologie, Spinoza avait lui aussi raison de résumer sa philosophie éthique par cette belle maxime : « Bien agir et être dans la joie. »

Robert Misrahi

Professeur émérite de Paris I

Agrégé et docteur en philosophie

Auteur de nombreux ouvrages, dont :

La condition réflexive de l'homme juif, Julliard, 1963
Martin Buber, philosophe de la relation, Seghers, 1968
La philosophie politique et l'État d'Israël, Mouton, 1975
Le corps et l'esprit chez Spinoza, Les Empêcheurs de penser en rond, 1994
Spinoza et le spinozisme, Armand Colin, coll. Synthèse, 2000
Un Juif laïque en France, Éditions Médicis-Entrelacs, 2004
100 Mots pour construire son bonheur, Les Empêcheurs de penser en rond, 2004
Le travail de la liberté, Éditions Le Bord de l'Eau, 2008

Avant-propos

Voix et voies de la transmission

> *« Hâte-toi de transmettre. »*
> *René Char*

Les Juifs sont les « bâtisseurs du temps » dont le passé, le présent et l'avenir se déclinent en mémoire, vie, espérance. C'est en tout cas ce que donne à penser l'aventure de ce livre où les voix, les paroles et les récits de vie tissent la trame, en calligraphie appuyée ou en pointillés esquissés, d'un paysage composé à la fois de paroles uniques et d'une « mémoire partagée » où s'affirme la trace de la judaïté.

Être juif : la question de Levinas se déploie en filigrane dans les tours et détours de ce qui se transmet comme une énergie souterraine et silencieuse, rayonnant dans ces témoignages dont l'ancrage se fait dans le lien généalogique, le lien avec les pairs et aussi avec la terre symbolique.

En déployant cet espace où s'engouffrent le mouvement et les temps de la vie, l'initiateur de cet ouvrage s'est donné, comme l'écrivait l'historien Alphonse Dupront[1], spécialiste de l'histoire religieuse, la mission *« de déplier ce que le temps a durci »* pour nous offrir une mélodie à plusieurs voix. Cet entrelacs de paroles déroulées, de ce que l'on tait et qui pourtant résonne, constitue autant une œuvre de raison qu'une « tragédie » qui accepte le risque de la perte, la plénitude du manque

1 Alphonse Dupront a été le premier président et fondateur de l'université de Paris IV-Sorbonne, en 1970. Il a également été le fondateur du Centre d'anthropologie religieuse européenne à l'EHESS.

et une invitation à créer à partir de ces espaces vides et fertiles, afin que le lien ne soit pas rompu avec les origines et avec la postérité.

Je propose ici quelques balises permettant d'éclairer les mécanismes de construction qui forgent une transmission, les ressorts qui l'animent, les illusions et défis qui la traversent et l'espérance sur laquelle elle veut ouvrir, en gardant à l'esprit et au cœur les spécificités de cette mémoire juive à travers même les brisures de son histoire.

Le désir de transmettre et celui de recevoir palpitent en chacun de nous

« Je reporte sur ceux qui viendront après moi la tâche de prendre la relève de mon désir d'être, de mon effort pour exister, dans le temps des vivants. » Paul Ricœur.

Que serait une humanité sans mémoire ? Transmettre s'inscrit dans plusieurs nécessités. Celle d'exister et de lutter contre la finitude. Celle d'être aussi les veilleurs d'une mémoire d'où puisse sourdre une parole qui ne vieillit pas, même si nous vieillissons et savons qu'il nous faudra nous effacer un jour dans cette énigme du cycle de la vie.

« Tu m'as donné le temps pour que je le sculpte », disait un de mes maîtres, le somptueux penseur André Neher évoqué par Claude Vigée[2]. Transmettre est bien une manière humaine d'habiter le temps qui file entre nos doigts.

Tout processus d'humanisation commence en effet par rendre hommage aux origines, puisque, comme nous le rappelle Christiane Singer[3], « le neuf ne s'établit qu'à partir d'une connaissance de l'ancien », par des mots et des gestes transmis du fond des âges et dont nous sommes comptables. Maillons d'une chaîne qui nous dépasse, passants et passeurs transformés par cet héritage, nous en tirons la force d'exister et de consolider notre puissance d'agir. Grâce à cette fécondité qui la traverse, nous prenons le risque de colorer ce qui nous est confié à notre manière, unique, pour faire échec à la pensée préfabriquée.

2 Claude Vigée, *Le passage du vivant*, Parole et Silence, 2001.

3 Christiane Singer, *N'oublie pas les chevaux écumants du passé*, Albin Michel, 2005.

Transmettre est aussi l'impératif de toute société pour perdurer et inscrire l'individu dans une communauté humaine, comme j'ai pu l'écrire dans un autre contexte[4]. Ce mouvement de transfert suppose des acteurs, celui qui transmet et celui qui reçoit l'héritage, individu ou institution, un contenu à transmettre, un véhicule - l'objet intermédiaire de Winnicot ou la médiologie de Régis Debray - et un sens à donner. Ces quatre pôles sont indissociables et posent, pour tous les types de transmission, les questions de la compétence et de la fiabilité des acteurs, le choix des contenus et de leur mode de circulation - qu'il s'agisse des savoirs, de la répartition des biens pour une donation à des enfants ou des croyances, des rites et des valeurs d'une religion, et la détermination d'un horizon commun à faire émerger.

Quelles traces cherchons-nous ainsi à sauver de l'oubli et que révèlent les murmures d'une judaïté affirmée ou quêtée, donnée à voir ou balbutiée ? « *Les enfants ne reçoivent pas seulement la vie physique de leurs parents, mais aussi les liens qui les rattachent au passé [et] à notre vocation juive dans la connaissance, la morale et l'éducation. Les enfants reçoivent notre histoire et notre Loi et ils les donneront un jour en héritage à leurs enfants*[5]. »

Transmettre est une illusion

« Il n'y a pas de progrès sans perte. » Jean Paulhan

La transmission est soumise à une tension entre des exigences et objectifs contraires : perpétuer et sauvegarder tout en diffusant, séparer pour relier et unir à nouveau, conserver et changer, concilier la tradition et l'innovation entre rupture et continuité. Nous ne transmettons jamais à l'identique et ce que l'on fait circuler a vocation d'être altéré par le monde spécifique de l'héritier qui va l'interpréter à sa manière, dans son temps, dans sa langue[6].

Si la transmission ne se justifie que pour affronter l'énigme de la vie et de la mort, nous héritons en premier lieu parce qu'il y a mort et disparition, et elle ne peut donc se confondre avec la répétition com-

---

4 M.-F. Bonicel, www.pedagopsy.eu/dossier_transmettre.htm.

5 Samson Raphaël Hirsch, in *La voix de la Torah*, Fondation Levy, 2000, p. 225-227.

6 Frédéric Boyer, *La Bible, notre exil*, POL, 2001.

pulsive qui suppose une reproduction à l'identique. La transmission trophique, selon l'expression de Jacques Hassoun, celle qui nourrit et féconde, ouvre aux changements en intégrant des éléments nouveaux venant des personnes et de l'environnement et « inscrit le sujet dans une généalogie de vivants ».

Transmettre, c'est perdre plusieurs fois : d'une part, nous savons que nous avons déjà perdu une partie de ce que nous avions reçu ; d'autre part, quand nous transmettons un savoir ou des valeurs, l'acte même nous modifie et modifie ce que nous savions en fonction de ce que nous avons dû mettre en jeu pour accéder à l'autre. Enfin, nous perdons une troisième fois quand nous constatons ce que l'élève, le disciple, nos enfants, les acquéreurs de notre patrimoine professionnel, les bénéficiaires d'une donation ont ajouté ou retiré à ce qui a circulé.

Si tout acte fondateur et créateur procède de la transmission, c'est parce que chacun doit pouvoir retrouver une part de familiarité pour affronter le nouveau sans angoisse.

Lorsqu'il s'agit de transmettre des savoirs, les grands pédagogues savent bien qu'ils ne sont que des passeurs de quelque chose qui a fait trace en eux, dont ils ne sont pas propriétaires et qui va circuler grâce et malgré eux, avec les avatars de tout *trans*-port.

Transmettre est un défi

« Continuateurs endettés, nous ne portons pas la dette comme un poids, mais comme une tâche à relancer indéfiniment vers l'avenir. »
Myriam Revault d'Allones.

Pour assumer cette nécessité interne, deux dimensions sont à prendre en compte.

Un axe vertical, diachronique, qui traverse le temps et les générations, dans une démarche de filiation réelle ou symbolique, où l'adulte, l'ancêtre, le parent, le maître, le guide spirituel sont le plus souvent en position haute. Il a pour fonction d'inscrire l'individu dans une généalogie et d'assurer une *filiation* historique, même si, ponctuellement, le sens de cet axe peut être inversé quand les élèves transmettent au maître ou les enfants à leurs parents.

Un axe horizontal où se partagent des expériences, des expressions artistiques, des témoignages, des récits de vie à travers l'espace car l'homme a également besoin pour tisser un lien social dans le présent, de cet axe « géographique », spatial, qui génère de *l'affiliation*.

L'axe vertical se subdivise lui-même en deux circuits.

L'un relève de la transmission intergénérationnelle, c'est-à-dire entre deux générations en contact dans le présent, qu'il s'agisse des parents ou des grands-parents (le rôle de ces derniers est mis en avant actuellement, avec l'éclatement des familles). Les choses se transmettent là par la parole, l'imitation, le verbal et le non-verbal aussi bien pour les valeurs que pour les traditions culturelles ou religieuses, les rituels familiaux, les intérêts littéraires ou les recettes culinaires, et ceci de façon explicite ou à notre insu.

L'autre système de transmission, vertical, relève du transgénérationnel, au sens clinique ; c'est-à-dire celui de la transmission psychique inconsciente, où circule - le plus souvent dans l'insu les secrets de famille et qui émerge parfois dans les pathologies - le mystère des choix professionnels, des réussites et échecs, des choix amoureux ou des vocations.

C'est bien un défi pour l'individu qui, pour s'inscrire pleinement dans le processus d'*humanisation* évoqué par Edgar Morin, doit affronter ces deux chemins, celui de la *flèche du temps*, qui détermine la complexification des connaissances, et l'axe horizontal qui, par la diffusion des savoirs, vise à assurer une véritable *coopération* humaine.

Les témoignages et créations artistiques des rescapés de génocides illustrent bien ce double mouvement : en vertical, il transmet la mémoire historique des faits et des souvenirs, et dans l'horizontal le témoignage partagé réintègre l'individu dans la communauté humaine dont la folie des hommes avait tenté de l'éradiquer[7].

Défi encore, car l'acte de transmission est toujours soumis à des tensions multiples. L'accueil du nouveau en nous se heurte à la résistance de notre besoin de sécurité qui nous fait tenir au connu et aux acquis, et paradoxalement, lorsque nous sommes nous-mêmes source de transmission, nous aimerions transférer l'intégralité de ce que nous possédons.

Pouvons-nous échapper à une transmission compulsive ? La réalité nous montre bien que c'est justement en se dégageant d'un processus

---

7 M.-F. Bonicel, « *Génocides et Identités*. L'art de la paix », in *Revue de psychologie de la motivation*, n° 28, 1999.

de répétition que notre espace de liberté peut accueillir ou transmettre l'essentiel de l'héritage : la vie selon le théologien Robert Scholtus, *le lieu de la confiance première* sous la plume de Claude Vigée[8], ou cette *première lumière* que le sculpteur Shelomo Selinger dit quêter dans la pierre, lumière des origines mais toujours future.

Ce qui nous vient du passé est mouvement et force. Mais quelles étincelles du passé sont à faire briller dans le présent, pour éclairer le futur ?

Dans son bouleversant ouvrage *Les contrebandiers de la mémoire* qui donne grande place à l'éthique de la transmission, Jacques Hassoun témoigne : « *Ainsi la transmission serait une page d'écriture, un récit qui conte le geste des anciens que chacun lira, réécrira à sa manière.* »[9] Ce serait alors peut-être cela transmettre : « *mettre les pas dans les pas de son père, mettre ses pas dans les traces esquissées et que le temps efface* », en acceptant pourtant de « *faire un pas de côté* » pour regarder le chemin se faisant et... de chausser ses propres sandales !

Transmettre est un acte d'espérance, une œuvre d'art éclairée par le futur

« Que me demeure-t-il à présent si ce n'est l'espérance ? »
Benjamin Fondane

Si Ernst Bloch rappelle qu'« *est vieux celui qui a perdu l'espérance* », cette dernière suppose de se laisser transformer par une parole féconde, par des chemins inattendus, des nouveautés imprévues, en se laissant traverser par la tradition. Elle n'a pas, comme le rappelle Robert Scholtus, « *prétention à dominer le monde. Elle n'a que l'ambition à le faire commencer*[10]. »

Et j'ajouterai : à recommencer. C'est un des messages, il me semble, qui émerge de la gerbe de récits rassemblés par celui qui les a écoutés et nous les transmet, bruissants de l'infini de la vie.

Mais entre liberté et fidélité, faisons-nous circuler un écho de l'original ou des fragments visionnaires ? Une parole qui transmet ou une parole qui engendre ? Ou simplement une parole vive et féconde qui

8 Claude Vigée, *Dans le silence de l'Aleph*, Albin Michel, 1992, p. 12.

9 Jacques Hassoun, *Les contrebandiers de la mémoire*, Syros, 1994.

10 Robert Scholtus, *La Traversée des apparences*, Cerf, 1997.

résonne, à chacun des passages d'une vie ou d'une génération, d'une relation première dont nous avons la nostalgie : « *Nous sommes ici-bas comme des gens qui tâchent de retrouver un nom très ancien et perdu* », suggérait le philosophe Jacques Rivière.

Franz Rosenzweig avançait, dans *L'étoile de la Rédemption*, que si nos origines nous séparent, c'est bien notre horizon qui nous réunit. « *Souviens-toi de ton futur* », nous rappelait aussi Rachi de Troyes. J'entends là, non pas un horizon ou un futur fixé par avance, mais renouvelé et éclairé par un aller-retour constant au lieu des origines.

En parcourant les récits de vie de ceux que réunit ce livre, j'y entendais l'écho de cette proposition de Rabbi Na'hman : « *Il existe des hommes dont la parole est fenêtre sans posséder le pouvoir de les éclairer eux-mêmes. Il en est qui parlent, et leur parole est faite fenêtre. Il en est d'autres dont la parole est faite pierre précieuse et illuminatrice.* »

Et Claude Vigée de commenter: « *La seule chose qui puisse vraiment compter pour nous, c'est le rayonnement doux et caché de "la petite veilleuse" allumée au fond de notre être personnel [...]. Dans cette lumière-là sont nos vraies racines*[11]. »

Cette nécessaire et impossible transmission

« *L'espoir en la parole est promesse du monde.* » Claude Vigée

Nous avons vu que la transmission participe à créer de l'affiliation, de l'appartenance à un groupe social, à un peuple et que par la filiation, elle inscrit l'individu dans une lignée, avec tous les avatars que ces deux itinéraires peuvent rencontrer, entre ceux qui s'acharnent à reproduire à l'identique « *en figeant l'espace et le temps* », et ceux qui tentent de dénier leur appartenance au prix de bien des souffrances.

La tradition est un précieux étayage pour assurer cet acte fondateur du sujet que constitue la transmission, à condition qu'elle ne soit pas que cette nostalgie dénoncée par Jankélévitch. Il importe qu'elle donne accès à la transmission *en actes*, comme nous y invite Robert Scholtus[12], qui reprend le néologisme de *traditionalité* de Paul Ricœur pour expliquer la nécessaire inscription du sujet « *dans un passé à interpréter et un présent interprétant* », qui privilégie la vie et l'invention.

11 *Dans le silence de l'Aleph*, *op. cit.*, p. 18.

12 Robert Scholtus, *Petit christianisme de tradition*, Bayard, 2006.

Au moment de quitter ce texte, je referme un petit recueil de poésie, *Blancheur d'exil* de Denis Peiron, écrivain marrane qui cite le poète *Amir Gilboa,* interprété par Marc-Alain Ouaknin, et que je fais circuler à mon tour :

« *Sur ce chemin je ne repasserai plus ; j'appuie la paume de ma main sur l'écorce des mots. Et avant que vienne la pluie, un autre homme passera, et lui aussi appuiera la paume de sa main sur l'écorce des mains. Et, sans le savoir, il ajoutera son toucher à mon toucher... Et après viendra la pluie... Tous les touchers glisseront avec elle dans la terre et ils y seront absorbés. Et, un jour, la mémoire des mains remontera dans les racines et s'élèvera dans le livre et remplira les feuilles d'une verdure nouvelle.* »

Qu'allons-nous faire de ces récits rassemblés dans ce livre tout « de verdure nouvelle », sinon leur donner une nouvelle vie à travers notre interprétation, en les quittant pour les retrouver « aux éclats » selon la lumineuse image de Marc-Alain Ouaknin, dans un monde encore à déployer ?

Levinas notait que « *dans les commentaires de Rachi, scintillent des lampes* ». Les vies recueillies dans Transmettre le judaïsme... sont autant de jaillissements d'étincelles de cette judaïté qui n'en finit pas de luire « *à la lucarne de l'arche* », et de se refléter en chacun des lecteurs.

Marie-Françoise Bonicel

Docteur en psychologie sociale clinique

Diplômée de l'IEP de Strasbourg

Maître de conférence en psychologie de l'université de Reims

Auteur notamment de :

L'univers du sculpteur Shelomo Selinger. Ouvrage de mémoire et d'art. Éditions Ferre, Paris, 1998.

« Génocides : transmissions et identités. L'art de la paix, in *Revue de psychologie de la motivation*, n° 28, p. 138-151, Paris, 2e semestre 1999.

« Transmettre : illusion, défi, ou acte d'espérance ?» (www.pedagopsy.eu/transmettre_mf.htm)

Introduction

L'objet de cet ouvrage est d'approcher une notion centrale de l'histoire, de la pensée et des textes juifs, à savoir celle de la transmission.

Que ce soit en termes de récits, de pratique religieuse, de cours de morale ou de philosophie, d'éducation ou plus simplement de par la vie quotidienne, la plupart d'entre nous éprouvent en effet le souhait, voire le besoin, de donner en héritage cette singularité qui fait qu'il se sent, se vit, se dit juif.

Le propos est ici de tenter de comprendre comment s'effectue aujourd'hui le passage du témoin, de génération en génération. Et, pour ce faire, de recueillir les témoignages de nos contemporains, afin qu'ils nous disent leur point de vue face à cette difficile question de la transmission de leurs valeurs aux générations montantes.

Mais en fait, à qui transmet-on ? Que transmet-on ? Comment opérons-nous en la matière ?

Par-delà l'histoire de chacun, c'est toute une évolution des mentalités qui sans cesse renouvelle le « modus operandi ».

La diversité de la communauté juive laisse facilement augurer une multiplicité de solutions et de réponses. Mais c'est justement cette diversité qui est au cœur de la démarche.

Par exemple, comment s'effectue (ou non) cette transmission par celui ou celle qui pratique, ou bien par celui ou celle qui regrette d'avoir si peu reçu ? Ou bien encore, dans le cadre d'un mariage mixte, quelle solution adopter ? Etc.

Mais aussi par extension, qu'ont-ils retenu de leur propre éducation, de leur formation, de leurs expériences et rencontres ? Leurs passions ne sont-elles pas aussi l'occasion de transmettre ? Avec quel contenu, à qui et de quelle façon ? Pour certains, à l'écoute de l'autre ou pédagogue par métier, ce thème de la transmission évoque nécessairement des pratiques et des questionnements qui enrichissent leur réflexion. Le souci pédagogique n'est-il pas au centre de la pensée et de la pratique juives ?

Cinquante-quatre entretiens sont ici restitués, avec le souci majeur de respecter le propos de chacun. Enregistrés, puis retranscrits par mes soins, ces textes reproduisent fidèlement le discours des participants, qui les ont tous relus et corrigés à leur guise. Seules quelques modifications imposées par le passage du mode oral au mode écrit, ainsi que par les exigences de la mise en page, ont été effectuées.

Peut-être quelques lecteurs seront-ils surpris de ne trouver que des monologues, alors que ces textes sont le fruit d'échanges. C'est une façon délibérée de ne pas présenter de façon récurrente, et donc lassante, les mêmes questions ; mais surtout d'affirmer avant tout la parole du témoin, sans mettre en avant celui qui interroge.

Peut être également surprenante la diversité des écritures. Ou les variations, d'un texte à l'autre, du ton employé ou de la syntaxe retenue. Ce sont là des partis pris qui visent d'abord à garantir au mieux la véracité de la restitution de l'échange. À chacun son style...

Souvent, ces pages, courageuses et authentiques, sont autant le récit d'une vie que la description savante d'une transmission. Mais qui peut imaginer que ce phénomène puisse être déconnecté du vécu de chacun des acteurs ? À charge pour le lecteur de décrypter chaque texte offert, sans doute en ne lisant pas l'ouvrage d'une traite, mais plutôt en le feuilletant, pour découvrir au hasard telle ou telle histoire singulière.

Cette investigation, sans a priori ni volonté statistique, se veut elle-même témoignage d'une réalité complexe et diverse. Elle aura permis à chacun, jeune ou moins jeune, connu ou méconnu, de dire ses modes de transmission d'un bien commun : le judaïsme.

Il ne s'agit ici ni de science, ni de la production d'un quelconque matériau objectif, mais plutôt du recensement d'expériences multiples, qui, ensemble, traduisent des réalités et les contradictions d'aujourd'hui.

Chacun y puisera, je l'espère, matière à réflexion, et peut-être quelques modèles, mais surtout découvrira la complexité et la diversité des comportements, qui pourtant traduisent tous une même identité.

Étienne Gotschaux

Octobre 2008

Note de l'éditeur : Les mots écrits en italique, qui sont essentiellement d'origine hébraïque, de nature religieuse ou spécifiques du monde juif, sont définis dans le Glossaire proposé en fin d'ouvrage.

Cependant, afin de ne pas alourdir la présentation des textes, des mots tels que Ashkénazes, bar et bat mitsvah, Pessah, Rosh Hashanah, Séfarades, Shabbath, Shoah, Torah, Talmud, Talmud Torah, yiddish, Yom Kippour, certainement bien connus de la majorité des lecteurs, ne figurent pas en italique, mais sont néanmoins repris dans ledit Glossaire.

Témoignages

Entretien du 30 juillet 2008

Dan Arbib

Né en 1982, à Paris
Ancien élève de l'École normale supérieure, agrégé de philosophie
Enseignant à Paris-Sorbonne (Paris IV)
Ministre officiant à la synagogue des Tournelles (Paris IVe)

*

Le mot de « transmission » m'évoque évidemment tout autant ce que j'ai reçu que ce que je dois donner, transmettre ; mais il évoque d'abord et surtout une éducation, c'est-à-dire des parents et des maîtres.

Maîtres

Qu'on me permette de ne pas trop parler de mes parents ; non que leur rôle ne soit pas grand ; non que je ne leur sache gré de leur immense apport ; mais quelque chose comme une pudeur, et le désir aussi de ne pas froisser leur modestie, me retient aujourd'hui de leur faire des déclarations publiques, et de faire la part trop grande à des vivants identifiables. Il n'est pas difficile au reste de situer leur action : elle est au principe de toute formation, on pourrait dire qu'elle plante le décor, qu'elle pose la toile de fond. Quand des parents vous choisissent une école, vous transmettent des valeurs qui sont les leurs et qui seront vôtres, quand ils vous transmettent même un nom qu'il vous importe de ne pas déshonorer – comment minimiser leur rôle ?

Mais plus précisément, je voudrais parler des maîtres. Le Talmud, dans les Maximes des Pères, dit : « Fais-toi un maître. » J'ai pensé un temps que c'était là un commandement d'aliénation : s'attacher à quelque directeur au profit duquel abdiquer toute forme de jugement personnel. Or il n'en est rien, et je n'avais pas vu tout de suite la force de cette phrase. Il faut lire le texte : il ne dit pas : « Aie un maître », mais : « Fais-toi un maître » ; la nuance est capitale, car elle indique qu'il appartient à chacun de se mettre en position de disciple. Ce n'est pas le maître qui s'attire des disciples, ce sont les disciples qui cherchent et font le maître ; il faut être capable de se faire un maître. N'a de maître que celui qui peut se comprendre soi-même comme disciple.

J'ai donc pour ma part eu des maîtres, en philosophie comme en hazanout. Mais qu'est-ce qu'un maître ? Aussi bien en philosophie qu'en « judaïsme », il n'est pas seulement quelqu'un qui vous instruit, qui vous offre des contenus de pensée ou d'information, qui vous délivre des apprentissages ou des savoirs ; il est surtout celui qui, face au savoir, vous transmet une posture éthique. Je tiens beaucoup à cette notion de posture éthique. Quand je songe à mes maîtres, je me figure qu'ils demeurent des repères (re-pères, si l'on veut !), qui vous permettent de vous orienter dans votre savoir ou dans votre pratique.

Un exemple : un maître en philosophie ne sera pas celui qui vous enseignera (seulement) ce qu'a dit Kant ou Platon ; ce sera quelqu'un qui ouvrira votre vocation de manière à ce que vous puissiez toujours, en vous tournant vers lui, fût-ce en mémoire, ressaisir l'intuition déterminante de votre vie, vous en réapproprier le sens. Votre situation existentielle – non pas seulement théorique, et peut-être même pas théorique – face au savoir, face à la question même de la philosophie, s'en trouve changée. Je pourrais en dire autant de la hazanout : un maître vous livre une certaine vision de votre tâche, vision plus ou moins exigeante, qui ne vous quitte plus et vous oriente.

Fidélité

Cette éthique est proprement la transmission – précisément cela qu'on reçoit de son maître, et qu'on transmet un jour à son tour. Sans doute ne suis-je pas enseignant (en philosophie ou en hazanout) par hasard. Comme enseignant, il est toujours très émouvant de s'entendre formuler à un élève des phrases ou des mots que l'on a soi-même entendus d'un maître un jour, alors que l'on se trouvait dans l'exacte position de l'élève d'aujourd'hui. C'est cela l'héritage : une fidélité, une répétition. Et pour moi, pour qui l'enseignement est d'abord discours, la fidélité est dans cette forme de répétition, non névrotique, mais créative. D'ailleurs, cette partie du Talmud appelée *Mishna* ne signifie-t-elle pas à la fois répétition et changement ? On répète et on change ; différence et répétition.

Ce concept de changement répétitif, ou de répétition changeante, me paraît être le propre du judaïsme – et je l'expérimente tous les jours dans mon enseignement. Voici bien la fidélité à une posture éthique. À ce titre, nous sommes les héritiers de nos maîtres. L'héritage consiste à être capable de se placer dans une filiation non biologique : qu'un de mes maîtres n'ait pas eu d'enfants ne voue pas son legs à la précarité d'un don sans receveur, mais m'assigne au contraire la tâche d'en réassumer la possession.

La parole bienveillante

Autre chose vient à l'esprit, si j'évoque la transmission : ce qu'on pourrait appeler la « parole bienveillante ». Il nous arrive, peut-être seulement deux ou trois fois dans une vie (plus, pour les chanceux), de recevoir des paroles bienveillantes. Qu'est-ce qu'une parole bienveillante ? C'est une parole qui a la double vertu de vous faire du bien et de faire de vous quelqu'un de bien. Ces deux mérites n'en sont qu'un seul : on est ce qu'on a entendu qu'on était, et il n'y a pas de raison de démentir la rumeur ! Il n'y a pas à s'étonner que ceux qui n'ont jamais reçu cette parole bienveillante finissent gangsters ! On n'avance que grâce à elle.

J'en ai, pour ma part, reçu – non pas en grand nombre (comme les maîtres, les paroles bienveillantes sont rares, nécessairement) ; elles sont pudiques, mais en elles se découvre quelque chose d'intense, une sincérité qui vous gonfle le cœur de joie et de confiance ; elles sont un immense cadeau, que vous n'avez jamais fini d'ouvrir toute votre vie et qui vous accompagne partout.

Elles vous murmurent des attentes, et vous n'avez plus qu'un souci : ne pas les décevoir. Peut-être ai-je été obsédé par la crainte de décevoir... Décevoir mes parents évidemment, mais décevoir aussi tous ceux dont je sentais qu'ils pouvaient avoir mis en moi le moindre espoir. Cette crainte en paralyse beaucoup ; c'est elle qui m'a fait avancer ; et tout récemment, je me suis aperçu combien elle pouvait être pesante...

Gratitude

Parole bienveillante et maîtres – je crois qu'on ne grandit que grâce à cela. Je dirai donc volontiers que le corrélat de la transmission dans le rapport maître/élève est la gratitude. À mesure qu'on progresse, grandit en soi le sentiment de gratitude, ce qu'on pourrait appeler un être-en-dette. Il est difficile de se dire modèle en quoi que ce soit ; mais chacun sait bien ce qui lui est insupportable. Pour moi, il s'agit de l'ingratitude, l'orgueil de celui qui s'est fait tout seul. Sans doute dois-je tenir cela de mon père.

Interrogez un maître, ou du moins quelqu'un en position de maîtrise reconnue (car un vrai maître ne se proclamera pas maître lui-même) : il vous parlera de ses années d'apprentissage, parfois il regrettera son propre maître qui eût été de bon conseil en telles circonstances, etc. L'homme qui hérite est un homme qui dit sa dette. Il est toujours un enfant en face de son propre maître, et se retourne sur le passé avec le sourire.

À chaque fois, j'ai été très ému lorsque mes maîtres évoquaient, en privé ou publiquement, leurs propres maîtres : cela faisait comme une chaîne, dont le tout dernier et incertain maillon que j'étais se voyait relié aux premiers par une continuité ininterrompue. Même Descartes, qui a toujours feint de n'avoir rien retenu de l'enseignement reçu au collège de La Flèche, écrit quand même à ses maîtres pour reconnaître combien il leur doit !

On ne peut rien transmettre, et l'on n'a rien reçu, si l'on n'est pas en dette. La chaîne de transmission est une chaîne qui lie des individus endettés. Je voudrais fort qu'il me soit donné de venir à bout d'un petit Traité de la gratitude qui traîne quelque part, presque tout écrit, dans mon esprit...

Héritage(s)

On ne réussit que si l'on est héritier, où l'on dispose d'un ou de plusieurs héritage(s) : non pas nécessairement une culture ou une religion, mais des figures dont nous nous sentons habités, qui nous permettent d'avancer, ceux qui nous ont légué des valeurs certes, mais aussi, et plus largement, des faits de langue, des expressions, des métaphores, peut-être des manières de se tenir, des gestes, un éthos. Je pense ici à tous ceux, vivants ou morts, dont on se souvient, ou vers qui l'on se tourne avec le sourire : parents, grands-parents, vivants ou disparus qui nous sont chers et qui nous ont donné quelques phrases que nous avons su retenir, des phrases colorées, imagées. À chaque fois qu'elles surgissent, j'en souris intérieurement.

Je me souviens, par exemple, que mon grand-père me disait souvent, si j'avais quitté la table trop tôt avant d'avoir fait la prière du Birkat hamazon : « Danse-le, chante-le, siffle-le, mais fais-le ! » Cette phrase, de qui mon grand-père la tenait-il ? Peu importe, elle était à lui, de lui, et il serait beau qu'un jour je la formule à l'adresse de mes propres enfants ou petits-enfants !

Il faut donc accepter l'héritage pour se faire, se construire. En ce sens, je ne connais personne qui n'ait d'héritage ; j'en sais toutefois qui se déshéritent (et peu m'importe ici qu'ils aient une bonne raison de le faire). Il en va comme des expériences de la vie : certains les traversent, mais ne les font pas. Certains ont un héritage, mais ne le *possèdent* pas.

Rupture

En resterai-je là ? Je pourrais achever cette réflexion ici ; mais non : je mentirais si je ne disais que cet héritage se pose ou s'impose parfois de manière problématique, qu'il ne va pas toujours de soi. À l'âge que j'ai (vingt-six ans), il est bien prétentieux de se dire sorti de la crise d'adolescence (rassurez-vous : une crise bien douce) – ou ce serait vieillir bien vite !

Nul ne peut ni ne doit se complaire au psittacisme, et il y a toujours risque que la chaîne de transmission ne se durcisse ; qu'au lieu de libérer, elle enferme. C'est une inquiétude, évidemment, et c'est la mienne, forte et prégnante. Je me demande s'il n'y a pas là un fait de génération. J'appartiens à une génération qui est sortie de la Maison – et j'appelle Maison l'univers ininterrogé des références répétitives, univers que peuplent les parents, les maîtres, les institutions…

La Maison vous offre la sécurité d'un maillage serré de convictions, de concepts, d'attitudes, qui ont pour eux la force de l'évidence. Seulement voilà : vient un temps où l'évidence tombe, et il vous faut reconstruire pierre après pierre cette Maison – ou en construire une toute autre, différente. Vous la reconstruisez peut-être intacte, telle qu'elle était auparavant, mais par un effort nouveau, de nouvelles questions. Les briques ne s'emboîteront pas spontanément, rien même ne sera moins naturel que leur disposition. Du coup, quand vous réintégrerez la Maison, ce sera au terme d'un chemin pavé d'inévidences et de questions: vous faites alors la même chose que tous, mais pas pour les mêmes raisons.

Lévinas a écrit, quelque part dans Difficile liberté, un texte formidable où, feignant d'abord de déplorer la disparition de l'évidence juive et son recouvrement par la problématique bien contemporaine de l'identité juive, il en vient dans un deuxième temps à préférer le questionnement inquiet de l'homme des Lumières, quelque prix qu'il en coûte et la foi dût-elle même en souffrir, à l'évidence tranquille du « judaïsme de papa », fait d'une foi inébranlable, mais peu renseignée et peu réflexive.

Cette « sécularisation personnelle » est évidemment pour moi considérable, d'autant que toute la philosophie m'y invite. Voire : la philosophie m'y pousse-t-elle, ou bien plutôt ne suis-je pas en train de retrouver par la philosophie cette propension personnelle au questionnement ? Sempiternelle question de la poule ou de l'œuf. Reste que cette sécularisation hypothèque beaucoup la valeur des évidences partagées ; le réseau de convictions se voit frappé d'inévidence ; quelque chose s'interpose entre la Maison et soi-même : c'est l'esprit critique, qui n'est pas l'esprit de critique.

Cela ne veut pas dire que la Maison soit détruite : au contraire, elle est reconquise, mais par un effort personnel, et selon des exigences nouvelles. Qu'est-ce que l'instruction ? N'est-ce pas depuis Condorcet ce par quoi nous décomposons, nous désintégrons pour éventuellement recomposer ? C'est réaliser une remontée ; et l'on peut remonter aux mêmes choses, aux mêmes sources !

Pour ma part, il m'a fallu, et il me faut encore, reconquérir l'évidence qui m'a été transmise par la Maison. Le procédé est de structure : voila pourquoi l'hypothèque que fait peser la sécularisation personnelle n'empêche pas l'éducation de la Maison, du moins celle que j'ai reçue, d'être tout à fait excellente, et donc d'en gratifier mes parents.

Qu'est-ce qu'être juif ?

En dernière instance, la question est toujours la même, et toutes y reconduisent : comment faire en sorte que le concept d'être-juif ne soit pas vide d'intuition ? Qu'au vocable trop analytique d'identité juive réponde quelque chose dans le cœur ou l'âme de chacun ? Je ne cache pas me méfier de la tendance contemporaine qui consiste à privilégier la forme exotique d'une culture. Le judaïsme ne consiste pas à manger des galettes à Pessah, comme on mange la bûche le 25 décembre ou comme on sabre le champagne le 31 (« parce qu'on est aussi français ! ») ; on ne fête pas Rosh Hashanah comme le Nouvel An chinois !

Je comprends que cette forme de culturalisme soit bien commode aujourd'hui, car elle offre autant de bonne conscience au Juif qu'elle permet de tolérance de la part d'une société avide d'exotisme ; je ne remets pas en cause la sincérité même de ceux qui l'adoptent. Je la trouve juste trop facile. Être juif, à mon sens, ce n'est pas manger des galettes à Pessah ; ce serait par exemple plutôt les faire.

Les coutumes ne sont vectrices de transmission que parce qu'elles sont d'abord des techniques du corps. Celui qui pétrit le pain ou la matsa, « se façonne » en même temps. Il n'est pas question ici, soyons clairs, d'une affaire de pratique religieuse – je suis même assez porté à croire possible une diversité de modes d'être-juif… Mais ce qui me gêne par-dessus tout, c'est la facilité.

À celui qui mange de la matsa à Pessah, je ne serais pas loin de préférer celui qui n'en mange pas, mais qui donne au judaïsme un sens puissant et fort – celui pour qui judaïsme signifie par exemple rupture de l'unanimité. Il y a en effet des gens pour qui être juif consiste à rompre le consensus, à ne pas pouvoir être absorbé par la totalité, à ne pas faire nombre – et leur éthique de vie se trouve caractérisée par cette intégrité et cette exigence. Tache ô combien difficile, et si peu exotique ! Voilà une identité juive qui me touche, car de nature à orienter la vie quotidienne ; voilà des gens qui ont une identité à transmettre : le Juif, comme celui contre qui vient butter toujours l'universalité totalitaire, celui qui met en échec l'unanimité, celui qui brise le consensus.

Être un maillon de la transmission signifie donc être capable d'entendre cette parole venue du passé et de s'en faire l'écho pour l'avenir. Quand un homme peut reproduire une mélodie qu'il vient d'écouter, on dit qu'il a de l'oreille et qu'il chante juste; la valeur de son chant se mesure alors à cette touche, neuve et originale, que lui seul peut apporter.

Être juif consiste à avoir de l'oreille, à chanter juste, et à savoir un peu improviser.

Entretien du 16 juin 2007

Sabine Arman

Née en 1961, à Paris
Directrice d'une agence de relations presse, spécialisée dans le domaine culturel

*

Ma grand-mère maternelle affirmait qu'il fallait se marier, et avec un Juif.

Elle avait pourtant été très indépendante et n'avait eu ses enfants que la trentaine passée. Cette femme a été centrale dans la formation de ma personnalité.

Première petite-fille (ce qui me donnait une place importante), j'ai deux sœurs jumelles, qui toutes deux se sont mariées très jeunes, avec des Juifs - et même plusieurs fois !

Juive par mes deux parents, Ashakénazes nés en France, et de chaque côté russo-polonais.

Juive de fait !

Du côté paternel, mon grand-père est mort à Auschwitz ; et sa femme est décédée en 1968, alors que j'avais sept ans.

Mais j'ai eu la chance de connaître mes grands-parents maternels, qui travaillaient dans les schmattess, rue d'Aboukir. Mon grand-père coupait, et ma grand-mère achetait et vendait !

Bien que non religieux, on se réunissait chez eux pour les fêtes. Ils parlaient yiddish, ainsi que mes parents. J'ai même suivi quelques cours, à l'âge de vingt ans, en compagnie à la fois d'une amie Judith (dont la mère Rachel Ertel était professeur d'américain et de yiddish) et de ma mère et de ma tante !

Ma grand-mère maternelle Doba Frajtbowicz, de son de nom de jeune fille Polak, était née à Pinsk en Pologne (comme Golda Meïr, à qui nous la comparions quelques fois !). Elle habitait avec mon grand-père près du canal Saint-Martin, juste à côté de là où est située aujourd'hui mon agence ! Elle parlait le yiddish, le russe, le polonais, un peu d'allemand, et bien sûr le français. Elle avait constitué peu à peu chez elle une très grande bibliothèque de littérature yiddish. J'allais parfois lui chercher des ouvrages à la librairie Medem, où l'on me disait à chaque fois qu'elle avait déjà tout lu !

Une histoire de famille

Je n'ai reçu aucune éducation religieuse. Ma mère souhaitait nous mettre dans une école juive, mais mon père, opposé à tout ce qui est religieux, a imposé l'école de la République. Il ne pouvait d'ailleurs quasiment jamais parler de la période de la guerre.

Notre éducation juive, c'était surtout le fait qu'on venait d'ailleurs. Notre judaïsme, c'est davantage une histoire de famille, des souffrances, et aussi une construction faite de valeurs, notamment celle de donner.

Mes grands-parents maternels m'ont toujours dit d'apprendre, de faire des études. L'héritage du Livre était essentiel pour eux. Ils me rappelaient que les Juifs, sans terre, ont toujours dû s'adapter et que cela passait par l'enseignement et la culture.

Vécue avant-guerre comme un rêve, leur venue en France fut un terrible cataclysme. De cette histoire, ils ont gardé le sens de la vigilance et m'ont transmis une manière d'être.

Je suis très paradoxale à ce sujet : je me suis rebellée contre une éducation classique, bourgeoise. Contre la place accordée aux conventions.

L'héritage, c'est lourd !

L'héritage, on peut le refuser ; ce n'est pas mon cas ; le judaïsme est important dans ma vie.

Entraînée par le père de l'une de mes nièces, Juif religieux, j'ai été suivre les conférences du rabbin Gilles Bernheim. J'en sortais avec le sentiment que je pourrais être religieuse sur-le-champ !

Si je me reconnais un côté mystique, j'ai cependant quelque difficulté avec la Loi...

La transmission, c'est ce que l'on a reçu des générations précédentes, mais aussi ce que l'on a acquis soi-même. Or, mon héritage est lourd ; il m'a enrichie, mais il ne m'a pas toujours facilité les choses. J'ai beaucoup été dans le désir de mes parents, trop peut-être...

Je disais précédemment qu'il y a un héritage qu'on fait sien, et un héritage que l'on va transmettre. Il existe aussi un héritage que l'on subit.

Une belle phrase de René Char me vient à l'esprit : « *Notre héritage n'est précédé d'aucun testament.* »

Il m'a fallu démêler ce qu'aujourd'hui je revendique, et ce que je ne retiens pas.

Un « investissement » inattendu

Célibataire, sans enfant, j'ai en quelque sorte « arrêté » la transmission.

Mais je me suis souvent interrogée, notamment sur le fait de transmettre à mes neveux et nièces, non pas de façon religieuse mais culturelle.

Et puis, j'ai une amie d'enfance, juive, qui vient d'adopter une petite-fille d'origine vietnamienne. Elle m'a demandé d'en être la « marraine » et de participer à une petite cérémonie familiale de « nomination ».

J'ai par ailleurs été désignée comme « marraine » d'un petit garçon, à l'occasion de sa circoncision.

Ces « histoires » m'ont beaucoup touchée, et sont évidemment source d'un « investissement » personnel très fort.

J'ai certainement sous-estimé jusqu'à ce jour l'importance que tous ces enfants représentent pour moi.

Apprendre quelque chose à l'autre, je ne suis pas certaine d'en être capable...

Par contre, être proche de quelqu'un, être dans une proximité, une relation de connivence, voilà ce qui compte pour moi. Au-delà de l'héritage du sang, qui peut être riche, mais qui finalement m'a déçue, c'est l'amitié, l'attention que l'on porte aux autres qui priment et qui permettent de donner... et de transmettre.

Célibataire

J'ai vu cet hiver une très belle pièce de Nadji Movaward, intitulée *Forêts,* qui évoque une enfant à la recherche de ses racines. Au final, elle se rend compte que ce qui a sauvé sa mère est une histoire d'amitié. La famille est centrale, y compris celles qui se construisent en parallèle.

Très proche du milieu du théâtre, là aussi j'ai une famille, qui est une autre « élection ».

Une amie juive m'a dit un jour : « La religion juive n'est pas faite pour les célibataires, mais pour les familles. »

Entretien du 30 décembre 2007

Serge Attali

Né en 1957, à Constantine (Algérie)
Directeur à France Telecom
Professeur de Talmud Torah et formateur de bar et bat mitsvot

*

Au contact des membres de ma communauté, et de nombreux rabbins, amis, élèves ainsi que de mes propres enfants, je me suis aperçu que nous manquions cruellement de repères historiques.

Tout en m'appuyant sur différentes sources, dont le remarquable *Atlas universel des Juifs* d'Élie Barnavi (Hachette, 1992), j'ai souhaité mettre noir sur blanc une « chronologie » de notre histoire juive, que je me fais un devoir de transmettre.

Il est indispensable de posséder ces repères pour comprendre les événements et mieux cerner les personnages. Comme par exemple, à propos de Nemrod, découvrir que le code Hammourabi avait pour origine ce même Nemrod !

Donner des dates et situer l'événement par rapport à un contexte non juif m'a conduit à bâtir une somme de documents offrant ces repères et datations.

La chaîne de transmission

Lorsque je parle de transmettre le judaïsme, j'ai immédiatement à l'esprit deux images.

Tout d'abord, Moshé et le Mont Sinaï, revenant avec la Torah écrite et la Torah orale.

Cette Torah orale transmise au travers des siècles est une véritable prouesse.

Ensuite, c'est le rôle joué par Yehuda Hanassi, qui a compilé la *Mishna*. Et ce en rencontrant les différents maîtres de l'époque, notamment pour savoir de qui ils détenaient leur savoir, la Halakhah (composante juridique du Talmud). Et lorsqu'il voyait des correspondances entre telle et telle interprétation, alors seulement il la faisait entrer dans le code de la *Mishna*. Voilà une transmission impressionnante, d'autant que, pendant de longues périodes, il y eut des ruptures et que le judaïsme fut même parfois abandonné.

Comment s'est donc élaborée la chaîne de transmission de ces valeurs ? Cette énigme me passionne.

Comment le judaïsme a-t-il fait pour passer d'une génération à une autre ? Quelles furent ces ruptures ?

Est-on reparti quelquefois en intégrant des éléments de religions autres ? Notre judaïsme n'est peut-être pas aussi « pur » qu'on peut le penser. Ainsi, entre la destruction du Premier et du Deuxième temple ; ainsi lorsque l'on se rappelle que le Talmud a été écrit en cinq siècles, on doit admettre que la transmission s'est certes remarquablement réalisée, mais certainement avec des mouvements divers.

De plus, entre la Sortie d'Égypte et la réception de la Torah sur le Mont Sinaï (1313 avant l'ère chrétienne) et Rabbi Yehuda Hanassi (second siècle de notre ère) se sont écoulés près de mille ans, au cours desquels il y eut bien des évolutions et des apports extérieurs !

Il me paraît intéressant de ce point de vue de rappeler que les trois patriarches étaient allés étudier chez l'un des arrière-arrière-petits-fils de Noé, un dénommé Ever qui vécut fort longtemps, et que cinq générations séparaient d'Abraham.

Tout religieux que je suis, cela ne m'empêche pas de me poser des questions !

Synthèse

Mon grand-père maternel était le Grand rabbin Yossef Renassia, qui était également *dayan* de Constantine (celui qui a la connaissance halakhique de la Torah).

Il écrivit de nombreux ouvrages religieux en judéo-arabe (113 exactement), et forma plusieurs rabbins. Et, chose rare pour l'époque, il autorisait sa fille – ma mère – à assister aux cours de Talmud !

Ainsi ma mère Julie Attali qui était sage-femme, attachée aux préceptes de la Torah, instaura dans son foyer une pratique du judaïsme adossée à l'étude. C'est elle qui m'apprit la cantilation de la *paracha* (passage de la Torah, différent chaque semaine, lu selon des règles vocales précises le samedi matin à la synagogue, et qui fait l'objet d'une étude régulière et récurrente).

Ainsi double transmission : de mon grand-père à ma mère ; puis de ma mère à ses cinq enfants.

Quant à mon père, il possédait de solides connaissances religieuses acquises à Constantine. Il nous a transmis la tolérance et l'acceptation de la différence avec l'autre.

À partir de 1962, nous vivions à Marseille. Là j'ai fréquenté de nombreux rabbins et en particulier un *hazan* (chantre) remarquable, Henri Lévy, qui possédait une voix constantinoise exceptionnelle. Cet homme disait avoir appris de mon grand-père et voulait donc me restituer cet enseignement.

Le rabbin Guy Hadjadj de la synagogue de Montgrand (à Marseille), avait repéré quelques élèves du Talmud Torah qu'il mettait en avant tous les vendredis soir. Il nous transmettait des airs simplifiés de la liturgie constantinoise que j'apprends à mon tour à mes élèves, lorsqu'ils préparent leur *bar* ou *bat mitsvot*.

Ainsi par ma mère, ce fut l'apport religieux. Et par mon père, ce fut l'éducation française et l'apprentissage nécessaire pour faire sa place dans la société française.
Je me vis aujourd'hui comme un homme de synthèse.

Harmonie

Mon épouse est originaire d'une famille juive tunisienne, peu religieuse, plutôt traditionaliste. Depuis vingt et un ans que nous sommes mariés, nous avons fait évoluer ensemble notre couple et notre foyer vers une religiosité intense, cohérente et équilibrée.

Au début de notre mariage, je lui avais dit vouloir transmettre à nos enfants :
– la connaissance et la pratique de la musique,
– tout ce que nous savons du judaïsme,

– le savoir nécessaire à la conduite d'un office en ce qui concerne mes fils.

Ma fille a reproduit ce qu'a fait ma mère : elle connaît la paracha (passage de la Torah spécifique à chaque semaine), la Halakhah (ce mot désigne, lorsqu'il s'écrit avec une majuscule, l'institution juive regroupant les lois, sentences et prescriptions religieuses, qui règlent la vie quotidienne des Juifs), l'histoire juive et la haftarah (lecture qui suit la lecture de la paracha de la semaine). Étudiante en pharmacie, elle va épouser prochainement un Juif new-yorkais, religieux mais très ouvert !

Nous avons voulu une cohérence entre trois lieux que sont la maison, l'école juive et la synagogue. Et donner en même temps l'image d'un judaïsme ouvert.

Je raconte souvent l'anecdote suivante.

On dit que le peuple d'Israël doit être uni. Or, le Midrash (cf. Les douze canaux) nous raconte que lorsque le peuple d'Israël quitta l'esclavage d'Égypte, lors de la traversée de la mer Rouge, celle-ci s'ouvrit en douze canaux pour laisser passer chacune des Tribus.

La question se pose déjà : Mais alors, où est l'unité ? La suite du texte nous éclaire : chacun des douze canaux était séparé par un mur d'eau figée, transparente. Il y a là une définition très puissante de l'Unité. Être soi, mais dans le même temps « voir » l'autre, c'est-à-dire accepter sa différence pour permettre alors l'Harmonie. Ainsi, pour le judaïsme, unifier un peuple, c'est donner à chacun la possibilité de pratiquer une même Loi. L'unité, c'est être soi, tout en acceptant les idées des autres.

Ainsi recevons-nous régulièrement à notre table des personnes aux positions bien différentes des nôtres. C'est ce qui fait la richesse du peuple du Livre.

Pédagogue avant tout

Par transmission naturelle, j'aime la pédagogie, tout comme mon grand-père maternel évoqué précédemment. Dès l'âge de quinze ans, j'enseignais dans une classe de Talmud Torah. Et progressivement, en étant moi-même, l'enseignement passait. Puis j'ai peaufiné cette pédagogie.

À mon arrivée à Paris, en 1982, j'ai cessé d'enseigner. Mais un jour, le rabbin Atlan de la synagogue de la rue de Lamblardie (à Paris XIIe) m'a proposé de prendre en charge son Talmud Torah. J'ai continué depuis ce jour sans interruption, et je suis heureux de poursuivre aujourd'hui à la synagogue de la Cité Moynet, dans le XIIe arrondissement de Paris.

Je retire de cette activité de pédagogue la joie d'avoir réussi, grâce au millier d'élèves formés, à créer une « école ». Je souhaite ainsi transmettre :

– une façon de prier, c'est-à-dire non automatique ;

– l'opportunité, en venant au Talmud Torah, de prendre le couloir de la synagogue ;

– la conscience qu'apprendre l'histoire juive, c'est aussi maîtriser des repères ;

– le goût du savoir. Que l'on peut apprendre en s'amusant. Je commence d'ailleurs toujours le cours par une devinette. Réveiller pour éveiller.

Je veux montrer aux enfants que leur bar ou bat mitsvah est un moment important et heureux de leur vie. Et leur faire comprendre que c'est un départ.

Un rabbin disait : « Si tu crois que tu es arrivé, c'est que tu n'es pas encore parti. »

Finalement, quel judaïsme ai-je envie de transmettre, par-delà la religion ? Certainement une image positive, celle d'un homme juif tourné vers autrui, s'appuyant sur des valeurs humaines fondamentales, comme la générosité, l'hospitalité, l'écoute. Mais aussi sur un patrimoine culinaire généreux à partager. Un judaïsme s'appuyant sur l'histoire de son peuple, à l'histoire millénaire, mal connue, à mieux comprendre par tous. Un judaïsme proche de toutes les religions, mais possédant son propre particularisme. C'est une philosophie de vie, un mode de vie et l'atteinte d'une spiritualité ayant pour référence les actes de personnages bibliques ou contemporains, qui nous aident à faire nos choix, à décider de notre comportement.

Le judaïsme, c'est pour moi cette phrase tirée des Maximes des Pères : « Aimé des Hommes, aimé de D... »

Entretien du 6 décembre 2008

Sarah Aziza

Née en 1959, à Ghardaïa (Algérie)
Agrégée de lettres, conservateur de bibliothèque

*

Dans une petite oasis aux portes du désert, à Ghardaïa, dans cette région pieuse, deux communautés se côtoyaient, la musulmane et la juive.

Aucune anxiété ne venait troubler notre vie commune ; au contraire, chacun vivait dans son quartier. Respect et entraide dominaient.

Dixième d'une famille de treize enfants, j'ai vécu mon enfance en deux temps bien distincts.

Tout d'abord, donc, dans ce petit village algérien, où mes parents n'ont reçu aucune éducation, ni scolaire ni religieuse. Mon père était commerçant et produisait des chaussures et des vêtements. Vie économique difficile. Tout tournait autour de la pratique des fêtes juives.

Ce qui est certainement à l'origine de mon goût affirmé dès la petite enfance pour les fêtes.

Le temps sacré avait une odeur ; je me souviens de cette odeur si particulière, que je ne connaissais pas dans le quotidien.

Ni moi ni aucun de mes frères et sœurs n'avons reçu d'éducation spécifiquement juive. Mais nous avons bénéficié d'une vie familiale intense, même si nous avions peu d'amis. Mais avec les cousins, cela constituait déjà une grande tribu !

Tant l'éducation que la nourriture et la façon de se vêtir relevaient de cette tradition juive… Avec en plus la culture arabe, où la femme demeure à la maison, et fait de nombreux enfants.

Puis, en 1963, départ pour la France. Ruptures culturelles et économiques...

Mais nous avons maintenu la pratique religieuse et nos rituels, bien qu'encore une fois aucun des enfants n'ait reçu d'enseignement juif.

Mais, par contre, nous étions tous très impliqués dans l'organisation des fêtes et des traditions.

Mon père conserva son approche poétique et affective de la religion juive, avec une grande tolérance et l'absence de superstition. Sa vie, ses valeurs et sa pratique religieuse laissaient apparaître une grande cohérence.

Du côté de ma mère, beaucoup de superstition, et souci du social et du « qu'en-dira-t-on ».

Ce qui fit que l'équilibre était compliqué entre les valeurs de chacun d'eux. Et les difficultés financières et d'intégration ajoutées au déracinement firent de cette période des moments parfois difficiles. Mon père a eu du mal à rebondir professionnellement, mais jamais je n'ai entendu la moindre plainte.

Après Marseille, l'Est et le froid. Puis Paris, rue des Halles, dans le Sentier.

Il trouva un poste de gardien de cimetière à Montparnasse, au Père-Lachaise, puis au cimetière parisien de Pantin.

Nous allions à l'école laïque, où là nous nous sommes faits beaucoup d'amis non-juifs.

Mes parents ont acheté une grande maison, où je suis restée de l'âge de huit à dix-sept ans.

Prise de conscience

Vers l'âge de douze, treize ans, je n'avais pas vraiment conscience de la souffrance du peuple juif, car peu informée sur l'histoire, l'antisémitisme, la Shoah. On a ainsi vécu très librement, tranquillement le fait d'être juifs, ce qui favorise l'envie de transmettre.

Mais j'ai eu très tôt le sentiment que la vie serait difficile et que mon amoureux ne pourrait être que juif, car nous avions par notre éducation des interdits très puissants en la matière.

Et en même temps, hormis la famille, nous ne fréquentions aucun milieu juif.

Un jour de Yom Kippour, alors que je m'étais rendue à la synagogue, une femme loubavitch m'a proposé de participer à différentes activités. C'était l'occasion de sortir un peu de ma famille - du carcan de la culture arabe.

C'est ainsi que j'allais à Bet Rivka, à Brunois, pour de longs Shabbaths. J'y éprouvais un sentiment de joie, mais aussi d'enfermement. Le monde extérieur n'existait pas, et l'ambiance semblait sincère mais naïve.

Je passais d'un univers à l'autre sans difficulté.

Pratiquante jusqu'à l'âge de dix-neuf ans, en classe de khâgne, je me suis interrogée sur le sens de cette pratique. Et là je me suis sentie très seule.

C'est une difficulté de la transmission : je ne connaissais pas d'endroit pour m'inscrire pour quelques mois, et la rencontre avec un rabbin était quasi impossible. J'ai donc étudié l'hébreu et l'arabe (ma langue maternelle) aux Langues orientales, et ai commencé une thèse en littérature. Un samedi matin, je rencontre mon ancien professeur de classe terminale, Alexandre Derjansk, qui me dit : Tu devrais être fonctionnaire. Ce n'était pas mon père, mais son avis comptait.

J'ai quitté ma famille à l'âge de dix-sept ans, ce qui évidemment fut très difficile financièrement.

Une troisième vie commençait.

Années de formation

La question religieuse n'était toujours pas résolue.

Encore très jeune, je me suis néanmoins rendu compte que pratiquer ne résolvait rien, et que ne plus pratiquer... non plus ! Pari de Pascal ? J'avais cependant la conviction forte que, si je devais quitter la religion, je devrais d'abord la connaître vraiment. Or, j'ignorais tout de l'histoire du peuple juif.

Dans la Torah, il est dit : Fais avant de comprendre. Je faisais et ne comprenais que ce que mes parents m'avaient légué ! Droiture, vie religieuse, mais rien de rationnel.

Pour comprendre, je fréquente alors le centre Rachi, étudie avec Gilles Bernheim, et suis un groupe d'étude en Israël.

Mais je rencontre de grandes difficultés à supporter les Juifs ! Car ce qui m'intéressait c'était la Torah et non les Juifs. Je ne me reconnaissais pas dans ceux que je fréquentais. Ce n'est pas parce qu'on partage ensemble un *shabbat* que l'on a quelque chose à se dire.

Et pourtant ce qui nous réunit est fondamental dans nos vies respectives. La notion de collectivité ou de communauté est essentielle.

Puis M. Touitou et la femme d'André Néher furent mes professeurs. Tous deux étaient des personnes ouvertes, à la pensée extrêmement riche.

C'est à partir de ces rencontres que je me suis construite, partant de sources nombreuses et très variées. Et lors de l'un de ces cours, j'ai rencontré une femme, qui devint une grande amie. À la fois très cultivée et très pratiquante, elle savait donner du temps à chaque chose. Elle m'a beaucoup aidée en me donnant des pistes à partir de sa propre vie, de ses angoisses, de ses interrogations, et de ses colères.

Quant à savoir si j'ai la foi...

Aujourd'hui, je suis des cours avec un rabbin, philosophe de formation. Cela m'apporte la conviction qu'il y a une réelle connaissance à acquérir ; et que ce savoir est très rationnel, très concret et très logique.

Mais cette expérience ouvre l'océan de mon ignorance et de l'investissement que cette étude exige. Il faut alors trouver un nouvel équilibre face à cette découverte.

J'ai la certitude que les rites fondamentaux qui, jeune, m'étaient une évidence, sont aujourd'hui également structurants, tant du point de vue de la personnalité que pour ce qui relève de la vie quotidienne.

La Torah n'est pas à moi, mais quelque chose qui tient le monde, qui fait qu'il existe, comme dans le premier verset de la Genèse où le Verbe crée le monde.

Quand la Torah est présente, cela me rassure et me tranquillise car se mêlent du rationnel, du débat, de l'interprétation, des colères, des renoncements. L'histoire des textes et celle des hommes, des grandes figures, sont partagées. Enfant, on ignore cela.

C'est pour moi une évidence de pratiquer. Quant à savoir si j'ai la foi...

Je suis donc pratiquante, avec toutes les difficultés inhérentes au monde moderne. Et c'est d'autant plus difficile que mes amis proches ne sont pas tous juifs, et en tout cas peu pratiquants.

Mon engagement est fort, mais ma pratique limitée. Le faire davantage m'entraînerait à des renoncements, sans doute des renoncements fantasmatiques. Je ne souhaite pas que cela entraîne des risques de coupure avec d'autres. Je n'y suis pas prête.

Ma fille

J'ai adopté une petite fille ; et c'est au bout du monde que j'ai été la chercher, à Katmandou, au Népal. Originaire du Tibet, ma fille vient d'un monde où la spiritualité est importante, et j'en suis heureuse. J'ai un grand intérêt pour le bouddhisme, où le profane et le spirituel se côtoient sans conflit.

J'ai la certitude que la transmission sera favorisée par sa propre histoire. À deux ans, elle s'inclinait déjà devant les statues.

Nous allumons les bougies ensemble tous les vendredis, et je compte la mettre dans une école juive. Car je ne suis pas sûre d'avoir des capacités pour transmettre. Aussi, je fais confiance aux spécialistes pour lui enseigner le judaïsme.

Il est essentiel qu'elle vive une pratique juive à la maison, mais une pratique joyeuse.

Je veux qu'elle soit libre, mais avec la conscience de sa liberté.

Je sais que je ne veux pas transmettre de la peur, de l'interdit, du ghetto, le poids d'une histoire.

Mais au contraire lui transmettre toute la chance, la difficulté, la responsabilité d'être juive.

Et cette chance, c'est que le judaïsme est intelligent et généreux, généreux et non charitable.

Ce qu'il y a de précieux dans la Torah

Les auteurs et intellectuels juifs à la mode ne m'ont pas convaincue. Je n'ai pas une approche littéraire du judaïsme. Peut-être que le cinéma ou le théâtre m'apportent davantage dans ce domaine.

L'agrégation de lettres, ce sont des études de lettres. Mais on n'apprend pas la Torah comme une langue étrangère ; parce que cette connaissance n'est pas « vulgaire », au sens commun.

La Torah, ce n'est pas une étude de ce type : il y a quelque chose de « précieux » dans la parole, dans l'étude, dans la connaissance juive, car c'est une quête. Précieux ne signifie pas ici qui a un prix, mais apprendre avec nuance et finesse. Ce qui est diffusé (par exemple un livre) est la plupart du temps tronqué, partiel. Alors que je reste attachée au fait que, dans l'étude juive, un texte renvoie à un autre, à un autre, puis à un autre... C'est pourquoi, dans le judaïsme, on ne peut pas étudier seul.

En outre, on part d'un axiome - un rite par exemple -, on ne le discute pas, mais on tente de le comprendre. La pensée n'agit pas seule sur l'axiome, mais sur celui qui agit l'axiome.

Voila ce que je veux transmettre à ma fille.

Parce que j'ai fait un voyage en Pologne sans prendre conscience de ce qui s'y était véritablement passé, parce que j'ai visité de nombreux pays arabes, je veux dire aussi que tout peut arriver ! Nous, les Juifs, avons quelque chose en nous qui n'est pas compris, légitimé, accepté. Et par conséquent le danger existe. D'où cette nécessaire vigilance, et cette exigence de n'attacher aucune importance au matériel.

Avec ma fille, la transmission sera complexifiée par deux facteurs supplémentaires.

D'une part, elle a un père, au bout du monde, mais pas de père au quotidien, alors que le rôle du père est majeur dans la transmission, en particulier dans le judaïsme. D'où les difficultés à venir.

D'autre part, compte tenu de sa propre histoire, un rejet du judaïsme est plausible.

C'est là que la pratique prend tout son sens. Elle est convertie depuis peu, par le Consistoire, après une année de préparation, et la pratique émouvante du rituel du mikvé.

Ma pratique prend désormais une autre dimension. L'enfant est central dans la Torah... et je suis juive encore autrement depuis que je suis mère.

Entretien du 9 décembre 2007

Jean-Paul Bader

Né en 1923, à Strasbourg
Directeur du Talmud Torah de la synagogue de la rue de la Victoire

*

Pour ceux qui partagèrent cette expérience du scoutisme, je rappellerai pour la petite histoire que je reçus comme nom de totem celui de « Caméléon contemplatif », qui me fut attribué par le docteur Gérard Alexandre, successeur de Robert Gamzon comme commissaire général des Éclaireurs israélites de France.

Responsable EI depuis toujours, je suis encore à ce jour commissaire à la formation, et responsable du groupe local EI Samuel-la Victoire.

Dès 1955, je dirigeais pour l'OSE des centres de vacances, et ce pendant plus de quarante ans, soit jusqu'en 1995 ! Ce fut notamment le cas à Munster, puis à La Bernerie-en-Retz (en Loire Atlantique) avec des enfants difficiles, victimes de graves problèmes sociaux.

Lorsque le rabbin Henri Schilli souhaita créer un petit centre de vacances où se combineraient ski et animation juive, je suis parti avec mon épouse à Morgins (près de Châtel, en Suisse), où j'ai dirigé et développé ce centre de 1967 à 1982.

Nous avons eu ensemble quatre enfants formidables, qui ont chacun une façon bien personnelle d'être juif, mais qui tous observent les fêtes juives, et ont milité aussi bien en qualité d'animateur de scoutisme que de colonies de vacances juives.

L'histoire, d'abord l'histoire

De ces responsabilités, je retire la conviction forte que je préfère transmettre par l'action plutôt que par l'écriture, tout grand lecteur que je puisse être.

En qualité de directeur de Talmud Torah, je suis convaincu qu'un enseignement juif doit se composer, par ordre d'importance, de plusieurs savoirs :

– d'abord et avant tout l'histoire juive, qui transmet le parcours du peuple juif (Am Israël) depuis Abraham jusqu'à nos jours ;

– ensuite, l'hébreu ;

– puis les fêtes juives ;

– découvrir la *Mishna* ;

– enfin apprendre les chants d'Israël, les chants scouts, et la liturgie juive.

Si le Consistoire souhaite pour sa part insister sur les *dinim* (les lois juives présentées notamment dans le *Choul'Hane Aroukh*), j'accorderais, en ce qui me concerne, une plus large place à l'histoire proprement dite.

Une éducation juive

Les Bader sont des Juifs qui étaient à l'origine des Lévy, en provenance du Bad-Wurtemberg.

Mon père, commerçant en mercerie et en broderies pour ouvrages de dames, était né en Alsace allemande, et fut blessé sur le front russe lors de la Première Guerre mondiale. Il fut l'élève du rabbin Bloch (de Bach puis de Haguenau), qui avait constitué le *sidour* (livre de prières) officiel des Ashakénazes français.

Ma mère, née à Strasbourg, très musicienne, et qui avait fait l'école des Beaux-Arts, dessinait les trames des broderies, et réalisait d'une manière artisanale les canevas prêts à la vente.

Nous vivions à Strasbourg. Le rabbin Deutsch, qui était alors rabbin de Bischheim, dirigeait le Talmud Torah et animait la Jeunesse juive de la communauté (JJST).

En septembre 1939, la population juive de Strasbourg qui était menacée par l'Allemagne nazie, fut évacuée en Dordogne ; et pour ma part ce fut Périgueux.

C'est alors que j'ai rejoint les EI grâce à Liliane Marx, grande résistante à qui j'ai succédé à Périgueux. Elle m'a appris l'essentiel de ce que doit savoir un éclaireur (savoir regarder le ciel, s'orienter, etc.).

C'est alors que j'ai rencontré la Résistance juive et notamment André Kissler (Cigogne) ; puis Robert Gamzon (Castor) qui ne cessait d'aller d'une zone à l'autre.

L'animation est devenue ma façon de communiquer

Aumônier dans la Résistance du Tarn, puis dans la division Rhin-et-Danube du général de Lattre de Tassigny, j'ai également été au service des déportés – ce que n'a guère apprécié ladite armée !

Souhaitant effectuer des études religieuses, j'ai alors repris mes études au séminaire israélite ; c'est là que j'ai eu la chance de suivre l'enseignement du Grand rabbin Lieber. J'ai obtenu par ailleurs une licence d'allemand. Mais j'étais surtout attiré par l'animation au service du judaïsme. Aussi m'a-t-il dit qu'il fallait choisir entre le rabbinat et le scoutisme ! Je n'ai pas choisi sur-le-champ !

Marié en 1949, j'ai dès 1952 emmené une cinquantaine d'EI en Israël pour planter une cinquantaine d'arbres en souvenir d'Edmond Fleg. Nous avons fait ce voyage sur un bateau – le *Negba* – identique à l'*Exodus*. Huit jours de mer à la suite desquels j'ai rejoint Robert Gamzon.

Pourquoi l'animation ? En 1940, j'écoutais beaucoup la radio, sur un poste à galène que j'avais bricolé moi-même - le bricolage étant ma grande passion. C'est comme cela que j'ai entendu les émissions des Chantiers des Compagnons de France (pétainistes) qui expliquaient à l'antenne comment organiser et animer des groupes de jeunes.

J'ai appris le métier, j'ai appris à avoir un contact qui ne soit pas brutal. Lorsque les jeunes chahutaient, je montais sur une table, puis sur une autre... Les élèves, interloqués, me demandaient ce que j'étais en train de faire ; et je leur répondais que je faisais le chahut avec eux ! Comme je n'aime pas être triste, je gardais toujours le sourire. J'ai toujours le sourire.

Finalement, j'ai passé ma vie à transmettre !
Surtout par l'action.

Entretien du 26 juin 2007

Rachel Baron

Née en 1946, à Tel-Aviv (Palestine)
Documentaliste

*

Quelle fut ma langue maternelle ? L'allemand, l'hébreu, je ne sais pas. En fait, l'allemand était la langue de ma mère, mais pas véritablement ma langue maternelle.

L'allemand et son accent viennois m'émeuvent toujours : ils me rappellent le milieu familial.

Suite de la traversée d'un siècle

Mes parents sont nés tous deux à Vienne, en Autriche.

Ils sont arrivés chacun de leur côté en Palestine, en 1934. Mon père, par conviction sioniste ; il était déjà actif dans un mouvement juif de jeunesse en Autriche. Ma mère, pour des raisons plus personnelles.

En 1948, nous déménageons à Haïfa, où je vais à l'école maternelle et primaire. Puis, j'ai fréquenté la célèbre école Reali, exigeante, avec un fort esprit allemand.

Aucune de mes quatre tantes maternelles n'a eu d'enfant. Et du côté de mon père, beaucoup de victimes de la Shoah et peu de descendants. Étant fille unique, j'ai grandi entourée d'adultes ne parlant pas l'hébreu ; j'ai donc reçu une forte culture européenne et tout particulièrement viennoise.

Israélienne et juive, et vice versa

Du système scolaire laïque israélien j'ai reçu un enseignement biblique et talmudique assez poussé, mais plutôt historique, culturel et littéraire et non pas religieux. C'était en fait une éducation religieuse de non-croyants.

Nous ne fréquentions pas la synagogue mais sans esprit d'opposition, plutôt par manque de conviction.

Du côté de mon père, on mangeait du jambon ! Ma mère m'a dit un jour de ne pas en manger. Depuis ce jour, je n'en mange plus ! Par contre elle ne m'a pas parlé des escargots (mais aurait-elle pu imaginer que l'on en mange ?). C'est pourquoi j'en déguste sans problème !

Le judaïsme était un fait, une réalité. Il n'y avait pas à réfléchir à ce sujet.

Élevée avec les valeurs du kibboutz puis celles de *Tsahal* (où j'ai servi pendant vingt mois, dans une unité de parachutistes), l'appartenance était israélienne, ce qui de notre point de vue voulait dire juive !

J'ai épousé un Juif français que j'ai rencontré en Israël, et nous sommes venus en France pour poursuivre des études qui se sont prolongées par une activité professionnelle, la fondation d'une famille, etc.

Mais je n'ai jamais vraiment pris la décision de quitter Israël ; je suis simplement restée en France.

Une formule personnelle qui n'oublie pas l'identité

Notre mariage fut célébré en Israël en suivant toutes les règles du mariage juif casher !

Nos filles sont nées à Paris. Pour chacune nous voulions un prénom hébreu, prononçable en français.

Elles ont fréquenté l'école publique du quartier, comme elles l'auraient fait si nous étions restés en Israël. Elles ont suivi des cours d'hébreu dans des cadres divers, mais je n'ai pas trouvé d'adéquation entre mon attente et la formation proposée, ni au niveau de la langue, ni au niveau de l'information sur le judaïsme.

Nos pratiques religieuses sont très personnelles. Nous célébrons ou marquons les fêtes juives à la sauce israélienne, mais sans fréquenter de synagogue.

Je n'ai pas trouvé de communauté qui corresponde à notre manière de voir. Nous sommes donc parvenus à élaborer une formule personnelle qui n'oublie pas l'identité, et qui correspond à notre vision et à nos convictions.

Nous avons élevé nos filles pour qu'elles soient comme tout le monde, mais en tenant compte de leurs particularités et de leur originalité.

Un judaïsme familial

Mes connaissances concernant le judaïsme sont plutôt vastes ; cependant je n'ai pas pu transmettre tout ce savoir à mes filles. Mais peut-on jamais transmettre tout son savoir à ses enfants ?

J'ai transmis quelques connaissances et quelques principes, mais j'ai surtout transmis ma sensibilité, ma généalogie, ma particularité. J'ai transmis ce que je suis et cela concerne aussi bien mon identité juive que les autres composantes de ma personnalité.

Ce que je regrette, c'est que la dimension israélienne n'a sans doute pas été suffisamment développée !

Mes filles ont une identité qui s'est construite pour une part en fonction de ce qu'elles ont hérité de nous ; mais c'est à elles de forger leurs propres convictions et le mode d'emploi de leur vie. À elles de bâtir leur propre édifice à partir de ce que nous leur avons donné.

Mais tant que nous aurons des liens avec elles, nous continuerons à transmettre, à influencer, sans forcer, sans obliger, sans juger.

Entretien du 27 janvier 2008

Gaby Beaufils

Née en 1944, à Sidi Bel-Abbès (Algérie)
Médecin radiologue

*

Ne dit-on pas que tout finit par un mariage ? Ici, tout commence par un mariage !

C'est à la faculté de médecine que j'ai fait la rencontre du grand amour.

Alors que des quatre sœurs j'étais la plus observante et mangeais casher, j'ai épousé un non-Juif.

Lui voulait un mariage à la fois catholique et juif, ce qui était évidemment impossible.

Son père, homme intelligent, disait qu'il préférait que son fils épouse une Juive qui croyait en Dieu plutôt qu'une chrétienne qui ne croyait en rien !

Il avait connu en captivité le père Chenu, dominicain résistant, que nous avons alors rencontré, et qui m'a convaincu qu'en me mariant à l'église, je ne m'engageais pas pour autant pour mes enfants.

Cependant mes parents ne sont pas venus à l'église ; j'en ai été très triste, mais ils ont eu raison. J'ai voulu occulter cet « épisode », mais c'est toujours une épine, qui a pourri nos relations.

C'était les années 68. « Faites l'amour, pas la guerre. »

Nous avons célébré pour chacune de nos filles leur « nomination » et nous les avons également baptisées ; et elles ont chacune un prénom du calendrier français et un prénom juif.

Afin qu'elles choisissent à l'âge adulte, nous ne leur avons donné aucune instruction religieuse, bien que notre entourage fût essentiellement juif.

Divorcée au bout de quelques petites années, mon ex-mari, psychanalyste, s'est remarié avec une Juive !

Mes filles nous ont plus tard reproché de ne pas prendre nos responsabilités, en n'optant pas pour l'une ou l'autre religion. Elles nous disaient en substance : « C'est à nous de faire un choix que vous-mêmes n'avez pas osé faire. En choisissant la religion juive, on se met du côté de Maman ; et si on choisit le catholicisme, on va du côté de Papa ! C'est un choix impossible ! Nous sommes dans une impasse. »

On croyait sincèrement à cette époque que la meilleure solution c'était l'ouverture, plutôt que d'imposer.

À chacune sa solution

Factuellement, elles ont été élevées surtout dans le judaïsme, notamment à travers les fêtes, les conversations, la culture, les amis. Avec quelques périodes de révolte.

Aujourd'hui, mes deux filles se disent juives, mais n'ont pas épousé des Juifs.

Néanmoins, par l'aînée, l'un de mes petits-fils, dont le père est d'origine espagnole, s'appelle Zacharie. À l'âge de six ans, lors d'une lecture que nous faisions ensemble de contes et légendes, il refusa de lire le chapitre sur les Hébreux, car me dit-il en substance : « Je ne veux pas voter ! » (Nous étions alors en période électorale, incitant à faire un choix entre deux candidats).

Depuis un peu plus d'un an, sa mère a refait sa vie avec un garçon de mère française et de père tunisien. Je dois dire que, d'un point de vue culturel, je me sens souvent plus proche d'un Arabe que d'un Français catholique ; c'est sans doute mon appartenance au bassin méditerranéen...

Ma seconde fille, certainement marquée par mon divorce, vit avec un catholique très curieux de la religion juive.

Les religieux doivent être heureux ! Ils n'ont sans doute pas à se poser les mêmes questions !

Une éducation complexe

Comme pour bon nombre de Juifs, mes origines sont à la fois compliquées et banales.

Mon grand-père paternel était d'Essaouira (Mogador), au Maroc ; tandis que sa femme, née au Maroc espagnol, habitait le village « nègre » et parlait arabe.

À ces notables juifs religieux, mon père, né en Algérie, très imprégné des valeurs de la République française, interdisait de parler l'arabe !

Mes grands-parents maternels étaient nés en Algérie, mais étaient de nationalité française car nés après le décret Crémieux. C'étaient des commerçants, qui finirent par émigrer à Paris.

En Algérie, tout comme ma mère auparavant, j'ai été chez les sœurs religieuses, car l'école laïque ne proposait pas d'école maternelle. Et de plus, c'est là qu'on apprenait les bonnes manières !

Nous venions tous les ans à Paris voir nos grands-parents, puis l'on passait deux mois en colonie de vacances également chez les sœurs, que mes cousines, juives par leur mère, fréquentaient toute l'année.

Le mariage, c'est signifiant

Tout a été bouleversé en arrivant en France, à Paris XVIe !

Certes, on allait tous les dimanches matin à Saint-Paul pour acheter la viande casher.

Mais tout en ne fréquentant que des Juifs, on s'est éloigné progressivement du judaïsme.

D'ailleurs, à l'époque, contrairement aux garçons, les filles ne recevaient aucune éducation religieuse.

Après mon divorce, il m'est apparu très clairement qu'un nouveau mariage ne pourrait se faire qu'avec un Juif. Aujourd'hui, je vis avec un homme juif, ashkénaze, qui a deux enfants qui vivent en Israël. Il a fait son travail de transmission.

Comme j'avais raté le mariage religieux, j'aurais souhaité me marier, mais mon compagnon, qui n'est pas religieux, ne l'a pas souhaité. J'avoue que je le regrette. Coïncidence ou conséquence, aucune de mes filles n'est mariée !

Depuis cette nouvelle vie maritale, je ne suis plus observante. Nous organisons cependant les fêtes religieuses, mais, il faut le reconnaître, de moins en moins. Par contre, on parle tout le temps des Juifs !

Ce que je voudrais leur dire

La transmission c'est une façon de ne pas mourir. Ma crainte, c'est que le judaïsme ne devienne pour mes filles quelque chose « d'exotique ». Je suis très loin d'être bigote, mais je suis préoccupée et proche d'Israël, où je suis allée et vais souvent. J'ai le désir d'y vivre ; mais ce ne serait pas un « retour » ; plutôt un aboutissement.

J'ai aujourd'hui l'impression d'être la dernière Juive de la lignée.

En ne me mariant pas avec un Juif, en ne donnant pas d'éducation religieuse à mes filles, j'ai participé à la coupure. « Les chiens ne font pas des chats ! », comme l'on disait en Algérie.

Sur ce thème, l'échange est aujourd'hui difficile avec mes filles : je m'énerve et ne trouve pas les mots qui traduiraient précisément ce que je souhaiterais exprimer.

En fait, le livre d'Amos Oz, *Une histoire d'amour et de ténèbres*, dit très bien ce que j'aurais voulu raconter moi-même à mes filles, ce que je voudrais leur dire ; et finalement, leur transmettre.

Entretien du 18 mars 2008

Pauline Bebe

Née en 1964, à Paris
Première femme rabbin en France
Auteur notamment d' Isha - dictionnaire des femmes et du judaïsme (Calmann-Lévy, 2001), et de Qu'est-ce que le judaïsme libéral? (Calmann-Lévy, 2006)

*

On raconte qu'un Juif qui s'était absenté de sa communauté pendant un certain temps revint pour assister à une bar mitsvah. Il est étonné de voir les changements qui se sont produits pendant son absence et l'un d'eux l'intrigue en particulier.

En guise d'appréciation de la part de la communauté, le conseil d'administration avait en effet l'habitude d'offrir un *Tanakh* (une bible) au jeune garçon ou à la jeune fille. Et voici qu'à la place du livre, il voit un objet de forme oblongue. Interrogeant un dignitaire, il s'entend répondre: « Oui, à la place d'un *Tanakh,* nous avons décidé d'offrir aux *benei mitsvah* un parapluie ; au moins nous sommes sûrs qu'ils l'ouvriront une fois dans leur vie ! »

La plupart des Juifs ont des difficultés à expliquer leur judaïsme.

Et ce davantage aujourd'hui qu'autrefois. Il semble en effet que l'enseignement ait été peu ou mal fait depuis quelques dizaines d'années. Et puis il y a eu aussi la rupture de la Shoah.

La plupart des personnes qui ont célébré leur bar ou bat mitsvah gardent en mémoire un souvenir mitigé. Ils se rappellent les efforts consentis pour apprendre par cœur, sans avoir reçu pour autant un véritable enseignement. Ils ignorent même souvent l'origine du mot «juif» (le louangeur), mot qui apparut pour la première fois dans le Livre d'Esther !

C'est pourquoi je demande à chaque jeune du Talmud Torah: Que dirais-tu si tu devais expliquer ce que c'est que d'être juif? L'explicitation verbale est aujourd'hui nécessaire à la transmission.

L'essentiel est l'esprit de la Torah, du Talmud, l'étude.

Mais la formation d'une identité juive comprend plusieurs composantes :

– le Talmud Torah donc, qui est la *mitsvah* (commandement) la plus importante ;

– la pratique : les *mitsvot*, d'ordre éthique et d'ordre rituel, les deux étant intimement liés ;

– le rite ;

– la dimension communautaire, exprimée par Hillel qui dit : « Ne te sépare pas de ta communauté » (Traité des Principes, II, 5), y compris aujourd'hui Israël.

L'étude

De nombreux Juifs se disent juifs et ne savent dire pourquoi. Ils ont été élevés selon les principes moraux du judaïsme mais qui sont aujourd'hui étendus à toute l'humanité. Comme la dignité, la valeur de la vie, l'égalité de tous, la justice sociale, l'abrogation de la peine de mort, le repos hebdomadaire, etc.

Ces valeurs dites humanistes ont en fait été mises en place par la Torah, par le monothéisme (en termes laïcs : un seul référent moral, universel comme le dit Kant).

Le judaïsme, tout comme la philosophie grecque avec laquelle il s'oppose sur certains points importants, est à la base des sociétés occidentales.

Cependant le judaïsme demande plus qu'un humanisme.

L'éthique du droit juif invite à aller au-delà de la simple nécessité de la Loi (*lifné meshourat hadin*).

Ainsi en termes de contrat, pour être éthique, il suffit que tout soit écrit sur le contrat. Mais les termes du contrat doivent être explicites, et non implicites.

Dans le même esprit, sur un document quel qu'il soit, la Loi juive déconseille d'écrire un texte en petits caractères, car alors il risquerait de ne pas être lu !

De même, donner un conseil qui ne soit pas strictement dans l'intérêt du demandeur c'est enfreindre cette même Loi.

« Tu ne placeras pas d'obstacle sur le chemin de l'aveugle » (Lévitique 19:14).

Le judaïsme, c'est comme une paire de lunettes : il permet une vision de la réalité.

Chaque religion a sa manière de voir. Chacun par sa religion (sachant que le mot de religion n'existe pas en hébreu ; le mot *dat* est un emprunt à la langue perse), par sa philosophie, recherche un sens à sa vie. Le judaïsme est aussi bien sûr une philosophie de vie.

Abraham Heschel dit que le judaïsme est comme une grammaire de la vie.

Une collègue rabbin utilise l'image du *shoffar* (corne de bélier utilisée à l'occasion des fêtes de Rosh Hashanah et Yom Kippour) : si on souffle dans la partie large, aucun son ne sort ; mais si l'on sonne dans la plus petite partie, alors on entend le chant de l'instrument.

De même, il faut commencer l'enseignement par le petit maillon. Dans le judaïsme, on commence l'enseignement par le petit nombre. Le judaïsme enseigne un message universel porté par un petit groupe de personnes qui doivent le transmettre.

Les parents sont les premiers enseignants ; ils ont un rôle majeur. S'il ne se passe rien dans la famille, la transmission est plus compliquée.

Il en est de même pour la *tsedaka* (souvent traduit par « charité », ce mot hébreu signifie en réalité justice ou droiture) : on doit commencer par aider les personnes qui sont les plus proches de soi, puis les voisins, puis les gens de sa ville, etc.

Les commandements

Le judaïsme relève de la philosophie de l'action.

Contrairement à la Grèce antique, nos modèles ne sont pas la philosophie des idées. Mais ce sont des personnages bibliques, des rabbins, qui agissent. La philosophie juive est venue dans un second temps.

Les paraboles, les *Midrashim* (explications allégoriques et philosophiques du texte biblique), sont très ancrés dans la réalité.

La philosophie grecque sépare le monde des idées du monde matériel (cf. Platon). Dans la pensée hébraïque, le *lev*, c'est-à-dire le cœur, est le siège des pensées et des sentiments. Ce que semblent confirmer aujourd'hui les neurosciences, et que la pensée hébraïque savait depuis longtemps.

Pour le judaïsme, il n'y a pas de séparation entre le monde matériel et le monde spirituel. Pour un chrétien ou un bouddhiste, il faut se séparer du monde matériel pour accéder au monde spirituel. Dans le judaïsme, on doit trouver le spirituel dans le matériel ; c'est-à-dire qu'il faut élever le matériel au niveau du spirituel.

En termes concrets, cela signifie que des actes humains, des gestes simples doivent devenir des gestes spirituels. Telle est la fonction de la *cashrout* : avant de manger du pain, on récite une bénédiction. Ceci ne change pas le pain ; c'est le même, mais le regard sur ce pain devient différent. On se souvient de la chaîne par laquelle est produite le pain, d'où il vient ; et l'on est alors reconnaissant de l'existence de cette chaîne et du travail de chaque intermédiaire.

C'est un émerveillement. Abraham Heschel parle de la découverte du monde par les enfants. Il faut garder un regard, non pas naïf, mais d'enfant !

Un *Midrash* sur les enfants dit : Quand Dieu a voulu donner la Torah aux enfants d'Israël, il a demandé des garants. Le peuple a d'abord proposé les ancêtres, puis les prophètes, ainsi de suite. La seule proposition acceptée par Dieu fut celle qui mentionnait les enfants ! La parole n'a qu'un sens limité si elle n'est pas transmise aux générations suivantes.

Le judaïsme est fait pour être transmis à des enfants ou à des élèves.

Dans la langue hébraïque le présent n'existe pas ! On passe du passé au futur, et réciproquement. Edmond Fleg écrit dans *Pourquoi je suis juif?* (aux Éditions Les Belles Lettres) : « En hébreu, le passé se transforme en futur, le futur en passé par une lettre qui précède le verbe et le présent n'existe pas. Cette fluidité des temps, l'absence de voyelles nous incitent à aller voir vers l'essentiel et l'interprétation. »

Lorsque quelqu'un monte à la Torah, il fait comme s'il revivait la montée au Sinaï. L'on dit alors : « Dieu qui a donné la Torah, et qui donne la Torah. »

On dit de même à Pessah. Chaque génération doit faire comme si elle était elle-même sortie d'Égypte.

Une dynamique interne du judaïsme a permis qu'il soit, par l'étude, en adaptation continuelle. Grâce à l'hébreu, cette langue « consonantique » qui se prête si bien à l'interprétation, il a laissé chaque génération interpréter les textes à sa manière.

À la fois succession de réformes et libre lecture des textes expliquent sans doute sa pérennité.

Le rite

Le judaïsme propose une pédagogie extraordinaire, par l'acte. Chaque grande idée est traduite par un acte. Et inversement : les actes restent parfois sans que l'on sache pourquoi.

Les pédagogies qui aujourd'hui fonctionnent sont celles où l'on apprend par l'expérience.

L'apprentissage talmudique se fait en groupe (*hevrouta*), au minimum de deux. On étudie un texte, et l'on revit ce texte. On s'investit dans la discussion, et le dialogue se poursuit. Des mises en situation comme des jeux de rôles (qui sont donc de l'ordre du vécu) font que l'apprentissage est déjà une expérience.

En Grèce, on apprend en écoutant le discours des philosophes. Dans le judaïsme, on apprend à partir d'un échange. Lorsque l'on « construit » une *soukka* (cabane servant de résidence temporaire, construite spécifiquement pour la fête de *Soukkot*), on signifie que l'on ne doit pas se reposer sur les choses matérielles, on dit que l'on doit l'hospitalité, la *soukka* étant ouverte.

Lorsque l'on « pose » une *mezouza* sur la porte (littéralement : montant de porte, la *mezouza* est un rouleau de parchemin sur lequel sont inscrits deux passages de la Bible), on évoque le fait que les parchemins, que les livres sont importants dans la maison ; on dit aussi que la Loi est la même à l'intérieur et à l'extérieur, et qu'en conséquence on doit se comporter de la même façon dedans et dehors.

Bref, on est dans l'action. Et chaque rite est porteur de sens ; mais aujourd'hui nombreux sont ceux qui ne savent plus pourquoi on les accomplit. Or, il faut comprendre l'acte !

Cette perte de sens entraîne aujourd'hui une rupture de la transmission.

Le rite et ses explications nécessitent une répétition constante. Enseigner c'est répéter (*leshanoth et lishenoth*).

Il faut la répétition du rite et la répétition du sens.

Le Talmud dit : « Entre ce qui est régulier et ce qui est exceptionnel, c'est ce qui est régulier qui prend le pas » (TB Soukha 54 b ; 56 a). On pense souvent le contraire ! Pourtant ce qui compte, c'est la régularité.

La communauté

Transmettre par cette idée géniale du *miniane* (nombre de personnes nécessaires à la tenue d'un office religieux, ce nombre étant dix). Nous avons besoin les uns des autres ; nous avons besoin du regard des autres. Nous avons une égale dignité, mais on a chacun des compétences différentes.

La relation à l'autre, aussi difficile soit-elle, et peut-être justement parce qu'elle est difficile, permet que l'on se surpasse et que l'on retrouve le divin.

Ni l'étude ni la prière ne sont conseillées comme devant être faites seul. Il ne faut pas s'isoler. C'est par la prière faite en commun que l'on trouve le reflet du divin. Le judaïsme ne met en valeur ni l'ascèse, ni la solitude. Il n'est pas bon que l'humain soit seul, dit la Genèse.

La vocation d'une communauté c'est la transmission. À la fois dans la communauté : apprendre les textes, mais aussi apprendre à agir en Juif responsable et autonome, etc. Et également hors de la communauté : présence sociale, entraide, et expliquer le judaïsme aux non-Juifs avec lesquels nous vivons. C'est d'ailleurs pourquoi nous recevons régulièrement ici, à la synagogue, des classes des écoles publiques.

La passion des textes

Après dix-huit ans de rabbinat, je constate que les personnes qui ont vécu la guerre ont une perception souvent différente de la transmission.

Mes parents (d'origines ashkénaze et séfarade) sont tous deux nés en France. Mon père, pédiatre, ma mère avocate, se sont mis au service de l'autre. Ils n'ont reçu ni l'un ni l'autre d'éducation religieuse, mais une identité juive très forte.

Leur originalité tient pour une part en ce qu'ils ont recherché un lieu qui pourrait répondre aux questions de leurs enfants. Un endroit égalitaire, où raison et révélation ne s'opposent pas. Ce fut la synagogue de la rue Copernic.

Mes études supérieures ont combiné de façon heureuse ma double culture. Titulaire d'une licence d'anglais et d'un DEA d'hébreu de l'Institut national des langues et civilisations orientales, mon mémoire de maîtrise traitait de « L'attitude du judaïsme face au prosélytisme et à la conversion ». Et mon mémoire de DEA avait pour sujet : « L'éthique du langage dans la tradition juive ».

Passionnée par les textes, j'ai souhaité exercer un métier qui me permette de vivre cette passion au quotidien. C'est ainsi que j'ai entrepris des études rabbiniques en Angleterre (au Léo Baeck College à Londres, le séminaire rabbinique libéral pour l'Europe occidentale). Après trois années en Angleterre et deux années d'étude à Jérusalem, j'ai reçu la *Semikha* (ordination rabbinique) à Londres en 1990.

Après avoir exercé comme rabbin pendant cinq années au MJLF, j'ai créé en 1995 avec Rémy Schwartz la Communauté juive libérale Ile-de-France, rue Moufle (Paris XIe), dont je suis le rabbin depuis treize ans.

« Sur un pied d'égalité »

L'une des singularités forte de notre communauté est que nous nous adressons autant au Dieu d'Abraham, Isaac et Jacob qu'au Dieu de Sarah, Rebecca et Rachel, comme la majorité des communautés libérales du monde.

Consciente des problèmes de la société d'aujourd'hui et sensible aux idées d'ouverture et de tolérance, je veux donner une vision nouvelle du judaïsme, dans laquelle les femmes sont traitées et considérées sur un pied d'égalité avec les hommes.

Dans le judaïsme, la lecture et le commentaire de la Bible reviennent, de fait, aux hommes. Depuis trois décennies, les femmes, elles aussi, ont entrepris de lire, relire, commenter les textes fondateurs du judaïsme ; et récemment a été publié aux États-Unis le premier commentaire de la Torah écrit par des femmes.

Mon livre *Isha* témoigne de ce judaïsme vu du côté des femmes, du point de vue d'une femme ; mais aussi et surtout d'un rabbin. Sous la forme d'un dictionnaire réunissant des entrées consacrées aussi bien aux femmes de la Bible et du Talmud, il aborde tous les thèmes qui ont trait aux femmes.

Ce métier de rabbin, qu'exerce également mon mari à Paris et à Saint-Germain-en-Laye, conduit à aider les autres, à donner du sens à leur vie. Cette fonction est aussi importante que l'enseignement. L'essentiel est le conseil, l'accompagnement, l'humain.

Entretien du 27 novembre 2007

Alexis Blum

Né en 1942, à Limoges
Grand rabbin de la synagogue de Neuilly-sur-Seine

*

C'est dans l'esprit de l'École néo-orthodoxe de Francfort que notre famille a opté pour la double culture. Créé par Samson Raphaël Hirsch (1818-1888), ce courant a notamment influencé une vingtaine de rabbins alsaciens formés à Berlin qui, tout en ayant une très grande culture religieuse et universitaire, ont choisi de rejoindre de petites communautés.

Si aucun de mes deux fils n'a repris le flambeau du rabbinat, ma fille a pour sa part suivi un séminaire à Jérusalem, dans une *midrashia* (Lindenbaum/Berouria), et a épousé un petit-fils de rabbin ! Mais tous sont très attachés à cette double culture, et tous ont vécu en Israël.

Mon fils aîné y est parti dans une *yeshiva* puis à l'université ; il est désormais installé là-bas.

Le fils de ma femme (elle-même professeur certifiée en mathématiques) a suivi un cursus original, composé de trois années distinctes : une année de *yeshiva*, puis passage par l'armée pendant un an, et enfin une année de mission à l'étranger en qualité d'éducateur qu'il a faite ici en France, où il demeure maintenant.

Ces parcours ne sont pas dus au hasard. Nous avons bien sûr transmis la pratique des *mitsvot*, mais également un enseignement sioniste. Ce qui n'est pas le cas de toutes les familles religieuses.

Avant tout pédagogue

Si bien sûr je suis pédagogue parce que rabbin, j'ai également enseigné dans des milieux très différents : c'est ainsi que j'ai été aumônier militaire à l'École polytechnique, aumônier général des prisons. Voilà des expériences d'enseignement, de transmission. C'est pour cela que je visite toujours les prisons de Paris et de la région parisienne.

C'est Jean Genet qui a dit en substance : « Lorsque l'on est en prison, on pense à trois choses : à l'évasion, au sexe et à Dieu. » Cela, je l'ai vérifié.

L'aumônier, contrairement aux avocats, reçoit dès son arrivée à la prison les clefs des cellules des détenus qu'il vient rencontrer. Ces contacts directs permettent des échanges intenses, au cours desquels les questions les plus essentielles sont abordées, et bien sûr les notions de bien et de mal.

L'un des intérêts du métier de rabbin est la diversité des publics rencontrés et la richesse multiple des échanges.

Depuis des dizaines d'années je fais partie de la rédaction de la revue trimestrielle Hamoré (le maître), qui est la revue des éducateurs juifs de France.

Par ailleurs je donne des cours dans de nombreux endroits, notamment à Neuilly même, où existe depuis quinze ans l'Université juive européenne. J'y dispense régulièrement un cours de Bible. J'interviens également rue La Fayette au Centre communautaire, où je traite chaque année d'un thème différent.

« Tu aimeras ton prochain... »

Je participe activement au dialogue interreligieux, pour lequel les rabbins sont très sollicités, surtout par les catholiques. Depuis une trentaine d'années, je réponds aux demandes du SIDIC, qui est une émanation de Notre-Dame-de-Sion qui applique le programme de Vatican II pour une connaissance du judaïque authentique. Le public est très nombreux et passionné.

Dans le même esprit j'interviens à l'École cathédrale, qui est une faculté de théologie catholique créée par le cardinal Lustiger. En effet, l'enseignement du judaïsme y est désormais assuré par des Juifs, ce qui permet à plusieurs rabbins, dont par exemple le rabbin Philippe Haddad, d'intervenir.

Cette année, je fais de l'exégèse juive à partir de la *paracha* de la semaine et des commentaires traditionnels juifs. Je propose une anthologie des commentaires, ce qui surprend toujours les catholiques, car ils sont très étonnés qu'il puisse y avoir cinq ou dix commentaires différents d'un même texte !

À Neuilly existe depuis une dizaine d'années une association interreligieuse, « Bible à Neuilly », qui réunit Juifs et chrétiens pour des cours à deux voix, des expositions, des voyages en Israël.

Par ailleurs, à la synagogue, nous accueillons régulièrement des élèves des écoles laïques et chrétiennes qui viennent passer une ou deux heures ici pour un dialogue authentique.

Après tout, pourquoi ne pas aussi transmettre à ses voisins ?

À propos de motivation

Je reçois évidemment de nombreux jeunes qui préparent leur bar ou bat mitsvah. Mais comme partout, nous savons que les jeunes ne reviennent pas facilement à la synagogue.

Aussi nous faisons des efforts pour garder le contact, avec notamment pour les jeunes un office le vendredi soir, avec un *sidour* (livre de prières) adapté, c'est-à-dire transcrit en phonétique, traduit et commenté.

Nous avons également mis en place un office mensuel avec lecture de la Torah, dirigé et animé par des jeunes de 12 à 18 ans. Et un enseignant du Talmud Torah organise des cours et des visites pour les post-bar mitsvah.

Nous célébrons à Neuilly entre 80 et 100 mariages par an. Je reçois donc également de très nombreux jeunes couples. Mais je dois dire qu'un grand nombre ne sait rien ou pas grand-chose du judaïsme !

Par contre, le dialogue est plus facile maintenant qu'à l'époque de 1968 ! La séparation périodique des couples ou le rituel du *mikvé*, très impliquant, sont aujourd'hui bien acceptés. L'écoute est meilleure.

Il fut un temps où l'on se mariait à la synagogue pour faire plaisir aux parents. Ce n'est plus le cas : les jeunes couples viennent ici de façon motivée et sérieuse.

Une élection de devoirs

Il faut s'adapter à son public. Mais il faut aussi donner l'exemple, comme l'ont fait mes parents et grands-parents. L'esprit civique vient bien de cette façon ! L'exemplarité est aussi importante que les contenus des enseignements.

Il faut surtout ne pas oublier cette étape : aider les jeunes à devenir des hommes, des citoyens, avant de devenir des Juifs.

Il faut dire les valeurs auxquelles on tient, notamment les valeurs universelles comme l'importance et la valeur de chaque homme, de chaque individu. Il existe aussi des Juifs racistes ! Et bien sûr transmettre les valeurs juives, tel « l'idéal de sainteté ».

Pour conserver les valeurs universelles le Juif doit respecter des lois supplémentaires. Le peuple juif doit être un peuple de prêtres ; et ces lois nous rappellent que nous sommes juifs. L'élection des Juifs est une élection de devoirs.

L'essentiel est la croyance en un Dieu unique. Et pour rester fidèle à cette croyance, on doit respecter un ensemble de lois (morales bien sûr, mais aussi alimentaires, d'organisation de la vie quotidienne, etc.), qui font par ailleurs qu'il est parfois difficile de se mélanger. Cette attitude n'est pas toujours comprise ni admise.

L'amour est important ; mais si on a la conviction de vouloir créer une famille juive, équilibrée, l'idée d'un mariage mixte ne peut venir à l'esprit.

Les pratiques sont essentielles en ce sens qu'elles sont l'occasion de se souvenir que l'on est juif et que l'on doit se comporter comme tel. Mais sans pervertir le sens des pratiques. Ainsi la *mezouza* n'est pas là pour protéger au premier degré, mais pour se rappeler que l'on entre dans une maison juive et que l'on doit s'y comporter en tant que tel. Ce comportement est la protection.

On va à la Torah, et non l'inverse !

J'ai eu la chance d'avoir été élevé dans un milieu familial de forte pratique religieuse, mais en même temps très ouverte.

Suite à l'invasion allemande, nous avons quitté Strasbourg pour Limoges, où mon père assura la responsabilité du secrétariat général de la synagogue. C'est dans cette ville qu'officiait le Grand rabbin Deutsch dont les mémoires sont parus récemment.

Ma mère, fille du Grand rabbin Max Gugenheim (lui-même issu d'une longue lignée de rabbins qui remonte au XIVe siècle !), était pharmacienne.

Il est écrit dans les *Pirké Avot* : «Exile-toi pour aller dans un lieu de Torah.» Ce qui signifie que tu ne dois pas croire que la Torah te suivra, mais c'est à toi de déménager pour aller à elle.

Après la guerre, mes parents ont quitté un certain confort pour partir à Colmar, où vivait un groupe de Juifs religieux de bon niveau. C'est ainsi que j'ai bénéficié tous les soirs de cours de Talmud avec Robert Samuel, qui possédait la double culture ; et qui fut l'un des élèves du Grand rabbin Ernest Weill, auteur d'un *Choul'hane Aroukh* abrégé en français, paru en feuillets à partir de 1929.

Jeune, je fus longtemps éclaireur israélite, aux EI, dont je fus même à plusieurs reprises l'aumônier de camps nationaux.

La disparition de nombreux rabbins lors de la guerre (près d'un tiers) et le manque qui s'en suivit ont certainement participé de ma vocation.

Entré en 1959 au séminaire rabbinique de la rue Vauquelin, j'ai en même temps étudié aux Langues orientales ainsi qu'à l'École pratique des hautes études. Puis j'ai passé une année à Jérusalem, à la *yeshiva* du rav Kook.

Avant de rejoindre la synagogue de Neuilly, j'ai été rabbin à Reims, puis à Paris, à la synagogue de la rue Notre-Dame-de-Nazareth.

Aujourd'hui, à Neuilly, nous avons un important Talmud Torah, avec près de 400 élèves. Ceci s'explique en grande partie par des raisons de mobilité de la population juive.

Le judaïsme transmet l'idée d'une société juste. Avec comme socle la connaissance de la Torah. Les *mitsvot*, les commandements, sont un moyen et non une fin. Dieu étant invisible, on a besoin de rappels. Se rappeler qu'ici nous ne sommes pas les propriétaires, mais de simples locataires ! Dieu est au-dessus de nous.

Entretien du 1er septembre 2008

Marc Cohen

Né en 1952, à Casablanca (Maroc)
Médecin gériatre, médecin responsable du pôle médico-social, handicap et vieillissement à l'OSE

*

Mon travail de gériatre me permet de côtoyer quotidiennement des personnes âgées, qui sont de véritables bibliothèques ambulantes ! L'aîné est toujours pour moi une véritable source d'admiration, car il a réussi à être vieux, malgré les difficultés de la vie.

L'identité, c'est une fonction acquise, quelque chose qu'il possède naturellement.

Aussi dans un établissement de l'OSE, institution de la communauté juive, lieu d'accueil et de soins de sujets atteints de la maladie d'Alzheimer, j'utilise le judaïsme comme outil thérapeutique.

Travailler en accueil de jour, avec un groupe de personnes qui ont à la fois une maladie commune et un patrimoine commun est une situation très intéressante : ce patrimoine s'est inscrit à un moment où la maladie n'existait pas. Il est longtemps préservé de la maladie.

Je travaille avec ces matériaux, car ce patrimoine reprend des souvenirs de la petite enfance, mais également des données qui ont plus de deux mille ans !

Je refais avec eux tous les *Sedarim,* des fêtes juives, parce que je sais que certains d'entre eux vont effectuer à cette occasion une association mentale, qu'ils ressentiront alors quelque chose lié à leur vie affective. Tout est fait pour qu'ils se sentent suffisamment bien dans le groupe pour partager ce ressenti. C'est ainsi que l'un parle de son passé, l'autre de son père, un troisième de sa femme, etc.

On sort à cet instant de la maladie pour entrer en relation avec l'autre, ce dont justement, par définition, cette maladie les empêche, provoquant une coupure de la communication.

J'utilise bien là notre patrimoine culturel. C'est bien dans mon métier que je me sens le plus juif !

Cela dit, nous avons dans nos groupes des personnes non juives, ce qui me conduit à rappeler systématiquement les équivalences dans leurs propres patrimoines religieux. Le phénomène est alors identique.

Membre de la communauté *Massorti*, ce mot signifiant tradition, je suis très attaché à cette notion qui désigne la tradition comme étant au service de la collectivité, et non pas au seul service du rite.

Je dirai avec humour que, pour élever mes enfants, je n'ai pas eu autant d'atouts que pour transmettre le judaïsme, car j'étais plutôt là face à des bibliothèques de questions !

Ce questionnement perpétuel caractérise aussi l'attitude « juive ». C'est ce qui explique peut-être cette complicité avec un autre Juif rencontré au hasard des voyages.

Voilà des aspects de la transmission, des réponses, des savoir-faire véhiculés par le rite, et en même temps des questions qui interrogent le sens, le contenu de ce qui est transmis.

On ne sait pas tout sur la transmission, sur ce qui a été transmis aux anciens. Il persiste quelques étincelles avec lesquelles il faut se débrouiller.

On retrouve, dans le *Midrash Raba*, que l'un des objectifs de l'étude est de remplir ces vides, ces manques dans ce qui nous est transmis par nos anciens. Ce qui semble indiquer que l'on aurait perdu des informations majeures que l'on tente de retrouver...

Ne jamais exclure

La transmission est un thème qui m'a passionné depuis toujours. Mais tout particulièrement le jour de la *brit mila* (circoncision) de mon fils aîné. Bien que médecin, j'ai trouvé cela barbare. J'ai compris à cet instant le choix chrétien qui vise à remplacer le rite par la parole.

C'est là qu'a commencé ma réflexion. Et ayant eu trois fils, trois fois j'ai souffert, voire de plus en plus. Ce n'est pas la douleur de l'enfant qui m'a interrogé (on sait aujourd'hui l'éviter), mais plutôt le caractère tribal, archaïque du rite.

Dans la tradition, trois rites demeurent sans véritable explication rationnelle : le *shabbat*, la *cashrout*, la *brit mila*. Or, une constante les unit : lors de chacun de ces rites, on enlève, on retranche.

Séparer le temps sacré du temps profane (le shabbat et les autres jours de la semaine), sélectionner sa nourriture (la cashrout), enlever dans la chair (la brit mila, le signe d'alliance).

Mais dans cette dernière pratique se pérennise quelque chose d'ancestral que j'avoue avoir du mal à accepter. Cependant je dois reconnaître cette dimension de mon humanité, de ma judéité.

Et ne pas circoncire ses fils, c'est les exclure de la communauté. Impossible !

Le lien à la communauté est-il plus fort que tout ? On voit alors la complexité des choses.

Je suis un militant

J'ai toujours été opposé à ceux qui refusent de donner une éducation religieuse à leurs enfants. Il faut transmettre, et l'enfant devenu adulte choisira. C'est la question de la filiation, de l'identité.

Mais ne rien donner... Non !

Le rationalisme grec, Maïmonide et Rachi ont appris aux Juifs à ne pas fermer les yeux sur la connaissance du monde. Il faut savoir choisir, et pour cela il faut d'abord connaître.

Transmettre, je milite pour cela !

C'est pourquoi je suis membre actif de l'organisation mondiale WCJCS (World Council of Jewish Communal Service, dont j'étais encore récemment le président pour l'Europe), qui réunit tous ceux qui s'occupent d'actions éducatives, sociales et culturelles juives.

Pourquoi militer là ? Parce que ce que nous avons tous en commun, nous qui travaillons avec tant de passion dans ces domaines, c'est de refuser la disparition du peuple juif. C'est irrationnel ? Peut-être... Mais c'est très fort. Je milite pour que le peuple juif existe. Et pour cela, le social est un des arts majeurs.

Cela ne va pas sans nous conduire à nous poser des questions, comme par exemple celle des couples mixtes, qui est essentielle aujourd'hui, notamment aux États-Unis. Ce n'est pas le mariage mixte en tant que tel qui pose problème, mais le fait qu'il risque alors de ne plus y avoir de transmission.

L'étude d'Éric B. Cohen (cf. l'enquête demandée en 2002 par le FSJU sur le judaïsme français) est claire : tous ceux qui ont un nom juif restent juifs !

C'est pourquoi je suis très favorable au fait que l'on porte les deux noms, celui du père et celui de la mère. Ce n'est pas pour un motif philosophique, mais stratégique.

Car si la partie culturelle est manifeste, elle a d'autant plus de chances de survivre.

Comment ignorer son patrimoine culturel...

Il faut que les générations à venir aient envie de connaître leur héritage culturel.

Un mouvement juif américain, le « reconstructivisme », ne dit pas que Dieu nous a choisis, mais qu'il nous a transmis, qu'il nous a donné la possibilité d'avoir accès.

L'objectif est ici de montrer que ce patrimoine culturel est un plus, et non pas de l'exclusion.

En Afrique du Nord, dans ma jeunesse, il y avait un mode de vie juif. C'était comme ça ! Nous n'avions pas de questions à nous poser. Aujourd'hui, ce n'est plus la même chose. La majorité des gens sont laïcs. Mais doivent-ils pour autant ignorer leur origine, leur patrimoine culturel ?

Un choc

La lecture du livre de Israël Finkelstein et Neil Asher Silberman, *La Bible dévoilée* (aux éditions Bayard), m'a bouleversé. Depuis, à chaque fois que je lis la *haftara* (chaque semaine est lu un passage de la Torah appelé *paracha*, lui-même suivi d'un texte complémentaire appelé *haftara*), ce n'est plus tout à fait pareil.

Cela dit, si ce livre désacralise, il ne détruit pas. Une riposte est d'ailleurs attendue à cet ouvrage.

Mais il vrai que pour moi qui ai beaucoup construit sur le premier commandement, la première parole, qui dit : « Je suis l'Éternel, ton Dieu, qui t'a fait sortir du pays d'Égypte, d'une maison d'esclavage » (Exode 20,2), c'est difficile d'envisager que cette sortie n'ait pas effectivement eu lieu !

Ma lecture, partagée bien sûr avec beaucoup d'autres, n'est pas religieuse. Elle est une spiritualité liée à une libération. Celle du passage de la servitude à la liberté.

Aujourd'hui, un peu freiné par cette lecture, je transmets sans doute moins énergiquement ; j'ai besoin de réfléchir, d'étudier davantage. Notamment le Talmud, avec Bernard Maruani, avec qui nous abordons la question du sacrifice.

Un lien charnel à la terre

Lorsque je suis en Israël, notamment à Jérusalem où je vais souvent, j'aime retrouver ce rapport particulier au temps qui y règne. On accepte là que le temps s'impose à nous. La géographie se met au service de l'histoire.

Demeurer une heure au *Kotel* (le Mur des Lamentations, le mur occidental) à regarder toute la diversité des Juifs qui y viennent, c'est découvrir en ce lieu symbolique toute l'humanité.

De même, rencontrer un autre Juif, c'est toujours rencontrer un autre monde. On retrouve là le mystère de notre identité. Je pense avoir transmis cette curiosité à mes enfants.

Cette richesse ne doit pas disparaître.

L'un de mes enfants, parti pour un an en Israël, s'attendait à trouver au cours de cette expérience quelque chose de l'ordre du spirituel. Or, selon ses dires, ce qui le marqua le plus fut le Yom Ha-Atsma'out (le Jour de l'Indépendance). Se retrouver sur cette terre l'a saisi. Le fait d'être « israélien » fut un moment de spiritualité qu'il reconnut ne pas avoir découvert dans l'étude.

Ce fut un moment qu'il n'avait pas vécu dans la spiritualité; et que pourtant il était venu chercher. C'était inattendu. Ainsi le plus important fut le lien charnel à la terre.

Nous, Juifs de diaspora, sommes tellement devenus des spécialistes de l'intellect, du symbolisme, qu'il a été surpris que le judaïsme existe aussi ailleurs, autrement, que dans notre tête.

Une perpétuelle refondation

Alors qu'est-ce que ce judaïsme à transmettre ?

D'abord être juif c'est un état. Totalement lié à l'histoire, à la tradition.

Et en même temps, comme à chaque Rosh Hodesh (premier jour du mois), c'est la célébration du renouveau. Le Juif est quelqu'un qui est condamné à se renouveler, faute de quoi il risque de disparaître. D'où la tension entre la tradition – qui a su s'adapter – et l'individu – qui doit s'adapter.

Mais existe-t-il un individu juif ? Un Juif, c'est par définition, comme l'exprime si bien Lévinas, quelqu'un qui se pense par rapport à l'autre. Qui est perpétuellement dans la refondation.

Un Juif seul, cela n'existe pas !

Un mode de vie

Naître à Casablanca ne donne pas une origine, car cette ville est seulement un lieu de transit.

Incité par ma femme, j'ai fait des recherches pour retrouver mes racines; et j'ai découvert que mes aïeux étaient des paysans de petits villages juifs de l'Est marocain.

Mon grand-père paternel était originaire du village Doubdou, à la frontière algérienne. Des familles juives, les *Tochavim*, s'y installèrent à l'époque romaine, rejointes à l'époque de l'Inquisition par les *Megourachim*.

Il était l'héritier d'une lignée de rabbins, tous des *sofrim*, c'est-à-dire des scribes qui écrivaient des *Sépharim* (rouleaux d'écriture).

Le judaïsme était alors un mode de vie. On était juif et chacun pratiquait à sa façon. Le lien avec l'extérieur, c'était Israël, et ce bien avant la création de l'État.

Mon père quant à lui était salarié, et rabbin à titre bénévole. Et le seul de ses frères et sœurs à ne pas avoir fait son *aliya*. Mon père a toujours été pratiquant, mais sans exigence abusive en la matière vis-à-vis de ses enfants.

Mon grand-père maternel vivait son judaïsme tout en mordant dans la modernité. Il a épousé en secondes noces une femme, avec qui il a fait son *aliya*, et dont les origines méritent une explication.

Au début du XXe siècle, de nombreux Juifs qui avaient investi dans le caoutchouc (les pneus pour équiper les automobiles) ont été confrontés à la crise du caoutchouc, ce qui réorienta l'économie locale, entraînant le départ du Maroc de ces investisseurs vers le Brésil. Ils y pratiquèrent le commerce, échangeant des épices de leur pays d'origine contre des pierres précieuses, notamment dans la région de Belem. Nombre d'entre eux ne revinrent pas au Maroc. Ma grand-mère maternelle était issue de ce monde là, ce qui fit que ma mère, femme de la ville car née et élevée à Rabat, reçut de cette histoire une grande ouverture à la modernité.

À chaque parent son judaïsme

Arrivé en France en train en 1964, âgé de douze ans, aîné de ma fratrie composée de trois filles et trois garçons, j'ai directement été conduit à l'internat de l'école Maïmonide et accueilli de façon extraordinaire dans cette « famille » où régnait une grande diversité de provenance des élèves. C'était une formidable chance car l'école ne pouvait être que le meilleur moyen de s'intégrer dans une autre culture.

Le judaïsme était notre patrimoine commun, ce qui fait que paradoxalement notre culture juive nous a aidés à l'intégration.

Pendant les congés je fréquentais les EI (Éclaireurs israélites) où, comme à Maïmonide, les différences de classe sociale n'étaient pas du tout apparentes ; mais où l'on partageait des valeurs fortes comme l'amitié, la vie dans la nature.

Je n'ai véritablement découvert le monde non juif qu'à mon arrivée à la faculté de médecine.

Le shabbat et les jours de fêtes permettaient de revoir la famille ; c'était l'occasion de retrouvailles, de rencontres, bref des moments essentiels.

Car il est très difficile de vivre le judaïsme quand on est seul. Les rites sont vraiment fondés sur la famille. Ce sont des rites de vie faits pour le groupe, la tribu ; et non pas conçus pour être vécus en solo. Le rite est porteur de sens ; mais pratiqué pour lui-même, il ne participe pas de la transmission.

Chacun de mes parents ne nous a pas transmis le même judaïsme.

Mon père, très pratiquant, est passionné par le sens et la *Halakhah*. Il recherche comme un juriste. Le rapport Loi/justice le fascine. Il comprend que la Loi puisse être en conflit avec la justice ; et en même temps il affirme que la Loi doit primer sur cette dernière.

Il a cette certitude que cette Loi possède une valeur universelle, et protège le peuple juif.

Il cherche davantage une argumentation juridique plutôt qu'une réponse de type moral ou humaniste. Il considère que l'on doit toujours d'abord chercher, en cas de question sur une conduite à tenir, dans les textes, et qu'après seulement on fait ses choix ! Mais on ne doit pas choisir la modernité en tant que cause !

Je trouve ce judaïsme de la Loi très austère, même si je reconnais qu'il a été le porteur, le vecteur d'une part essentielle de la transmission d'une attitude de rigueur, celle de l'homme créature de Dieu.

Ma mère transmet autrement. Elle est complètement dans la vie. Ne l'intéresse dans le judaïsme que ce qui donne de la vie. Elle a eu six enfants et a cherché à développer la dimension famille de notre judaïsme.

Je garde le souvenir d'une enfance épanouie dans une véritable tribu, dont le rythme a été rompu par mon mariage qui a fait entrer une « étrangère » – bien que juive – dans notre famille !

Deux enfants ont pris des distances avec le judaïsme, la famille et les traditions vécues comme des contraintes, et tentent de reconstruire d'autres modes de relation.

Mes parents restent aujourd'hui l'élément fédérateur de la famille : tout transite par eux !

Double culture

Des rencontres exceptionnelles ont façonné ma vie. Ainsi celles avec Théo Dreyfus, directeur de l'école Maïmonide, ou le Grand rabbin Deutsch, de Strasbourg.

Les gens que j'ai admirés ont toujours été des gens qui avaient une grande culture, juive et profane. Parce que c'est très difiicile de vivre à la fois dans la modernité et dans la tradition. Parce qu'il y a une « tension » entre ces deux cultures. Non seulement parce qu'existent des contradictions, mais parce que c'est très « remuant ». Il faut être dans la dynamique de la question, et rechercher sa voie.

D'autres personnages ont participé de ma propre construction. Comme Mme Cohen, professeur d'hébreu à Maïmonide ; M. Zeman, d'origine polonaise, qui nous a fait découvrir la littérature hébraïque. C'était l'introduction du laïc dans une école juive.

Aux EI j'ai rencontré des responsables comme Jo Toledano, Jean-Paul Bader. À l'OSE, le docteur Joseph Kabaker.

L'OSE est un lieu véritablement ouvert, où l'on peut être juif ou non. Où l'on peut s'épanouir par la voie d'une culture professionnelle. C'est au travail, avec le Dr Kabaker et Nathan Khaiat, que j'ai pu vivre mon judaïsme de la façon la plus épanouissante ! Travailler à l'OSE est faire œuvre de service public. Rencontre entre le patrimoine et la réalité, le monde de tous les jours. Ici, tout le monde est bien servi, même les Juifs !

C'est avec une grande dame, le Dr Marie Coué-Gérard, que j'ai expérimenté l'échange entre la culture française et la culture juive.

Laisser l'autre s'exprimer

Par mon intermédiaire, ma femme, Ashakénaze, issue de la communauté de la rue Copernic et dont je fus l'externe en psychiatrie, a découvert en m'épousant un judaïsme de vie. Pour ma part, j'ai découvert avec elle un judaïsme des Lumières, que j'avais commencé d'entrevoir aux EI.

Ce fut immédiatement une rencontre riche, avec beaucoup de curiosité sur ce qu'était l'autre.

De notre union naquirent trois enfants, ashkénazes et séfarades. La Shoah s'est alors inscrite dans le judaïsme de notre famille.

De par mon métier, et grâce à Spielberg qui, recueillait alors avec ses équipes des témoignages de survivants, j'ai pris conscience qu'il n'existait pas en France de lieu convivial, de structure d'accueil pour les survivants, comme en Angleterre ou en Israël, et j'ai pu créer à l'OSE, dans un local situé dans le Marais et avec le concours de nombreux amis volontaires, la « Pause Café ».

Nous avons été voir comment cela se passait en Israël ; également en Angleterre où j'ai reçu l'enseignement d'une femme formidable, Judith Hassan, une assistante sociale qui a créé le premier service social d'aide aux survivants à Londres. Elle m'a fait comprendre qu'il ne faut rien organiser pour eux, mais s'arranger pour laisser émerger un désir et se considérer soi-même comme un simple outil à leur service.

On ouvre un lieu, on se réunit, mais sans déterminer nous-mêmes ce qu'on doit y faire.

C'est comme cela que fonctionne aujourd'hui le Café Ecoute-mémoire, rue du Pont-aux-Choux (à Paris IIIe). Il s'avère que cette « méthode » est valable pour tout type de population à qui l'on souhaite venir en aide.

Finalement, j'ai pu mettre mon histoire personnelle au service de la communauté en la transposant sur un plan professionnel. C'est mon métier qui m'a permis de vivre bien mon judaïsme.

« Agir le rite »

Cette dimension de la rencontre, je la retrouve bien sûr également au sein de ma famille.

Nous avons toujours fait une partie des fêtes chez mes parents, une partie chez nous. Et là je peux faire « ma propre sauce » : inviter beaucoup de monde, notamment pour Rosh Hashanah et Pessah : des amis nombreux, y compris des couples mixtes ou des personnes qui n'auraient pu sans cela célébrer ces fêtes.

Nous avons recréé une sorte de lieu de transmission pour nos enfants. Lieu où l'on « agit » le rite, avec un travail sur son sens. C'est également l'occasion d'accueillir tous ceux qui, venus pour le découvrir, peuvent le faire mais sans être seulement spectateurs.

Voici donc la façon dont, avec ma femme, nous avons transmis : toujours partager ces moments de transmission avec les autres.

Nous avons par ailleurs instauré une tradition : chaque membre de notre famille appelle les autres le vendredi pour dire un mot ou plus. Le shabbat constitue un élément de stabilité de notre famille. Il réactualise la qualité de la transmission chaque semaine.

Entretien du 14 décembre 2007

Nathalie Cohen-Beizermann

Née en 1966, à Voiron (Isère)
Gérante d'une société de cosmétiques
Présidente de la WIZO - France, et membre du Bureau national exécutif du CRIF

*

C'est à Voiron, où mon père s'était caché pendant la guerre, que je suis née et ai passé mon enfance.

Si mes parents sont également nés en France, mes origines sont néanmoins multiples. En effet, mon grand-père maternel naquit à Salonique, ce qui fait que nous parlions le ladino à la maison. Quant à mon grand-père paternel, il était de Vilnius ; et ses propres parents, militants russes du Bund, partirent à Genève avec Lénine !

Bref, je suis un vrai mélange « Woos Woos Borecas » !

Non pratiquants, mais célébrant les grandes fêtes, nous savions que nous étions juifs.

Et mon père n'aurait pas accepté que l'une de ses trois filles épouse un non-Juif. Il a changé par la suite.

Si je suis aujourd'hui traditionaliste, proche de la communauté de Vincennes, les choses se sont construites très progressivement.

Après avoir reçu le *gueth* de mon premier mari, j'ai effectué un véritable « retour » vers le judaïsme. Et, quelques années plus tard, j'ai rencontré celui qui est aujourd'hui mon époux.

Né en Tunisie, pratiquant, il souhaitait éviter d'épouser une divorcée, ce d'autant plus qu'il est un « Cohen ». Mais les sentiments ont pris le dessus, bien que cela l'ait beaucoup troublé.

Le paradoxe est que si j'avais été mariée en premières noces avec un non-Juif, alors un « *Cohen* » aurait pu se marier avec moi !

Une grande famille

Cherchant une solution, j'ai essuyé un refus de nous marier de la part du Consistoire. Nous ne nous sommes donc pas mariés, et avons fait un enfant !

Puis j'ai rencontré le rabbin Rivon Krieger, du mouvement Massorti, qui nous a formidablement accueillis. Pour notre mariage, j'avais à côté de moi, sous le dais, mes deux enfants qui m'accompagnaient, y compris le petit garçon né d'un « mariage interdit », et qui n'est pas reconnu comme « *Cohen* », mais est *hallal* (profane) !

La *paracha* du jour de notre mariage était celle traitant du mariage des Cohen et des interdits afférents ! À cette occasion, le rabbin Krygier a fait un discours exceptionnel , au cours duquel il a cité le verset suivant des Proverbes : « *L'âme de l'homme est comme le flambeau de Dieu, sa lumière se propage dans les moindres recoins.* » *(Proverbes 20:27)*. Verset expliqué par ce très beau *midrash* : « Cela ressemble à quelqu'un qui se trouve dans la pénombre et se met à avancer. Sur son chemin, il rencontre une pierre sur laquelle il butte, il tombe alors dans une canalisation sur le sol de laquelle il se cogne la tête. Pourquoi cela lui arrive-t-il ? Car il ne tenait pas de flambeau dans la main. Il en va ainsi pour celui qui ne détient pas les paroles de la Torah. Quand il se trouve confronté à la transgression, (sans cette lumière), il échoue. » *(Chemot rabba 36:3)*.

Le rabbin poursuivit : « Le sens de ce *midrash* est clair : la grille de lecture du monde qui conditionne nos affinités évolue constamment à la lumière de notre expérience, mais aussi à la lumière de notre sagesse qui dépend à son tour des valeurs auxquelles on adhère. Suivant les flambeaux avec lesquels on s'éclaire, on dirige sa vie autrement, on heurte ou au contraire on surmonte les obstacles qui se dressent devant nous. Voilà pourquoi la transmission des valeurs à nos enfants, c'est-à-dire de l'échelle des valeurs est essentielle pour notre Tradition. (...) A toute cette complexité familiale, complexe mais non perplexe, il faut maintenant ajouter le fait que vous accomplissiez aujourd'hui un mariage en principe proscrit par notre Tradition. (...) Je dis « en principe » car l'interdit du mariage entre un cohen et une femme divorcée curieusement n'est pas illégal. Il ne s'agit pas d'une transgression grave pour laquelle le mariage serait rendu invalide. Je me risquerais à dire que probablement, dans votre situation, vous ne pouviez pas faire un acte plus chargé de religiosité que de transgresser un interdit important mais mineur, pour mieux accomplir et épanouir votre identité juive et transmettre cette tradition à vos enfants. Je m'en explique : le message qui ressort de cette situation atypique est que la vie est parfois atypique, mais que même dans cette situation, il reste le défi moral de faire des choix de priorité, et donc de savoir sacrifier une certaine valeur pour en préserver ou en épanouir une autre plus grande. »

En résumé, mariée à dix-neuf ans, avec un Juif, j'ai eu deux enfants (Benjamin et Caroline) qui ont respectivement aujourd'hui vingt et dix-huit ans.

Remariée à trente-trois ans, également avec un Juif, j'ai de nouveau eu deux enfants, l'un de six ans et l'autre de quatre ans (Samuel et Noah), auxquels il convient d'ajouter les deux filles de mon mari, dont l'une a vingt-deux ans et l'autre vingt ans (Julie et Alicia). Tous ont été dans une école juive.

C'est très animé une grande famille de six enfants !

Téchouva et sionisme

Mon retour au judaïsme s'est effectué davantage en fonction d'Israël que par rapport à la pratique religieuse. Je suis entrée en conflit avec mes parents, qui voyaient à travers ma pratique nouvelle une entrée dans une secte. Mon père, très sioniste, mais également notable de Provence, n'aimait pas trop qu'on lui rappelle qu'il était juif. Ce fut douloureux pour eux deux.

Arrivée à Paris, j'ai eu la chance de pouvoir inscrire à Yavné mes deux premiers enfants, qui m'ont dit combien ils attendaient ce type d'enseignement.

S'y retrouver

J'ai beaucoup lu, et me suis engagée au B'nai B'rith (BBF) et à la WIZO (Women International Zionist Organisation). Mais ce qui comptait surtout, c'était Israël, revanche sur l'histoire.

Je disais à mes parents : lorsque j'étais enfant, nous allions régulièrement en Israël, et aujourd'hui, vous me reprochez cet engagement !

Puis j'ai fait une période de volontariat civil. Et là, j'ai quelque peu divorcé à nouveau, mais cette fois-ci, de mes parents. Aujourd'hui, ils sont très fiers de tout ce que je réalise.

Après avoir fait une « plongée » dans l'histoire de la famille, j'ai eu du mal à comprendre comment ils pouvaient vivre au milieu de gens qui avaient vu la rafle de la Martelière et participaient aux dénonciations d'alors. Je ne comprenais pas ! Je devais épouser un Juif, je le fais, et lorsque je retourne vers mes origines, on le conteste ! En fait, je crois qu'ils avaient peur que je devienne mystique… ce dont j'ai toujours été très éloignée.

Et pourtant, petite, mon père faisait venir un rabbin pour nous donner des cours d'hébreu. Je ne faisais que l'imiter en suivant des cours du remarquable rabbin Berdugo, de Grenoble.

Sans doute les ai-je mis en face de leurs propres contradictions.

Seule ma grand-mère paternelle, née à Paris, qui avait perdu son père lors de la Première Guerre mondiale, a toujours gardé optimisme et vitalité. Elle seule était à l'écoute, et voyait simplement sa petite-fille vivre sa vie.

Une certaine façon de transmettre… aux enfants d'Israël

La lecture, c'était la théorie ; et Israël, les travaux pratiques.

La création de l'État d'Israël est pour moi très liée à la Shoah ; mon attachement est très lié à cette histoire. Mon engagement à la WIZO vient de là : travailler pour les enfants d'Israël, créer des crèches en Israël. Une vraie revanche. Là est mon véritable engagement dans le judaïsme.

De même, avec le CRIF, où j'ai la responsabilité de la commission « Femmes dans la cité - transmission et éducation ». Le travail que nous y faisons est lié avec celui de la WIZO.

À propos d'Israël, on parle toujours de sécurité. Or, je pense que sa survie est fortement dépendante du niveau d'éducation des jeunes, qui est aujourd'hui en péril (hormis bien sûr les élites).

L'idéal de la WIZO et les voyages fréquents en Israël sont une motivation forte pour construire dans ce pays, où les besoins sont considérables, notamment pour ce qui est des crèches, des écoles, des centres de musique, etc.

Nous parrainons quinze institutions, dont un lycée à Rehovot, où l'on regroupe des enfants en difficulté et qui ne sont pas « lâchés » tant qu'ils n'ont pas le bac (il s'agit bien du lycée de la dernière chance).

Notre appartenance au peuple du Livre nous confère une responsabilité, principalement celle de transmettre, c'est-à-dire d'éduquer. On mesure ici l'importance de l'École qui donne les connaissances, mais également de l'éducation familiale qui doit être ouverture. Car il faut instruire et éduquer pour laisser choisir.

Transmettre la responsabilité de l'autre

Le million et demi d'enfants de la Shoah est au cœur de mes cauchemars et de mes démarches. *Le choix de Sophie*, de William Styron, voilà un livre dont je ne peux me détacher.

Avec la WIZO, nous avons aidé une école de musique de Tibériade, où une petite fille joue merveilleusement du violon. Je l'ai faite venir à Paris, ce qui était une façon, sans naïveté bien sûr, d'y voir un peu la réincarnation d'une enfant disparue.

Les enfants juifs doivent recevoir une éducation, et nous devons en même temps leur communiquer – leur transmettre – la responsabilité des générations à venir.

Ma vocation s'est déterminée en partie par l'opposition à mes parents… ce dont je les remercie !

Il m'a fallu dépasser ces défis. Agir pour avancer.

Voilà pourquoi ma transmission passe par l'engagement.

Entretien du 27 décembre 2007

Esther Deraï-Galam

Née en 1959, à Boulogne-Billancourt
Artiste et art-thérapeuthe

*

Le judaïsme a véritablement commencé pour moi lorsque j'ai réuni toute ma famille pour Rosh Hashanah. La transmission, c'est réunir autour de soi. Être un relais. Il faut passer le témoin. Prendre une place différente dans la famille. Les générations se succèdent, on grandit. On devient adulte. La transmission, c'est une histoire personnelle, une histoire de générations.

Lorsque j'étais enfant, notre judaïsme allait de soi ; il nous paraissait évident. Sans doute est-ce plus difficile maintenant, car il faut affirmer davantage son judaïsme pour le faire vivre.

Mon père est originaire de Blida, en Algérie. Mon grand-père paternel fut militaire, fier d'être français et très pratiquant.

Du côté maternel, la famille d'origine russe, vécut les pogromes et la Shoah. Dans les années 20, ma grand-mère, Frida Schwartzmann, partit seule de Kichinev pour Paris, ce qui sans doute lui sauva la vie.

Je suis heureuse d'être le fruit de ce mélange.

Mes parents se sont rencontrés sur le bateau dans les années 50, à destination d'Israël. Et ils se marièrent quelque temps plus tard à la synagogue de la rue des Tournelles, et eurent cinq filles ! Ils ont ensuite divorcé et se sont remariés.

Si nous fêtions Yom Kippour, nous fréquentions peu la synagogue, excepté mon père qui s'y rendait le samedi.
Avec mes sœurs, nous suivions des cours de pensée juive dispensés au Talmud Torah ; et nous avons bénéficié de cours d'hébreu à la maison.

Assez jeune, ma sœur jumelle s'est mise à pratiquer la religion de façon plus assidue.

Nous avons aussi fréquenté un mouvement de jeunesse, le CLES, nos parents étant tous deux issus de familles sionistes. Les cinq sœurs ont épousé des Juifs ; les aînées ont vécu en Israël.

Aujourd'hui, l'une de mes sœurs est décédée ; deux vivent aux États-Unis ; et nous sommes deux à Paris.

Nomades

Pour être autonome, alors âgée de dix-neuf ans, je suis partie trois ans en Israël avec celui qui est devenu mon mari. Reçue à Betzalel, école des Beaux-Arts de Jérusalem, j'ai étudié la peinture, les arts plastiques.

En Israël, je me sentais très française. La culture française y était à l'époque très valorisée par les Israéliens. Nous aurions pu rester en Israël, mais nous avons décidé de vivre en France, ce que je ne regrette pas.

Je suis très heureuse d'être française, d'être l'héritière de cette culture, ce qui transparaît dans ma peinture.

Ma créativité est le fruit de mon identité complexe.

Nos trois fils, qui tous ont reçu un prénom hébraïque, sont quant à eux bien de leur époque ! Ce sont des Juifs nomades. Ils désirent être là où ça bouge et ne semblent pas vouloir s'installer quelque part de façon définitive pour l'instant !

Mon fils aîné, Élie, gravite dans l'univers de la finance new-yorkaise et s'adapte avec beaucoup d'agilité à cet environnement.

Mon deuxième fils Eitan, aux États-Unis lui aussi, est devenu très sioniste et religieux, au point sans doute d'aller s'installer un jour en Israël.

Gabriel, aujourd'hui âgé de neuf ans, fréquente le Talmud Torah et les Zéhi (EI, Éclaireurs israélites).

« Hazak »

Il m'importe que le judaïsme se perpétue. Et, si d'aventure, nous étions confrontés au problème du mariage mixte, j'avoue que ce serait déchirant, très difficile. Évidemment nous accepterions une telle situation, mais avec une grande tristesse, comme si quelque chose se perdait. Ce « quelque chose » est du domaine du non-dit, de l'émotionnel.

Une familiarité disparaîtrait et laisserait place à une relation avec un « étranger ». Et pourtant, j'aime l'« autre » ; et n'apprécie guère d'être confrontée au « même », mais plutôt à celui qui est différent !

Mais je me sens responsable d'une fidélité. À une histoire, à mes grands-parents. À une certaine conception de la vie. Les Juifs ont eu tellement de difficultés à travers les siècles à conserver ce judaïsme.

Ce judaïsme se définit par « leavdil » (evdel signifie « différence ») : séparer le sacré du profane.

Et apprendre à séparer, c'est penser. C'est être humain.

Babel, la *brit mila*, la *cashrout* témoignent de cette « séparation ».

Ce sont des traces, des rites par lesquels passe l'identité.

Ma filiation provient avant tout de la pensée juive, qui me fascine. C'est intelligent, « hazak » (qui signifie « puissant »). Cela me nourrit. Et la vie est alors différente.

J'ai suivi un certain temps les cours de Gilles Bernheim, ainsi que ceux de Daniel Hauswachs.

Ces rendez-vous autour de l'étude de textes m'ont nourrie et offert le plaisir de lire en hébreu.

Cette langue, par sa construction, par les jeux possibles avec les racines des mots, transporte une dimension philosophique et poétique.

Mais ceci n'empêche pas bien sûr d'être concret. Nous sommes des Ben Adam (fils de la terre), nous sommes aussi dans l'action.

Tout cela est bien difficile à transmettre. On ne peut véritablement le transmettre que par son propre exemple.

La matière

Mon expression artistique s'exprime essentiellement par la peinture – la couleur de la matière. Je réfléchis au thème de la mémoire : les couches de peinture, les couches de mémoire qui se superposent. Transparentes, fluides, collantes.

Les couches de matière sont importantes. Couches d'épaisseur qui créent l'identité.

Matière à peindre, matière à penser, à panser... Là est ma touche pour parler.

Est-ce que je parviendrai à créer de l'émotion, un sentiment ?

Je vis, puis essaie de transmettre !

Je crois au processus de création pour transformer l'être.

La lumière

J'ai une perception visuelle du judaïsme.

Je suis très émue à la synagogue par le regroupement de ces familles juives sous le taleth blanc. La main du grand-père qui bénit. Cela m'évoque les textes du désert.

Un jour, à la synagogue de la rue Saint-Lazare, alors que je m'y trouvais seule, contrairement aux années précédentes, une famille m'a invitée à la fin de l'office de Yom Kippour, au moment du shofar, à venir « sous sa tente ». J'en ai été bouleversée.

Cela dit, si l'émotion participe de mon judaïsme, je ne veux pas comme certains m'y rattacher à partir de la Shoah, c'est-à-dire en référence à la souffrance. Je veux que mon adhésion, ma transmission passent par la lumière.

Entretien du 9 avril 2008

Raphaël Draï

Né en 1942, à Constantine (Algérie)
Professeur agrégé de science politique
Auteur de nombreux ouvrages, dont Le pouvoir et la parole (Payot, 1981), La pensée juive. Exégèse et épistémologie (PUF, 1996), La communication prophétique (trois volumes édités chez Fayard)
Il a publié en 2008 Le pays d'avant (Michalon, 2008)

*

Responsabilité personnelle et fidélité, telles sont les notions que m'évoque spontanément l'idée de transmission.

Arrivé en 1961 à Paris en provenance d'Algérie, je me suis ensuite retrouvé à Montpellier. Le risque de perdre la tradition juive était réel : aucun encadrement, ni mouvement de jeunesse, pas de lieu de prières.

Cette arrivée en France fut bien l'expérience d'une dispersion.

J'avais déjà conscience que le judaïsme est une œuvre à entretenir. Ce qui me décida à apprendre l'hébreu systématiquement, et eut pour conséquence que je suis devenu un autodidacte. J'ai alors découvert les grands intellectuels juifs de l'époque (notamment Edmond Fleg, André Neher, Éliane Amado Lévy-Valensi).

Cette exigence était une réponse à ma conviction qu'il convenait de se sentir rapidement responsable, sans quoi la liberté pourrait conduire à l'errance.

Parallèlement j'éprouvais vis-à-vis de l'Algérie une fidélité de nature affective. Les rabbins de mon enfance m'avaient tant donné du point de vue de la ferveur et de la sincérité que je ressentais très fort un devoir de fidélité. La communauté, l'« écosystème » n'existaient plus. Je devais poursuivre le travail !

Défi

Volontairement, j'ai donc créé les conditions de la transmission.

Je me suis doté d'une double formation : en pensée juive et en sciences humaines et sociales.

Adepte de l'haltérophilie, j'ai probablement transposé les vertus de ce sport dans le domaine intellectuel. En particulier la conscience du dépassement de soi.

Je m'étais lancé le défi d'avoir lu pour mes trente ans tout Marx et tout le Zohar...

En fait, j'ai conduit mon apprentissage en recherchant les rapports des différents aspects de la pensée juive avec les principales disciplines des sciences sociales. Cela m'a conduit beaucoup plus tard à écrire la trilogie intitulée La communication prophétique, qui répond en trois volumes à cette approche. Le Dieu caché et sa révélation aborde la question de l'épistémologie (hommage implicite à Lévi-Strauss), La conscience des prophètes rapproche pensée juive et psychanalyse (hommage à Freud et Foucault) ; et L'économie chabbatique qui relie cette même pensée juive et l'économie (hommage à Keynes et Marx).

Questionnements

Je ne suis pas né français, à cause de l'abrogation en 1940 du décret Crémieux. J'ai été fait français ! D'où mes interrogations sur l'origine, et en particulier sur celle de ma ville de naissance qui a un long passé juif, depuis l'époque phénicienne. Comment cela s'est-il transmis ?

Le problème de la transmission s'y est posé de façon charnelle. Du quartier « arabe », nous avons déménagé dans le quartier « européen ». Quelque chose m'a alors rattaché au judaïsme, malgré ce nouvel environnement non juif : je vivais dans un milieu traditionaliste où la fidélité allait de soi. C'était un judaïsme d'honneur.

Le judaïsme relève pour moi autant du plan corporel que du niveau intellectuel. Pour faire face à l'antisémitisme, il faut savoir réagir, même physiquement. Mon passage à l'Étoile Jeunesse constantinoise (EJC) y contribua.

Ma formation fut fonction de mes questionnements. Après des études de droit et de science politique, j'ai achevé une thèse avec Madeleine Grawitz. Et j'ai poursuivi ma formation freudienne avec Éliane Amado Lévy-Valensi, qui m'a fait rencontrer Léon Askénazi, André Neher, et beaucoup de penseurs qui vivaient en France et en Israël.

C'est aux Éclaireurs israélites de Montpellier que j'ai rencontré ma future épouse, Sylvia, aujourd'hui pharmacienne, et avec qui j'ai eu deux enfants, dont une fille qui se prépare à vivre en Israël.

Juifs observants, nous sommes très attachés à entretenir la relation avec les autres, ce qui est également une mitsvah.

J'ai cherché à transmettre à nos enfants un enseignement. À eux de prendre le relais.

La pensée juive est pleine d'avenir

Il faut d'abord transmettre tout ce qui est déjà su ! Le Tanakh, le Talmud. Mais vient ensuite un énorme travail de création.

Quatre pistes essentielles :

1. la science du vivant – en biologie/éthique. C'est le champ de la psychanalyse et de la science politique. Comment déjouer la pulsion de mort et étayer la pulsion de vie ;
2. l'énigme de la relation avec Dieu ;
3. l'organisation de la vie sociale ;
4. la relation avec les autres croyants ; ceux qui ne croient pas comme vous, tout en affirmant que nous avons le même Dieu. Je suis très impliqué dans ce dialogue, et à cet égard je suis critique au regard du dernier livre du pape Benoît XVI sur Jésus.

Centralité du savoir

Je ne juge jamais les existences individuelles. Comme le disait le rabbin Samuel Sirat : « Il ne faut jamais prendre l'avenir en otage. »

Le problème le plus grave est celui de la connaissance, car le judaïsme est aussi un savoir. Ce que je n'admets pas, c'est l'absence de savoir. « On a le droit de rejeter le judaïsme, mais en connaissance de cause », disait Léon Askénazi. Combien de Juifs critiquent le judaïsme sans le connaître, notamment le Talmud (« ce maquis ! »), alors qu'ils n'en ont jamais lu une page ! Ou bien parlent de « prison juive »... Ils devraient lire la thèse de doctorat de Jaurès (rééditée chez Fayard), et ce qu'il y dit de Dieu !

La difficulté, c'est Spinoza ! Non pas l'auteur de L'éthique bien sûr, mais celui du Traité théologico-politique.

Ne pas perdre le fil

L'idéologie est le cimetière des fausses idées simples.

Il ne faut pas se raconter d'histoire pour vivre dans l'Histoire. Mon dernier livre, *Le pays d'avant* (Michalon, 2008) s'ouvre sur les lignes suivantes :

« Chaque être humain naît pour la première fois à une date précise en un lieu particulier. À ce titre il est doté d'un état civil. Mais en réalité, cette première naissance est suivie de beaucoup d'autres, à des dates différentes, dans d'autres lieux et dans d'autres circonstances. (...) Ainsi se construit une vie dont nul ne saurait prédire le cours, tant l'histoire est énigmatique, tant le monde est incertain. L'essentiel est de ne pas perdre le fil... ».

(Ce texte est la restitution des notes de l'entretien, prises telles par E. Gotschaux.)

Entretien du 22 janvier 2008

Edwige Elkaim

Née en 1951, à Oran (Algérie)
Professeur de collège en lettres et histoire
Membre du comité directeur du CRIF
Présidente d'honneur du BBF

*

Flashes d'enfant

Mes expériences d'enfant liées au judaïsme furent à la fois heureuses et malheureuses.

En qualité d'israélite vivant en Algérie, je n'avais de cesse d'être intégrée. Être proche des « métropolitaines ».

À Oran, où mon père était fondé de pouvoir à la BNCI, nous vivions au centre-ville, rue de la Bastille ! Nous allions au quartier juif, rue de la Révolution, faire des achats avec ma mère pour préparer le shabbat !

Dans notre maison avec patio habitaient aussi des Espagnols non-juifs. À Pessah, on devait manger de la galette. Nos voisins le savaient, et parfois, par jeu, nous tentaient en nous offrant des brioches !

Mon identité juive venait aussi du regard des autres, parce que j'accompagnais mes camarades, sans participer à leurs fêtes et célébrations religieuses. Je ne faisais pas ma communion solennelle, je ne communiais pas à la messe comme mes camarades.

Ainsi mon judaïsme m'était renvoyé par les autres !

J'avais conscience de ma différence, et en tirais parfois une certaine fierté, comme à Yom Kippour, lorsque nous nous rendions à la Grande Synagogue d'Oran, qui était notre « cathédrale ».

Yom Kippour, c'était aussi l'occasion d'une tradition particulière : on égorgeait un coq (pour les hommes) et une poule (pour les femmes) ;

et l'on promenait leurs têtes au-dessus des personnes présentes. Nous, les enfants, étions terrifiés.

Ma mère venait de Tlemcen, d'une famille très traditionaliste, pratiquante. Experte en cuisine (gâteaux, cigares), elle préparait le shabbat dès le jeudi, les odeurs m'alertant sur le jour de la semaine. Je peux dire que j'ai découvert le calendrier juif à partir des traditions culinaires et du rythme des rites qui l'accompagnent.

Alors que j'étais encore très jeune, la perte de mon père, notable local, ancien combattant FFI, a été vécue comme une injustice. Le deuil a été très difficile. Il s'en est suivi que durant de nombreuses années j'ai été en révolte. Heureusement que mon grand-père maternel, qui parlait couramment l'hébreu, a fait figure de père.

Mais ce décès m'a confronté à la mort, à d'autres rites comme par exemple déchirer ses vêtements. C'est très traumatisant pour un enfant. J'ai connu la détresse ; j'ai beaucoup prié à ce moment-là.

Historienne active

De ce moment tragique vient sans doute le fait que je me suis beaucoup engagée dans la recherche sur la mémoire, notamment grâce à Hélène Zoltak, rescapée d'Auschwitz, et à Simone Lagrange, présidente de l'Amicale d'Auschwitz de l'Isère, qui m'ont transmis, à moi Juive séfarade, une véritable connaissance de cette douloureuse époque.

Le terrain avait certes été préparé par la lecture du *Journal* d'Anne Frank. Mais le plus grand choc émotionnel de ma vie est intervenu lors de ma découverte de l'histoire du ghetto de Varsovie. Par militantisme au B'nai B'rith de France (BBF), mais également par conviction, j'ai ainsi organisé à Grenoble, en 1993, une exposition pour commémorer le 50e anniversaire du soulèvement du ghetto de Varsovie.

Ce fut le déclenchement de mon engagement au service de la mémoire de la Shoah.

J'ai beaucoup appris de ces rencontres et des expositions qui suivirent.

Un autre combat fut de faire connaître la Résistance juive.

Je me suis notamment battue avec ténacité (trois ans !) pour faire « reconnaître » au musée de la Déportation et de la Résistance de l'Isère la contribution juive à la Résistance. Ce qui aboutit à la réalisation d'une exposition en 1997 : « Être Juif en Isère », titre suggéré par Jean-Claude Duclos, alors conservateur en chef de ce musée. Trois ans de combat et de préparation pour que cette réalité apparaisse enfin dans un musée d'État à Grenoble.

Puis, en qualité de vice-présidente du B'nai B'rith Europe, j'ai organisé une exposition intitulée « La Résistance juive face à la solution finale », dont le titre a été suggéré par Annette Wieworka, alors présidente du comité scientifique de cette exposition.

Tout cela, je l'ai peut-être réalisé en raison d'une forme de culpabilité que j'ai éprouvée sans doute parce que j'ai vécu jusqu'à l'âge de vingt ans dans l'ignorance des années 40.

Militante

Israélite française, je suis une autodidacte du judaïsme. Progressivement, j'ai forgé mon judaïsme à travers de très nombreuses lectures et rencontres. Et je me suis approprié notre patrimoine que j'entends défendre.

Profondément reconnaissante à ces femmes et ces hommes courageux de l'Isère, je suis toujours présente lors des remises de médailles des Justes de mon département. Plutôt que de toujours montrer les bourreaux, valorisons le Bien. Il faut rappeler que des gens simples ont désobéi en ouvrant leur porte à des étrangers en danger de mort, simplement par humanité.

Plus que la synagogue, j'ai choisi le militantisme.

Mes enfants ont été très tôt en contact avec cette réalité, en rencontrant de nombreuses personnes actives. Je crois à l'exemplarité.

C'est dans les lieux publics que la mémoire doit figurer. Il ne faut pas échanger seulement entre Juifs ; il faut que la jeunesse connaisse la vérité de l'Histoire.

Femme, juive et citoyenne

En 1962 partaient d'Algérie vers Israël essentiellement des familles aux revenus modestes ou en difficulté. Nous ignorions tout d'Israël. Pour nous, il était normal de rentrer en métropole.

Ce n'est qu'à l'occasion de la bar mitsvah de mon fils, dans les années 80, que je me suis vraiment impliquée dans le judaïsme.

J'ai fait en sorte que mes filles puissent aussi recevoir une éducation juive. Elle ont donc suivi les cours du Talmud Torah et ont fait leur bat mitsvah.

Le hasard a fait que l'on m'a proposé d'animer une émission de la radio juive Radio Kohl Hashalom de Grenoble, émission intitulée « Fémininement vôtre ». À chaque fois, je recevais des invités experts en fonction des sujets d'actualité.

Ce fut l'occasion d'évoquer systématiquement la vie juive à travers les fêtes ; et en même temps, je parlais des femmes et de leur implication dans notre société. Ce second thème était une façon d'être à la fois femme, juive et citoyenne.

Comprenant que mes enfants, qui ont toujours tous les trois fréquenté l'École laïque, risquaient d'être confrontés à la difficulté de se forger leur identité juive, j'ai décidé de les aider en créant l'antenne BBYO (B'nai B'rith Youth Organisation) de Grenoble.

Vouloir c'est pouvoir

Le fait d'être née fille m'a incité à revendiquer mon égalité. Le judaïsme m'a offert une voix pour prouver mes capacités de femme. Est-ce un hasard si aujourd'hui je copréside la commission « Femmes dans la cité » au CRIF ?

Lorsqu'un homme va prendre la parole, on se demande ce qu'il va dire d'intéressant. Lorsque c'est une femme, on s'interroge pour savoir ce qu'elle a d'intéressant à dire.

Le non est dans la poche, le oui est à gagner !

De même pour le fait d'être juive. Il convient d'affirmer ce que l'on est.

On nous juge tous à travers un seul. Aussi je combats avec vigueur l'antisémitisme.

Et je considère que nous sommes tous les ambassadeurs d'Israël et du judaïsme.

Le peuple juif qui doit s'ouvrir en restant lui-même. Mais qui doit aussi être respecté.

J'ai créé en 1996 le prix Fanny et Bernard Munz, destiné à de jeunes universitaires de toutes confessions, qui font des recherches sur le judaïsme, son histoire et sa culture. L'objectif est de lutter contre l'ignorance et l'antisémitisme.

Dans le même esprit, j'ai créé avec Eugène Leïba, le Salon du Livre du B'naï B'rith, qui se tient chaque année à Paris.

On transmet à ses enfants ; mais l'on reçoit aussi de leur part

Mes enfants ont reçu de leur père l'image d'un homme religieux, attaché à sa foi et à la synagogue. Pour ma part, j'ai apporté l'histoire, le souvenir de la Shoah, le militantisme, l'engagement.

Je crois souhaitable qu'il y ait dans un couple une culture commune. Mais l'essentiel est l'investissement de chacun.

Mon fils, médecin, s'est occupé voici quelques années du Talmud Torah de Brest, où il se sent toujours responsable de cette petite communauté. À Quimper, le 16 juillet, c'est très souvent lui qui fait le discours sur la Shoah.

Ma fille cadette a fait un mariage juif.

La benjamine, plus religieuse que ses deux aînés, est celle qui m'a appris à allumer les bougies du shabbat. Elle a reçu de Jacqueline Nadjar, son enseignante au Talmud Torah, un judaïsme heureux.

J'ai transmis à mes enfants, mais ils ont été plus loin sur le chemin de la connaissance du judaïsme, ce qui fait qu'en retour j'ai beaucoup reçu de leur part.

Aujourd'hui, je pense que mon judaïsme transparaît à travers toutes les parcelles de ma personnalité. Ce judaïsme me rend heureuse et me procure la paix.

Entretien du 8 février 2008

Danièle Enoch-Maillard

Née en 1947, à Boulogne-Billancourt
Avocate

*

En 1983, je travaillais avec Antoine Spire pour une émission hebdomadaire sur les droits de l'homme diffusée sur France Culture, « Voix du silence ». Deux ans plus tard, nous avons produit une émission spéciale sur cette même chaîne intitulée « France, terre des camps ». Il s'agissait des camps d'internement et de transit pendant l'Occupation. J'ai dédié cette émission à mes grands-parents paternels enfermés à Drancy.

Comme Antoine partageait, tout comme moi, le besoin de transmettre un certain judaïsme à ses enfants issus comme les miens d'un couple mixte, nous avons créé avec nos conjoints respectifs et quelques autres familles, dont celles de Jacques Hassoun et de Marianna Bénezet, la communauté Maïmonide.

Pendant six ans, nous nous sommes tous réunis un dimanche par mois. À chaque rencontre, nous traitions un sujet préparé par les enfants et les parents, suivi d'un repas. Parfois, des invités extérieurs apportaient leur contribution en venant faire un exposé.

Indépendamment de cette expérience collective, j'ai tenté, un temps, d'aller à la synagogue ; mais très profondément laïque, un tel acte m'a toujours été difficile, certaines pratiques m'ont même répugné, d'autres m'ont choquée. L'homme religieux ne « pratique » pas mon judaïsme !

J'ai pourtant avec les Juifs une forte proximité, difficile à décrire. Mais en même temps je me sens rejetée par les Juifs orthodoxes. Pour eux, il n'y a finalement pas de grande différence entre moi et mon mari, qui n'est pas juif.

Ma sensibilité est autre, très portée notamment sur tout ce qui relève de la discrimination et de l'injustice ; ce que partage mon mari, très concerné par mon histoire. Profondément républicain et laïc, ce fut un choc pour lui que découvrir la réalité des années 40. Il s'est alors beaucoup interrogé sur le rôle des Français pendant la guerre.

Mon judaïsme est ashkénaze, plutôt triste, fondé sur une histoire de la persécution.

Mon judaïsme religieux se limitait à Yom Kippour, par référence à mon père et non à une alliance avec le reste de la communauté. Aujourd'hui j'ai cessé cette pratique, mais ce jour de pardon et jour des morts reste important pour moi. Je lis de nombreux ouvrages sur « la question juive », et la Shoah reste toujours en arrière-plan dans mes réflexions.

Découverte solitaire

Issu d'une famille israélite française, mon père était né en 1900. Juif très laïc, il insistait cependant chaque année sur la nécessité de laisser une place libre à la table du *Seder* pour le prophète Élie. Cela dit, il m'a peu parlé du judaïsme.

Ses parents, morts en déportation à Auschwitz-Birkenau ont quitté Drancy le 30 octobre 1943, avec le 61e convoi. Son frère, le poète surréaliste Mathias Lübeck, a été fusillé à Lyon en juillet 1944 comme otage juif.

Réfugié quant à lui à Notre-Dame-de-Bellecombe, en Savoie, mon père m'a toujours dit que la responsabilité française était grande. Ce qui était bien différent de ce qu'on m'apprenait au lycée.

Quelques jours avant sa mort, je lui avais demandé quels étaient ses souhaits pour son enterrement. À ma grande surprise, il a dit vouloir un enterrement juif religieux !

Il avait été président de la SACEM, il y eut donc beaucoup de monde pour ses obsèques, célébrées par un rabbin de la rue Pavée.

Ma mère, cousine de mon père, était l'arrière-petite-fille d'un sénateur maire de Montpellier nommé Eugène Lisbonne. Sa grand-mère, Esther Lisbonne, avait épousé un Astruc d'une famille juive de Bordeaux, mais sa mère était catholique d'origine italienne. La seule grand-mère que j'ai connue était née Germaine Percopo.

Après avoir été arrêtée dans la rue par des miliciens français en 1943, ma mère, une fois relâchée, entreprit une démarche pour faire disparaître le document authentifiant la bar mitsvah de son frère. Ayant essuyé un refus de la part des rabbins qu'elle avait sollicités, elle en déduisit qu'il fallait se sauver soi-même.

Très marquée par le fait qu'elle dut sa survie au certificat de non-appartenance à la race juive qu'elle détenait, elle a souhaité que son enfant ne soit pas juive. Et contre l'avis de mon père, elle m'a fait baptiser. Plus tard j'ai même effectué ma première communion catholique !

Mais mes parents m'ont donné les prénoms de mes grands-parents assassinés à Auschwitz-Birkenau.

La conséquence de cette éducation est que j'ai découvert seule mon judaïsme et la Shoah, dont mon père ne voulait pas parler, ou plutôt ne pouvait pas parler.

Combattante

J'aurais pu épouser un Juif, mais cela ne s'est pas fait. Si mon fils s'appelle Alexis, ma fille aînée s'appelle Judith. Elle vient d'avoir deux enfants, Élie et Esther, dont le père est guadeloupéen.

Je suis heureuse de leur montrer le mur de notre couloir, où sont exposées les photos de notre famille, parmi lesquelles figurent leurs arrière-grands-parents et aïeux.

À mes petits-enfants je veux faire savoir qu'ils sont les héritiers des Juifs et des esclaves.

Qu'ils sont porteurs des droits de l'homme. Que c'est une éthique à défendre.

Ma mère dit d'eux : Tes petits-enfants sont fils d'esclaves et de déportés. Je dis pour ma part : Mon petit-fils sera président de la République ; ma petite-fille aussi.

Ce n'est pas par hasard si je suis avocate, militante féministe ; que j'ai été secrétaire nationale du mouvement *Choisir* avec Gisèle Halimi, etc.

Parmi mes nouveaux combats figurent en bonne place l'Association pour mourir dans la dignité, ainsi que mon activité de médiatrice.

Ce contre quoi je lutte avec force, c'est l'intégrisme, quelle qu'en soit la forme et à quelque religion qu'il appartienne.

Entretien du 23 janvier 2008

Daniel Farhi

Né en 1941, à Paris
Rabbin, fondateur en 1977 du Mouvement juif libéral de France
Auteur de plusieurs ouvrages, dont Un judaïsme dans le siècle (en collaboration avec Francis Lentschner, Berg International, 1997), Profession rabbin (Albin Michel, 2006) et Au dernier survivant - Paroles sur la Shoah (Albin Michel, 2008)

*

On vient souvent voir le rabbin comme on consulterait une encyclopédie !

Sans doute parce qu'il existe aujourd'hui une grande déperdition de la connaissance du judaïsme.

Étymologiquement, *rav* signifie enseignant. Le métier de rabbin est bien un métier d'enseignant. Nous n'enseignons pas nécessairement ex cathedra, mais en toutes occasions, heureuses et malheureuses. Nous enseignons et nous renseignons. Et par suite nous transmettons.

Mais je constate chaque jour combien il est difficile de transmettre.

L'utile n'est pas forcément l'essentiel

On remarque certes une évolution de la conscience juive, notamment avec tous les événements survenus au cours du XXe siècle : la Shoah, la création de l'État d'Israël, la conscientisation de la diaspora notamment au moment de la guerre des Six Jours, et un renouveau de l'étude et des pratiques.

Mais parallèlement, tout comme en dehors du monde juif, je constate comme tout un chacun une déperdition des valeurs, un manque de repères, notamment chez les jeunes. Il n'y a plus d'aventures à vivre, d'idéaux à suivre, de personnes qui puissent incarner quelque chose d'enthousiasmant. Cela se traduit au sein d'une communauté par une sorte d'amateurisme, que nous retrouvons également sur le plan du judaïsme.

Certes, les gens viennent à nous, mais essentiellement pour des services. Ainsi nous devenons des prestataires de services, pour trouver un *mohel* ou pour une *brit mila*.

Les personnes sont alors ravies de trouver une réponse dans la communauté, auprès du rabbin. De même pour les bar et bat mitsvah, les mariages. Puis les gens disparaissent !

Souvent on nous confie les enfants, sans véritablement s'investir soi-même. Sans s'intéresser à nos méthodes, sans se soucier de ce que nous enseignons, sans participer aux offices.

J'aime à raconter cette histoire des petites souris, où trois rabbins alsaciens du XIXe siècle débattent ensemble de leur communauté, lorsque l'un d'eux dit qu'il est ennuyé car sa synagogue, mal chauffée, est infestée de souris qu'il n'arrive pas à faire fuir. Et ce malgré l'installation de pièges sur lesquels est disposé du fromage. Mais elles sont malignes, et parviennent à le manger sans se faire prendre.

Le deuxième dit avoir le même problème, et ne peut non plus s'en débarrasser malgré la mort-aux-rats, qu'elles flairent et ne mangent pas.

Le troisième, qui subit le même fléau, leur dit avoir trouvé la solution : il rassemble toutes les souris, leur fait faire leur bat mitsvah... puis ne les revoit plus jamais !

On pourrait s'attendre à un comportement différent à propos du religieux, à une attitude qui soit différente que celle que l'on adopte vis-à-vis de l'école. Certes, ce que l'on reçoit dans le cadre d'une éducation religieuse ne "servira" peut-être à rien, mais pourtant c'est fondamental.

Matérialisme et judaïsme ne font pas toujours bon ménage

Il existe néanmoins des contradictions dans ce constat, et la réalité est plus complexe.

Tout d'abord, les parents qui nous envoient leurs enfants sont souvent très déjudaïsés. Aussi, d'une certaine manière, c'est positif. Car cela signifie que les enfants vont découvrir des notions que leurs parents n'avaient pas nécessairement apprises, et vont ainsi leur faire prendre conscience d'idées et de phénomènes auxquels ils n'avaient pas réfléchi. Ils font ainsi une démarche positive. Et constatant qu'ils ne savent ni quoi ni comment transmettre, ils s'en remettent à des gens dont c'est la vocation, le métier.

Mais je leur dis alors que nous sommes seulement des instructeurs, et que le véritable éducateur doit demeurer le parent, à la maison, et chaque jour.

Si parfois j'ai la joie de constater que ce sont les enfants qui font revenir leurs parents à une certaine pratique, il faut néanmoins reconnaître qu'on est confronté aujourd'hui à beaucoup de matérialisme, notamment à l'occasion des fêtes qui suivent les cérémonies ! Parfois de façon abusive. Or, nous sommes censés transmettre du spirituel ! Il y a là divorce. Certes, nous devons tenir compte de cette civilisation... Mais, en même temps, nous devons affirmer ce qu'est le peuple juif, son histoire, la Torah, la morale juive.

Ce qui a été acquis le demeure

J'ai lu dans *Le Nouvel Observateur* l'article d'une femme philosophe qui s'interrogeait sur ce manque de repères des jeunes d'aujourd'hui. Elle faisait remarquer à juste titre que, certes les parents sont « la référence » pour les enfants, mais également les grands-parents. Or, ceux d'aujourd'hui sont ceux de la génération de 1968 ! À un moment où il était dit « tout, tout de suite », « il est interdit d'interdire », etc. Ainsi beaucoup de grands-parents ne peuvent-ils pas toujours être la référence habituelle, la sagesse.

Je constate les difficultés des instances publiques, et religieuses, à résoudre ces difficultés. Cela dit, et je l'ai écrit, je suis un rabbin heureux, et je referais le même choix.

Dans mon livre *Profession rabbin*, j'écris notamment (p. 143) :

« Le recul de l'expérience, et d'ailleurs aussi en ce qui me concerne personnellement, m'a montré qu'il est rare que soit définitivement effacé ce que l'on aura reçu dans l'enfance : une fois mise en terre, la semence peut parfois rester longtemps comme en sommeil, pour un jour se réveiller et manifester sa présence. Ce qui a été acquis l'a été et, plus tard, lorsque ces jeunes aborderont leur vie d'adultes, ce qu'ils auront vécu, appris et échangé leur reviendra d'une manière ou d'une autre. »

Une pensée et une tradition en perpétuel renouvellement

Le judaïsme a cependant de sérieux atouts pour faire face.

Premièrement, la vie domestique juive est très propice à la transmission. Se réunir tous les samedis, observer les rites en famille jouent un rôle majeur. C'est structurant et donne du sens. Le plus bel exemple est la soirée de Pessah, où la *Haggadah* apporte à chaque membre de la famille quelque chose de spécifique.

Cette vie familiale nous est souvent enviée. Pour le rythme de vie, les rites et la cohésion familiale. Encore faut-il que cette pratique existe !

Secondement, la structure du judaïsme. Le fait que nous sommes un peuple de l'exégèse.

Ceci manque beaucoup au christianisme, et encore plus à l'islam.

Nous avons des textes dont, sans discontinuité, chaque génération actualise les lectures.

Le judaïsme est un corps vivant.

Il est souvent fait appel à la parabole, notamment pour les enfants. Le judaïsme, abonde dans ce domaine. On transmet quelque chose de vivant, et non de figé.

Pourquoi les rabbins nous ont-ils légué, non pas seulement les textes de lois, mais toutes les discussions qui ont conduit à l'élaboration de ces lois ? Parce que ce qui compte, c'est le mouvement, la dialectique, et voir les hommes vivre.

On ne peut transmettre que du vivant

Le deuxième commandement interdit apparemment toute forme d'art :

« Tu n'auras pas d'autres dieux que moi. Tu ne te feras point d'idole, ni une image quelconque de ce qui est en haut dans le ciel, ou en bas sur la terre, ou dans les eaux au-dessous de la terre. Tu ne te prosterneras point devant elles... ».

Un sculpteur israélien, Yaakov Agam, nous a rendu visite un soir de Chavouot et nous a expliqué que ce commandement n'interdit pas l'art, mais seulement ce qui est figé !

Ses œuvres, aussi bien ses sculptures mobiles qu'étonnamment ses peintures, témoignent de cette volonté de représenter du vivant. Ainsi, on peut faire de l'art sans trahir le deuxième commandement. La Torah dit en effet de ne pas adorer la mort.

Un autre artiste, Benn, a illustré notamment les Psaumes, le Cantique des Cantiques ; et il est arrivé à ne pas faire de visages, seulement des suggestions. Ce qui compte, c'est le mouvement et la vie.

Ainsi, il ne faut rien figer, pas même le *Choul'Hane Aroukh*, qui n'était qu'une étape.

Figer est contraire à l'objectif de transmettre. On ne peut transmettre que du vivant. On ne peut transmettre des coutumes sans leur donner vie.

Accepter le risque de l'ouverture

Certes, on prend moins de risques en vivant en vase clos ! Mais nous ne pouvons pas vivre ainsi, et encore moins en diaspora. Et ce n'est pas conforme à la vocation d'Israël, religion universelle. C'est pourquoi tous nos offices se concluent par le « *Aléinou léchabéakh laadon akol* », qui avec son second paragraphe à vocation universelle, se termine par la prophétie de Zacharie : « En ce jour-là Dieu sera Un, et tous les hommes se seront retrouvés, toutes les superstitions auront été détruites, et tous les hommes seront frères. »

En définitive, tous les hommes se seront retrouvés.

Si l'on vit trop en vase clos, on constate systématiquement une déperdition de la qualité du message.

Il ne faut pas oublier que le judaïsme s'est toujours illustré par un grand pluralisme.

Et par une grande hospitalité spirituelle vis-à-vis du non-Juif.

Nous vivons dans un pays laïc, ouvert. Et nous sommes moins d'un pour cent de la population. Ce ne serait donc pas raisonnable de vivre repliés.

Nous assumons le risque de l'ouverture. Telle est notre façon d'assurer la transmission.

Dans toute société, il doit y avoir des avant-gardistes, des éclaireurs, et des garants de la tradition, pour éviter toute déviance dans un sens ou l'autre. Cela a toujours existé dans le judaïsme.

Un enfant capte davantage que ce que l'on imagine

En tant que père, ce que je pense avoir transmis ne l'a pas été par des cours mais au quotidien.

Mes enfants ont partagé nombre de mes combats, dont ceux pour les Juifs d'URSS ; et bien sûr ceux menés auprès des Klarsfeld pour obtenir que les criminels nazis ayant opéré en France soient jugés et condamnés par l'Allemagne.

Sur le plan religieux, les rendez-vous autour de Shabbath et des fêtes étaient primordiaux.

Les résultats sont différents selon les enfants, mais chez chacun la fibre juive est bien installée.

Rachel Limon, éducatrice contemporaine, disait qu'autrefois on pouvait se définir par ses parents et grands-parents. Dorénavant, ce sera par ses enfants et ses petits-enfants.

Finalement, il n'y a pas de mérite à avoir une ascendance ; ce qui compte, c'est la descendance !

Un proverbe en droite ligne de sa pensée dit : « Est juif celui dont le petit-fils est juif. »

Un très beau film japonais des années 80, *Rhapsodie en août*, avec Richard Gere, montre comment la transmission du bombardement d'Hiroshima s'est faite aux générations d'aujourd'hui. Non davantage par l'intermédiaire des parents que par celui des grands-parents. Non pas tant par les paroles de ces derniers que par leur silence.

Une scène montre deux vieilles femmes, assises l'une en face de l'autre, immobiles et silencieuses pendant de longs moments. Alors une petite-fille demande à l'une d'elles ce qu'elles font ainsi sans rien dire. Et il lui est répondu : « Mais nous parlons. Nous sommes de vieilles amies. Nous n'avons pas besoin de dire des mots. » Et les parents de la petite fille furent plus tard surpris de voir que leur enfant en savait beaucoup sur cette catastrophe.

Les enfants sont très à l'écoute de ce qu'on leur raconte. Les récits s'inscrivent sans que cela en ait l'air. Je côtoie en permanence des survivants et descendants de la Shoah, et je vérifie souvent cela. Mais parfois le silence est ravageur.

Ni orthopraxie ni assimilation

De mes parents originaires de Turquie (nés tous deux à Izmir), juifs traditionalistes, respectant toutes les coutumes liturgiques et familiales mais à la pratique limitée, j'ai reçu une éducation ouverte.

Mon père est arrivé en France en 1922 et ma mère en 1932, année de leur mariage. De leur union sont nés deux filles avant 1939 et deux autres enfants (une autre sœur et moi-même) pendant la guerre, période au cours de laquelle nous avons été cachés dans des familles protestantes. Puis un garçon est né en 1952.

Nous avons tous été au Talmud Torah de la rue Copernic à Paris, bien qu'à cette époque les « Judéo-Espagnols » se rendaient de préférence rue Saint-Lazare. Copernic convenait à mes parents, car c'était un « temple » juif qui encourageait l'intégration.

Cette éducation, la fréquentation de la rue Copernic, ainsi que les encouragements du rabbin Zaoui ont certainement participé de ma vocation pour les études rabbiniques. Tout cela concourait également à m'apporter une bonne réponse quant à mon souhait d'être un éducateur, un enseignant.

Ce que nos parents nous ont transmis a été bien transmis, notamment par l'exemple.

Ils n'ont jamais cédé aux sirènes de l'orthopraxie, ni à celles de l'assimilation.

Entretien du 25 février 2008

Paul Fenton

Né en 1951, à Londres
Professeur au département d'études arabes et hébraïques de l'université de Paris IV, responsable de la filière des études hébraïques et juives
Enseignant à la Yeshiva University de New York

*

Commençons par un exemple : un étudiant souhaite effectuer une recherche sur le *Guide des Égarés*, de Maïmonide.

Autrefois, sa première démarche eût été de se rendre dans une bibliothèque, pour y consulter des articles sur le personnage, de se constituer lui-même une bibliographie, puis de commander les ouvrages qui ne seraient pas immédiatement disponibles.

Aujourd'hui, il tapera sur l'ordinateur le nom de Maïmonide, et se trouvera, seul, face à des milliers d'occurrences ! Comment va-t-il alors procéder... ? Au mieux, en chargeant des tonnes de textes qu'il va copier/coller... et présenter sans les avoir véritablement lus.

Le passé au service du futur

À travers mon métier d'enseignant et de conférencier (notamment au centre communautaire de la rue Lafayette, à Paris), j'ai véritablement le souci de transmettre avec rigueur, mais sans rester dans ma tour d'ivoire.

Auteur de plusieurs articles spécialisés, j'ai beaucoup écrit en particulier sur les descendants de Maïmonide, parce qu'ils étaient des figures de grande valeur : érudits, commentateurs, responsables communautaires.

C'est ainsi que je marche dans l'ombre des pas de celui que j'ai eu la chance d'avoir comme maître, Georges Vagda, né en 1908 en Hongrie, et mort à Paris en 1981. Grand savant en sciences du judaïsme, très proche des orientalistes comme Louis Massignon, il a beaucoup travaillé sur le premier monument de la pensée juive du Moyen Âge, à savoir le *Livre de la Création.*

J'ai trouvé sous forme de manuscrit son premier cours professé à l'École pratique des hautes études, cours que j'ai traduit, transcrit, et commenté. Auquel j'ai ajouté un texte traduit de l'hébreu qui est un commentaire de ce même *Livre de la Création.* Je publie cette année un ouvrage aux éditions de l'Éclat, intitulé *La consolation de l'expatrié spirituel,* livre qui vise le chercheur spirituel exilé de sa patrie céleste.

Selon un texte midrashique relatif à la création de l'homme, celui-ci a été créé avec une double face, sorte de Janus. C'est-à-dire : une face tournée vers le passé, une face tournée vers le futur. C'est dans sa nature.

Lorsque l'on remet la Torah dans l'Arche sainte, on prononce une sorte de conclusion avant la prière supplémentaire avec les mots suivants : « Oh ! Seigneur, (...) renouvelle pour nous les jours heureux d'autrefois. » Mais le mot hébreu employé ici pour dire « autrefois » revêt en fait une forme du futur ! Soit : «...renouvelle nos jours comme dans le futur ».

Le paradoxe de cette phrase témoigne bien du centre de gravité de la Torah : on ne peut envisager le futur qu'en regardant le passé. Cette lumière qui vient du fond de notre histoire doit nous éclairer le chemin. J'ai la chance d'avoir toujours ressenti cela.

Une main tendue du passé

Né dans une famille traditionaliste, héritier d'une famille hassidique de Pologne, je suis riche de ce qui m'a été transmis, de cette main tendue du passé. Malheureusement, de terribles ruptures ont failli briser cette chaîne de transmission : les exodes, puis la Shoah. Il est alors resté dans ma famille très peu de possibilités de transmettre, notamment à cause de ces meurtrissures profondes qui ont empêché plus d'un de témoigner, parfois même de dire à ses enfants qu'ils étaient juifs.

Passionné de généalogie, j'ai pu suivre les itinéraires de nombre de membres de ma famille.

C'est ainsi que j'ai retrouvé la signature en hébreu de mon arrière-grand-père paternel, ce qui fut une grande émotion.

En route pour l'Amérique, venant de Pologne, il s'est rendu en Allemagne puis en Angleterre, à Londres. Il avait bien marié ses enfants, en leur choisissant (telle était la pratique) des conjoints selon des critères de piété et d'érudition.

Très volontariste quant à la transmission, il a donné instruction à mon père, le benjamin, de me mettre le talith katane dès l'âge de trois ans. Cette « volonté » est aujourd'hui mise à mal. La Shoah a brisé cette façon d'être et de faire.

Au *heder* (école élémentaire traditionnelle où sont enseignés les rudiments de judaïsme et d'hébreu), j'avais eu un maître de l'« ancienne école », strict et méthodique, qui nous a instillé l'amour de l'étude et de notre patrimoine, Michel Tomback.

C'est donc à Londres que mon père, qui avait reçu lui-même une forte éducation juive, nous avait mis chez un tuteur qui a assuré notre solide formation.

Mes études se sont poursuivies à la *yeshiva* d'Aix-les-Bains, où j'ai fait la connaissance de nombreux Juifs originaires de Strasbourg qui m'ont parlé d'André Néher, figure importante de mon éducation juive.

Passionné d'hébreu et d'arabe (ma spécialité universitaire est d'ailleurs le judaïsme et l'islam), j'ai approfondi ces deux langues à Strasbourg, où j'ai rencontré ma femme, fille d'immigration, native de Marrakech et implantée dans cette ville avec sa famille dans les années 60.

Ensemble nous tenons à cette volonté de partage avec autrui, ce qui est capital car, sans la transmission, on est en danger.

Je me désole de cette grande ignorance de mes coreligionnaires qui vont chercher ailleurs ce qui existe déjà chez nous, avec souvent plus de qualité et de résonance appropriées à notre sensibilité.

La musique, outil privilégié de la transmission

Étonnamment, j'ai la conviction qu'un des moyens de transmettre nos valeurs et cette sensibilité spécifique est la musique.

C'est pourquoi, j'ai fondé voici un an avec Raphaël Cohen, directeur d'école, une association (l'APAC - Association pour la promotion de l'art cantorial), dont l'objectif est de faire connaître la musique liturgique hébraïque. Et nous avons alors créé la Chorale juive de France.

À chaque représentation, nous expliquons le sens de chacune des partitions proposées. Nous choisissons des pièces de toutes origines, y compris françaises bien sûr.

Nous voulons ainsi préserver notre patrimoine. J'y vois aussi comme un devoir de restituer les chants de ce monde ashkénaze étouffé par la haine nazie.

Au début du XXe siècle, notre communauté juive était déjà très diversifiée ; mais parmi ce qui néanmoins unissait tous les membres figure en bonne place ce que l'on oublie souvent : la musique. En effet, chacun chantait ses propres textes mais toujours sur des airs communs !

Je suis à ce point convaincu du rôle central de cet art, qu'il m'est arrivé à plusieurs reprises de terminer une conférence en faisant entendre de la musique.

Étude, tradition, Israël

Tout enseignant que je suis, j'étudie bien entendu toujours en suivant régulièrement des cours ; l'un en tête à tête, de nature talmudique. L'autre, dans le cadre de l'enseignement du Grand rabbin Michel Gouggenheim.

On doit sans cesse poursuivre l'étude. C'est pourquoi investir dans les étudiants, c'est investir dans l'avenir. La réouverture récente de l'Institut Edmond Fleg était, à cet égard, absolument nécessaire.

Par ailleurs, il ne faut jamais oublier que le judaïsme est multiple. Que la transmission ne passe pas uniquement par la religion. Aussi, la transmission doit être multiple.

Israël, de ce point de vue, est essentiel pour le peuple juif ; c'est un lien historique et culturel qui nous rattache à la terre. Ce qui est évidemment très important pour les étudiants soumis à de multiples pressions.

La Tradition veut que les trois plus importants moments de la vie d'un homme soient accompagnés. Ainsi :

– à la naissance : à côté du berceau est déposé un livre (un texte de Jérusalem) ;

– à l'issue du mariage : le marié casse un verre pour signifier que notre joie ne sera jamais complète tant que le Temple ne sera pas reconstruit ;

– lors de la mort : on saupoudre les yeux du défunt de poussière d'Israël.

Il y a une présence d'Israël qui doit nous accompagner tout au long de notre vie. Or, on voit aujourd'hui en France de ce point de vue un « abandon », en fait une faillite. Une perte de souffle quant à l'aspiration au sionisme.

Aussi, avons-nous, avec mon épouse, inculqué à nos six enfants notre amour de la tradition et d'Israël. Et tout d'abord vivre ensemble dans une ambiance juive. Ainsi les fêtes sont-elles toujours joyeuses.

Tout en étant croyant, je considère le judaïsme comme une histoire, une culture, une musique, et un amour pour les choses de l'esprit - ne parle-t-on pas du peuple du Livre ?

J'ai été éduqué chez des exilés, orthodoxes survivants. Il n'y avait chez eux aucun fanatisme, comme on le voit - hélas ! - aujourd'hui chez bon nombre d'intégristes. Ouverts à la culture, ils pratiquaient la musique, l'humour, avec un grand amour pour la vie.

Le judaïsme, ce n'est pas seulement un carcan juridique trop souvent mis en avant par ceux qui se prétendent être les porteurs du flambeau.

Transmettre, c'est aussi pratiquer

La transmission est véritablement inscrite dans le judaïsme. En voici trois exemples simples :

– elle est à la base de la morale juive : ainsi en témoigne le livre des *Pirké Avot* (Les Chapitres des Pères). Qui dit père, dit fils, et dit donc enfant. Dans la phrase liminaire du livre, le cinquième mot en hébreu est précis : « Moïse a reçu la Torah au Sinaï et l'a transmise à Josué. » Il a reçu et il a transmis.

– une autre pièce centrale de la liturgie juive qui est le *Shema* témoigne de cette question, lorsqu'il dit notamment : « ...tu les apprendras à tes enfants ».

– enfin, l'une des fêtes les plus centrales qui a toujours réuni à travers les âges les communautés juives les plus diverses, c'est Pessah. Or, la lecture de toutes les *haggadot,* et ce quelle que soit l'idéologie sous-jacente, montre qu'à cette occasion le souci essentiel est l'enfant. Souci de lui transmettre. Ainsi avec le *manichtana,* l'enfant est au centre de la fête au cours de laquelle il interroge et apprend. Situation où le père enseigne. Où l'on met tout en œuvre pour éveiller la curiosité de l'enfant : le cérémonial est même « faussé » pour provoquer l'interrogation.

Il faudra beaucoup de temps, peut-être des générations, pour comprendre ce qui nous est arrivé.

Nous avons un devoir urgent de compenser la perte des disparus. Sinon, nous allons à notre propre perte.

C'est en marchant avec la lumière derrière soi que l'on comprend les enjeux du futur.

Entretien du 5 février 2008

André Fresco

Né en 1924, à Istanbul
Ingénieur de l'École supérieure de tissage de Lyon
Fut notamment le directeur général du groupe Devanlay (marques Jil, Lacoste, etc..)
Ancien juge de tribunal de commerce de Troyes

*

Voici seulement à peine une vingtaine d'années que j'ai découvert mon judaïsme !

Bien entendu, j'ai toujours su que j'étais juif ; mais auparavant, j'étais juif un peu comme tout le monde ! J'ai fait ma bar mitsvah, et puis j'ai tout oublié. Je me savais juif, point à la ligne.

Et je n'avais rien à transmettre.

Un judaïsme véritable

Mon grand-père paternel, David Fresco, très connu en Orient, propriétaire du journal *El Tiempo* à Istanbul, était un humaniste ! Très actif à l'Alliance israélite universelle, il disait : « Il y a les Dix commandements ! Essaie déjà de les respecter ; le reste est littérature. »

Ma famille ne se souciait donc guère de la religion.

Mon judaïsme, aujourd'hui, consiste à rechercher ce qu'est véritablement le judaïsme.

Ayant habité Troyes (en Champagne), j'ai commencé à apprendre l'hébreu avec un professeur israélien. Ma femme fit de même. Également originaire d'Istanbul, elle est issue d'une famille pratiquante, mais qui du point de vue de la religion, sans bien sûr se détacher du judaïsme, a fait le chemin inverse du mien.

J'ai poursuivi pendant dix ans la découverte de cette langue extraordinaire que je ne possède toujours pas bien, ainsi que l'étude des grands penseurs du judaïsme, dispensée par l'Institut universitaire Rachi de Troyes.

Parallèlement, j'ai engagé un véritable apprentissage de l'exégèse biblique, grâce en particulier au Grand rabbin Sirat, au rabbin Sultan, et à de remarquables professeurs dont Catherine Chalier.

À cela se sont ajoutées de nombreuses lectures de grands penseurs juifs comme Maïmonide ou *L'étoile de la Rédemption* de Franz Rosenzweig (paru en 1921).

Cette approche intellectuelle a été intériorisée.

J'ai essayé de comprendre ce qu'est le judaïsme, le sens de ce qu'un Juif orthodoxe fait lorsqu'il est proche de la Torah et du Talmud.

J'ai appris la signification de tout cela, et j'ai commencé à découvrir véritablement le judaïsme.

« Quand on transmet, on perd déjà une partie », dit Marie-Françoise Bonicel (maître de conférences de psychologie sociale clinique à l'IUT de Troyes). Sans vouloir contredire cette amie très compétente, pour ma part « j'ai ajouté » ! Et j'ai compris pourquoi je suis juif.

Lire

Nous avons adopté avec bonheur deux garçons, non-Juifs, dont l'un, malheureusement décédé, avait décidé de lui-même d'apprendre l'hébreu. Mais le rabbin qui se chargea de son enseignement n'a pas su s'y prendre, et il s'est rapidement éloigné de cette étude. Phénomène qui semble encore courant aujourd'hui, si j'en crois certains jeunes de ma connaissance qui ont fait récemment leur *bar mitsvah*.

Mon cadet ne se sent pas intéressé par le judaïsme. Il a épousé une jeune femme non juive, et leurs deux filles ont été baptisées.

Avec l'aînée de nos petites-filles, nous avons récemment fait un voyage à Istanbul, où j'ai d'ailleurs retrouvé là un cousin qui s'appelle également Fresko. Elle en est revenue enthousiasmée. Voilà peut-être un début de transmission.

Je serais heureux de lui en apprendre davantage ; mais l'éloignement géographique ne facilite pas la tâche. En outre, aujourd'hui, les gens – et notamment les jeunes – lisent très peu. Or, pour découvrir la profondeur du judaïsme, il faut lire. Et il faut vivre le judaïsme : faire un Shabbat, faire un *Seder* - ce que je ne fais toujours pas - et en comprendre la signification. Mais surtout, il faut lire ! L'étude d'abord.

Peu de rabbins font le travail nécessaire pour faire connaître les sens et la « philosophie » du judaïsme : ils devraient, pour réussir cela, être davantage à l'écoute de la demande de ceux qui viennent à eux. Les plus ouverts sont aussi ceux qui ont une large culture, notamment philosophique. Le rabbin d'Adat Shalom (de la communauté Massorti) est de ce point de vue remarquable.

« Ce thème de la transmission me remue. »

J'aimerais transmettre à mes petites-filles les clefs du judaïsme ; tout au moins les intéresser à ce judaïsme qui est un humanisme, avec quelque chose en plus.

Le rabbin Sultan me disait un jour : « Aucune importance que Moïse ait existé ou non. Ce qui compte, ce sont les Écritures dans lesquelles il y a quelque chose de structuré à découvrir, à rechercher et qui peuvent donner un sens à la vie. »

Aujourd'hui je m'interroge toujours sur le « comment transmettre ». C'est difficile. Car souvent, et particulièrement chez les jeunes, les tourments métaphysiques ne sont guère apparents. Sans doute doit-on conseiller de commencer, comme l'enseigne le Talmud, par étudier. Là est l'essentiel. Et puis après, peut-être, croire.

Mon fils m'avait offert un stylo (que j'ai toujours avec moi) en me disant : Voilà pour écrire ta vie. J'essaie donc de raconter mon parcours. Mais ce thème de la transmission me remue.

Alors je lis et relis des ouvrages remarquables, comme ceux du Rabbi de Volozhyn, intitulé *L'âme de la vie* (Nefesh hahayim) (collection « Les dix paroles », aux éditions Verdier), ou d'Abraham Heschel, *Dieu en quête de l'homme*. Je n'ai pas encore résolu mon problème.

Entretien du 2 janvier 2007

Ève Gani

Née en 1981, à Paris
DEA de Science politique et master Relations humaines
Spécialiste en mobilité internationale

*

Chacun de mes engagements traduit une nouvelle façon d'exprimer que le judaïsme est bien vivant pour moi et, en France, étonnamment multiple, avec des composantes positives.

Dès l'âge de dix ans, j'ai été aux Éclaireurs israélites (EI), ce qui m'a permis de construire mon identité juive par mimétisme ; la communauté des jeunes Juifs de mon âge, les frères, les sœurs qui sont aujourd'hui encore dans mon quotidien, comme un contrepoint identitaire à l'École « laïque ».

Plus tard, étudiante, j'ai travaillé pour la Commission d'indemnisation pour les victimes de spoliations (CIVS). Je devais expliquer aux victimes des préjudices, subis du fait de la législation antisémite, ou à leurs héritiers, la procédure pour monter des dossiers de demande d'indemnisation.

Cette expérience professionnelle m'a donné l'envie d'approfondir mes connaissances de la judaïté, principalement dans sa dimension historique. C'est pourquoi j'ai suivi un cursus informel d'études juives au sein de l'Alliance israélite universelle (AIU) pendant deux ans. On m'a proposé de travailler pour cette vénérable institution, ce que j'ai fait dans le cadre d'une mission pour le développement des études juives au sein d'une École normale israélite orientale (ENIO) rénovée. Dans le cadre de cette mission, je suis partie aux États-Unis, à la Brandeis University et à l'université de Chicago.

Par la suite, j'ai fait le choix raisonné de travailler dans un contexte laïc, dont j'idéalisais la neutralité. Dans une grande école, dans une grande entreprise et à mon poste international, je m'imaginais disparaître en tant que Juive pour renaître en tant que cadre mondialisée. De fait, ce contexte m'a au contraire ramenée à mes différences dans l'écoute d'une culture catholique majoritaire, qui a appelé ma parole et réveillé ma curiosité jamais endormie.

Modèles et exemples

Mes origines familiales ne sont sans doute pas pour rien dans les tensions qui traversent constructivement mon parcours, entre particularisme et universel, traditionalisme et libéralisme politique.

Mon « roman familial » est plus complexe que ce que j'en livre ici, où je souhaite simplement évoquer ce que, du judaïsme ou de l'identité juive, je souhaiterais transmettre.

Du côté de mon père, j'appartiens à une famille grecque, qui s'installa en Égypte (à Alexandrie), puis à Paris. Mon grand-père paternel avait été un négociant arabophone, anglophone, francophone, hellénophone dans tout le bassin méditerranéen.

Ma grand-mère paternelle, orpheline de la Shoah, âgée aujourd'hui de quatre-vingt-douze ans, m'est un véritable modèle. Elle ne se plaignait jamais de son sort, ni de celui des Juifs. Elle parlait de son enfance en Grèce, sans jamais évoquer la Shoah, en transmettant avec fierté les valeurs héritées de ses parents. L'entraide familiale, l'ambition d'une réussite sociale. Très combative, elle a construit sa vie dans trois pays, en donnant à ses enfants une éducation pleine de respect de l'autre, et d'amour pour les conventions héritées. Lutter pour recréer la vie là où l'on s'installe a toujours été pour elle un devoir.

Dans ses rapports avec les non-Juifs, elle a toujours adopté une très grande ouverture d'esprit et d'accueil. Elle apprenait et respectait les conventions de chacun. Je me souviendrai toujours de ce livre sur les bonnes manières françaises posé sur sa table de chevet... Après la mort de son mari, c'est avec l'appui de cette culture combative et ouverte qu'elle a pu développer son commerce, qui l'amena à voyager jusqu'en Chine !

Du côté de ma mère, un grand-père marocain et une grand-mère française d'origine roumaine. C'est avec mon grand-père maternel, d'origine marocaine, que j'ai préparé ma b*at mitsvah*. Il me donnait des cours d'hébreu, et surtout le goût de m'investir dans la communauté. Il était très actif pour venir en aide à ses coreligionnaires : il a par exemple fait bâtir une synagogue, d'obédience relativement orthodoxe, dans le XXe arrondissement de Paris. Je me sens loin de son judaïsme, mais très proche de son besoin d'engagement.

Ma grand-mère maternelle, que j'ai très peu connue, a, quant à elle, été convertie au catholicisme pendant la Seconde Guerre mondiale. Je ne sais pas si cette expérience a profondément affecté sa croyance juive. Peut-être pas. Elle a cependant, en qualité de Juive, beaucoup fréquenté les communautés chrétiennes où elle traduisait la Bible à partir de l'hébreu.

Pour son second mariage, elle épousa un Noir, dont elle disait qu'il partageait avec elle l'expérience d'une identité niée.

« Un éveil qui vient d'une question »

Vous me demandez si je souhaite « épouser un Juif » ! Je pense que les propos qui précèdent ont montré que l'identité juive est pour moi un palimpseste ; mais qu'il est certain que si j'épouse un jour quelqu'un, cette personne devra reconnaître cette composante de mon identité. Une partie de ce que je suis s'est exprimé paradoxalement, alors que récemment une amie m'interrogeait : « Ève, ton rêve c'est de te retrouver à la table de Pessah avec un fils rabbin, un fils prêtre et un imam ! ». Et pourquoi pas ? Mon nom est Ève Gani, en hébreu « les vivants de mon Jardin ». En faisant un peu de nominalisme déterministe, ne dois-je pas accomplir la mission d'être la mère de tous les vivants ? (Rire.)

À chaque fois que j'ai une interrogation conséquente, je me tourne vers le judaïsme, pour le questionner afin de rechercher la réponse qui convient. Face à tel ou tel problème, je m'interroge toujours pour savoir quel peut être alors le point de vue juif. Pour ce qui relève de l'éthique, des relations interpersonnelles, je n'adopte pas toujours une conception religieuse, mais j'essaye de la connaître.

Le judaïsme constitue une référence. C'est pourquoi le judaïsme est pour moi très lié au questionnement, comme un éveil qui vient d'une question.

Engagements

Dans la communauté juive française institutionnalisée, je pense être identifiée comme un « leader » aux engagements marginaux par rapport à ma génération. Quelques exemples : l'amitié judéo-noire, la collecte des films de l'été 1939 pour un drame lyrique, l'éducation aux droits universels de l'homme au sein de la communauté juive. Et dernièrement, plus classiquement, mais en décalage avec les attentes générationnelles : le dialogue judéo-chrétien.

Mon agenda décalé surprend, et pourtant, à la lecture des faits présentés plus haut, il se comprend. La transmission du judaïsme passe par une connaissance des faits pour une appropriation du sens. Comme chaque Juif a sa place, sa pierre à faire briller, ma participation est demandée. Ni au-dessus, ni en dessous, mais pour mes capacités fortes d'implication physique et intellectuelle, à coups de lectures exclusives, de rencontres et longues écoutes d'individus particuliers, quête quasi-obsessionnelle sur des problématiques qui n'attendaient que d'être révélées.

Pour ma part, j'ai accepté cet appel. Alors peut-être que ce que j'ai à transmettre, ce sera cela : l'engagement pour le bien-être collectif, à sa place unique.

Entretien du 28 décembre 2008

Roger Haddad

Né en 1942, à Tunis
Cadre supérieur à l'international (droit et finance)

*

Ce que j'ai transmis, je l'ai fait de la même façon que je l'ai reçu. Mon approche de la transmission a toujours été de susciter la question. Le questionnement, c'est l'essence même du judaïsme. Le *Ma Nishtana* (questionnement des enfants) de Pessah : « Qu'est-ce qui différencie cette nuit des autres nuits ? » en est l'un des plus forts témoignages.

Souvent le mot *Kabbala* est traduit par le mot « tradition », alors qu'il s'agit de « réception ». Il ne s'agit pas de donner mais de recevoir. Pour donner, pour pouvoir transmettre, il faut susciter l'attente, la demande. Lorsque Moïse rencontre Dieu, il dit en substance : « Et s'ils me demandent quel est ton nom, que dois-je leur répondre ? » « S'ils me demandent » signifie que Moïse anticipe le fait que le peuple va lui poser une question. Aussi provoque-t-il lui-même un questionnement.

De même, le peuple qui construisit le veau d'or n'attendait rien de Moïse lorsque celui-ci redescendit du Mont Sinaï avec les Tables de la Loi. Par contre, la seconde fois, le peuple fit une demande à Moïse, et il sut alors recevoir le message.

Pour qu'il y ait transmission, il faut que le récipiendaire ait posé une question, ou bien soit en état de demande. Les enfants sont par nature dans cet état ; aussi faut-il être prêt à répondre à leurs questions, et plus précisément aux questions telles qu'ils se les posent !

Une éducation ouverte

Le judaïsme apparaît à beaucoup comme un animal fossile ! Mais il suscite toujours l'interrogation. Pour beaucoup de chrétiens, constater certaines convergences entre nos religions est une surprise. Il faut à ce propos se rapporter au livre de Gérard Israël : *Jésus est-il Dieu ?* (éditions Payot).

Ce judaïsme du questionnement, je l'ai bien sûr reçu de ma famille.

Mon grand-père paternel, rabbin et orfèvre (le nom de Haddad désigne celui qui travaille le métal) était originaire de Benghazi, en Libye. Mon père reçut également une formation de rabbin, et fit des études de théologie (chrétienne et musulmane). Il respectait le Shabbath pendant lequel il étudiait. Par ailleurs, il parlait parfaitement l'arabe. Et tous deux étaient *chohet* (celui qui procède à l'abattage rituel).

Mon éducation fut traditionnelle, et très ouverte. Dès l'âge de cinq ans, je suivais mon premier cours d'hébreu moderne. Avec mon père, je pratiquais la lecture de la Torah dans le texte, jusqu'à l'âge de dix ans.

Nous n'allions pas à la synagogue ; tout se passait à la maison, où venaient des amis de toutes confessions. Lorsque j'ai eu dix ans, mon père a commencé à me faire lire les Évangiles en français, avec à côté une version en hébreu.

À treize ans, j'ai fait ma bar mitsvah. C'est à cette époque que nous avons quitté la Tunisie, sur le point d'être indépendante, et sommes partis nous installer à Rome car mon père était de culture italienne et ma mère de nationalité italienne. L'italien est donc ma deuxième langue maternelle.

Alors que je fréquentais le lycée français de Rome, l'aumônier catholique m'a invité à venir aux scouts. C'est ainsi que j'ai été quelque temps membre d'une troupe de scouts catholiques. J'ai même été chef de la patrouille des Castors !

En 1957, sur décision de mon père, retour en Tunisie, où j'ai retrouvé mes deux sœurs qui, déjà mariées, y étaient restées. J'étudiai alors l'arabe littéral comme première langue, ce qui me permit ensuite de lire le Coran.

En 1961, départ définitif de Tunisie. Je débarque à Paris ; l'une de mes sœurs part à Londres, l'autre, psychologue et orthophoniste, va à Nice.

Préserver la vie humaine

Une fois par mois, mon père rapportait à la maison quelque chose de différent, de bizarre et interdit ! Du jambon ou du saucisson, que nous les enfants (mes deux sœurs et moi-même) mangions dans le jardin... Il nous enseignait alors que le premier devoir de tout Juif est de préserver la vie humaine. Et comme nous ne savons pas de quoi demain sera fait, il convient de se préparer à manger de tout si nécessaire.

Avec ma femme, historienne d'art spécialiste de Courbet, dont le père était originaire de Sfax et la mère de Varsovie, nous avons gardé la tradition dans sa dimension festive et non synagogale.

Pessah occupe une place à part, centrale, compte tenu du mythe fondateur qui est alors célébré. J'ai gardé un peu du folklore tunisien en allant à Belleville avec mes enfants pour quelques moments gastronomiques.

Mon fils, journaliste de cinéma et réalisateur de DVD, a fait sa bar mitsvah, préparée à notre domicile avec Jacob Mergui, rabbin et professeur à l'école Maïmonide.

Ma fille, docteur en philosophie et professeur à l'université de Haïfa, a trois enfants. Elle nous a reproché de ne pas lui avoir donné l'opportunité de célébrer sa bat mitsvah.

Être responsable

Je crois sincèrement que mes enfants sont pénétrés de cette façon de vivre qui caractérise la pensée juive, c'est-à-dire avec le souci permanent de la responsabilité. Responsabilité de l'être humain, de l'être juif, dans le devenir du monde.

La culture dite judéo-chrétienne vient de deux courants, qui se fréquentaient. L'un qui vient de la pensée grecque, où les lois du cosmos sont immuables, où le travail de l'homme est de se connaître dans un but d'adaptation à ce monde intangible.

L'autre qui vient de la pensée juive, où Dieu crée pendant six jours et, le septième, il se repose. Il se retire et laisse l'homme face à lui-même et à la création. C'est l'homme qui doit assurer le fonctionnement ! Donc l'homme peut faire évoluer les choses. Il doit contribuer.

Je repense aux ouvrages de Raphaël Draï dont les titres à eux seuls traduisent bien cette façon juive de penser : *La sortie d'Égypte, L'invention de la liberté, La traversée du désert - l'invention de la responsabilité.*

Un grand philosophe, en matière d'écologie notamment, Hans Jonas, me parle également. Son regard sur le monde se fait à la lumière de la pensée juive et d'une conception originale du messianisme. Il s'en dégage une éthique, une manière d'être que je fais volontiers miennes.

Question-réponse

Claude Birman, dont je bénéficie régulièrement de l'enseignement, explique que le personnage principal de la Torah est le lecteur. La Torah suscite l'interactivité.

La transmission, quelle qu'elle soit, c'est essayer d'être le plus possible soi-même, d'être vivant, d'être présent, tel que l'on est. Alors les autres (nos enfants, les proches, les amis) se posent des questions.

Il arrive que l'on suscite soi-même la question ; que l'on réagisse à une situation ; que l'on s'exprime même avec vigueur. Mais on s'aperçoit souvent que l'on est entendu d'une façon bien différente de ce que l'on pensait. Il n'y a pas que le conscient qui parle !

Notre vie quotidienne est construite à partir de différentes composantes, telles que la saga familiale, les traditions festives, l'humour, qui sont autant d'occasions de provoquer le questionnement.

La transmission du judaïsme se fait pour une large part dans le cadre de cet environnement, bien sûr éloigné d'une pratique orthodoxe où la question est (ou devrait être) permanente. Mais chez l'orthodoxe, la réponse anticipe la question. La *Halakhah* est à ce point suivie, parfois de façon quasi obsessionnelle, qu'il n'y a plus de place pour le questionnement.

L'assimilation vaut mieux que d'être un Juif honteux

Fragile est la transmission qui se veut ouverte. Le risque de l'assimilation n'est-il pas alors accru ? Posons-nous plutôt la question : qu'est-ce qui assimile quoi ?

Existeront toujours des Juifs traditionalistes, des Juifs orthodoxes, des Juifs intégristes, des Juifs intellectuels et ouverts. Toutes les périodes ont connu cette diversité.

Le message de la Torah se perpétuera, que ce soit par mes enfants ou par ceux de mon voisin !

L'important est la transmission d'une éthique, une ouverture aux autres, un regard critique.

La transmission se fait par une réponse dont on cite la source, ce qui implique de pouvoir dire : voilà d'où je prends cette information que je donne. Quoi de plus juif !

Et s'il y a assimilation et qu'elle est bien vécue, peu importe. Il y a tant de Juifs qui sont pratiquants et en même temps si ignorants qu'ils ne savent rien du judaïsme ! Je préfère quelqu'un qui se pose des questions, comme Didier Casalis, chrétien que je rencontre aux cours de philosophie juive de Claude Birman.

Et puis le mariage mixte n'altère pas forcément la transmission du judaïsme. Un contexte laïc où le non-Juif accepte la pratique des fêtes assure une réelle pérennité.

L'essentiel du judaïsme ? La Torah. La Loi, qui n'est cependant pas *ne varietur* !

Mais comment se dire juif sans avoir lu quelques textes fondateurs, comme la Genèse, l'Exode... ? C'est l'occasion de rencontrer des textes provocateurs, qui interpellent. La foi n'est pas une nécessité, ni même manger casher. Par contre l'étude...

Entretien du 7 février 2008

Nathalie Hazan-Brunet

Née en 1951, à Saint-Germain-en-Laye
Conservatrice au Musée d'art et d'histoire du judaïsme

*

J'ai reçu une éducation très Chatou-Le Vésinet. J'ai fait toute ma scolarité chez les bonnes sœurs, au Bon-Sauveur. Ma mère, de son nom de jeune fille Irène Bloch, et pourtant Russe orthodoxe, avait juré sur son honneur, lors de son mariage à l'église avec notre père, André Brunet, que ses enfants seraient élevés dans la religion catholique. Elle avait été élève dans cet établissement, en dépit de son « étrangeté » et y était restée attachée (elle est même devenue un temps secrétaire de la mère supérieure) ; une de ses amies d'enfance y était religieuse.

Maman est la fille d'un Juif russe de Saint-Pétersbourg, baptisé protestant, fils d'un banquier anobli par le tsar pour sa contribution notamment à la constitution de la flotte de la mer Noire et converti. Son titre de noblesse lui a évité le port de l'étoile jaune.

Son épouse, Marie Rosenquist, d'origine suédoise et balte, n'était pas juive. Également née à Saint-Pétersbourg, elle était une grand-mère merveilleuse ; elle nous a transmis, à ma sœur et à moi, un petit trésor d'histoires, d'images, de sensations de la Russie. Quand nous la quittions, elle se cachait derrière le rideau et faisait très rapidement le signe de croix orthodoxe.

Mes premières années se sont passées dans la maison russe, chez mes grands-parents. J'étais très impressionnée par mon grand-père, je garde de lui des images très précises - même s'il est mort lorsque j'avais quatre ans - surtout la dernière, lorsqu'il m'a convoquée le jour de mon anniversaire et m'a offert solennellement, avant de mourir, une montre. Souvenir très fort, où je vois comme une élection.

L'éducation catholique a donc été induite par notre mère (notre père n'y tenait pas, même s'il est devenu très croyant au fil des ans) qui était russe orthodoxe, d'un père juif converti au protestantisme, d'une mère protestante, devenue également orthodoxe, et le catéchisme et les messes deux fois par semaine étaient assaisonnés des *Khristos Voskres* (Christ est ressuscité) de *Paskha,* et de passages rue Daru.

Les Brunet, les non-Juifs, eux, bizarrement, étaient dans le *schmattès,* on allait dans la maison de couture du VIIIe arrondissement, je dessinais des modèles, on adorait l'atelier. Ils étaient très français, n'allaient pas à l'église, étaient un peu anars de droite, très singuliers. Les deux fils ont épousé des Juives par leur père. La tante Margot appelait maman « la grande youpine ».

Maman racontait toujours que lorsqu'elle sortait dans le monde et qu'elle disait son nom de jeune fille, il y avait un silence, je me souviens même que Papa en avait cassé sa chaise à un dîner chic. Elle employait souvent l'expression *jüdische Geschäft,* que j'ai identifiée voici peu de temps.

Un jour, je devais avoir onze ans, une amie, avec laquelle je partageais un intérêt passionné pour Modigliani, m'a dit : « Je dois te dire un secret. Mon père ne s'appelle pas Patrick, mais Lazar et il est juif. » Je me souviens encore de l'endroit où nous avions arrêté nos vélos pour la confidence. Je n'ai rien compris.

À peu près simultanément, mes cousines, qui s'appelaient Bloch, m'ont dit : « Blum, le tailleur, il est devenu fou. Il nous a souhaité "Bonne année" au mois de septembre ! » Lorsqu'elles l'avaient interrogé, Serge, leur père, leur avait répondu : « Très anciennement, nous sommes israélites. » Ma cousine aînée, Élisabeth, avait marqué dans son cartable : « Élisabeth Bloch juive ».

Nous sommes partis un an à Strasbourg, Là-bas, dans une société très communautaire, notre hybridité a été manifeste. Quelquefois accueillie comme juive, parce qu'elle s'appelait Bloch, ma mère était très vite ignorée.

Après mon bac en 1968, je suis entrée à l'université à Nanterre, en histoire ; j'y suis restée deux mois, le temps de faire un exposé sur les Rothschild ! Puis, sur les conseils de ma mère, je suis entrée à l'École des langues orientales, en russe. Je lui dois cette entrée dans le monde russe, à partir duquel s'est amorcé le cheminement vers le judaïsme.

C'est à la fac que j'ai fait pour la première fois l'expérience de problèmes identifiés plus tard comme antisémites. Un professeur, fils d'un pope qui avait baptisé ma mère, a nourri à mon sujet une certaine violence que je ne m'expliquais pas, faisant des allusions à des détails familiaux, pour finir par faire obstruction à ma réussite au diplôme dont j'ai dû passer l'oral presque clandestinement, avec une enseignante qui avait été mise au courant (j'ai mis un certain temps à comprendre, je n'arrivais pas à y croire).

Par mon désir d'intégration au milieu russe, j'ai fini par discerner que je n'y étais pas toujours la bienvenue ; tout allait bien jusqu'au moment où on me demandait le nom de jeune fille de ma mère.

J'ai commencé de travailler à Beaubourg, et très vite j'ai été impliquée dans des projets russes. J'ai eu la chance de travailler sur l'exposition Paris-Moscou, Moscou-Paris à Moscou, d'organiser l'exposition des 90 ans de Chagall. Il m'aimait bien parce que j'étais un tout petit peu russe, comme il aimait à dire.

J'avais beaucoup d'amoureux. Peut-être était-ce une reconstruction, mais je ne pense pas que j'aurais eu des enfants avec un homme non juif ; j'avais, confusément encore, le sentiment que j'étais la dernière à pouvoir porter un flambeau encore mal identifié.

Il y a vingt-sept ans, quand j'ai rencontré mon mari, Juif d'Afrique du Nord, il paraît que je me suis présentée comme Juive, ce qui m'étonne encore !

Sa famille fêtait Pessah et Kippour. Cela s'arrêtait là. Quand sa grand-mère maternelle est morte, il a dit le *kaddish* parce que son oncle ne voulait pas le dire et j'ai couru lui acheter un *tallit*... Le judaïsme, l'étude, la transmission ont commencé à nous intéresser véritablement ensemble.

À la naissance de notre premier enfant, Simon, nous n'étions pas encore assez mûrs pour passer à l'acte et le circoncire ; il ne nous en a pas laissé le temps, il est mort à cinq jours. Il avait une tête de talmudiste, m'a dit le peintre Borvine Frenkel, un de mes « initiateurs ».

J'ai tout oublié de ces jours terribles qui ont suivi sa mort, sinon que de voir l'étoile de David sur la pierre tombale d'un carré juif a été fondateur. Un ami m'a écrit que la courte vie de Simon avait un sens et qu'il fallait le trouver. C'est vraiment par sa mort que je suis devenue juive.

Notre second fils est né, un an après. Nous avons vraiment travaillé tous les deux pour sa *brit*. Ce fut un engagement profond. Lorsque j'ai vu mon fils ainsi accueilli par les hommes assemblés, j'ai été bouleversée.

Un premier *mohel* avait refusé de le circoncire, celui qui a accepté m'a fait signer un papier selon lequel je m'engageais à élever mon fils dans la religion juive. Comme ma mère.

Nous avons suivi des cours avec le rabbin Bernheim, j'avais le sentiment que des fenêtres s'ouvraient sur le monde. Nous avons formé aussi un groupe d'études très amical et très passionnant avec Jean-Pierre Winter.

Une de mes amies m'a conseillé de rencontrer le rabbin Daniel Farhi, du MJLF (Mouvement juif libéral de France). J'ai décidé de me convertir. Nous avons suivi les cours, mais quand est venu le moment de la conversion, j'ai reculé. Pauline Bebe, jeune femme rabbin, m'a convaincue de ne pas abandonner.

J'ai passé l'examen, puis j'ai comparu devant le *Beth Din*, j'ai été très impressionnée. Et puis il y a eu le *mikveh*, qui a été une véritable épreuve, où j'ai eu tout faux : c'était trop réel.

Ma mère a été bouleversée quand elle a compris que je m'étais convertie. Papa était mort quatorze ans auparavant ; je ne sais pas si j'aurais osé le faire s'il avait été vivant. Je me le demande encore. Mais, en fait, lui-même était devenu très religieux, à la mort prématurée de son frère. Sans doute que j'ai suivi, à ma manière, la même voie que lui.

Notre mariage a été incroyable ! Les enfants allaient avoir neuf ans et quatre ans (nous avions eu une fille en 1988). La *houppa* était dans le jardin, en plein été. Il a plu à torrents dès que le rabbin a procédé aux premières bénédictions. La *houppa* a déteint, tout le monde était trempé, notre fils est monté se changer, il est revenu avec son écharpe du PSG, la vodka a coulé à flots, il y avait des musiciens de Bratsch, c'était magnifique.

Mon oncle Serge, « anciennement israélite », m'a conduite à reculons sous la *houppah*, m'assurant, une fois encore que nous étions de vrais Russes.

Nous étions parmi les premiers à nous marier traditionnellement.

En 1993, j'étais éditrice à la RMN (Réunion des musées nationaux), j'ai rencontré Laurence Sigal, par des amis communs et autour d'un projet que nous nous disputions sur Charlotte Salomon.

Elle travaillait déjà pour l'ouverture du Musée d'art et d'histoire du judaïsme. Elle m'a proposé quelque temps plus tard de la rejoindre comme conservatrice chargée de l'art moderne et contemporain, à travers essentiellement mon implication dans l'avant-garde russe.

Ma merveilleuse et tyrannique professeur d'histoire de l'art à "Langues Ô", Valentine Marcadé, m'avait appelée un jour, très violemment comme à l'accoutumée, pour me dire : « Il faut maintenant que tu t'occupes des artistes juifs. Pourquoi des artistes russes de l'avant-garde ont-ils, un jour de 1916, décidé d'exposer sous l'intitulé "artistes juifs" » ? J'étais prête. Et pourtant, j'ai mis plus d'un an à réaliser que je travaillais dans un musée juif ; je m'étais occupée seulement de « grand art » et pas de civilisation, et finalement je savais peu de choses. J'ai été un temps très désemparée, j'étais renvoyée sans cesse à la mort de Simon. Et puis j'ai travaillé sur tous les textes des salles du parcours, j'ai réalisé le guide du musée, je suis rentrée dans le sujet.

J'avais fini d'être une « Juive imaginaire ».

Mais toujours je garde un sentiment d'illégitimité.

Ma belle-sœur, historienne de l'OSE (institution sociale créée à Saint-Pétersbourg, en 1912, pour venir en aide aux populations juives défavorisées), avait réalisé une exposition sur la naissance de l'institution. Elle m'a proposé de présenter des documents de la famille « de Bloch » une famille, à l'origine, de grands médecins éclairés. Elle m'a dit : « On ne pourra plus dire que tu n'es pas juive ! »

Je dis que je suis convertie, mon mari parle de « retour ». Je ne le pense pas, car mon éducation catholique se rappelle toujours à moi.

Mon fils a fait sa bar mitsvah au Mouvement juif libéral. Il en garde un souvenir ébloui. Ce jour-là, ma mère est montée à la Torah pour lire en français un passage de la *paracha*, tiré de la Genèse. Elle l'a fait superbement. En redescendant, elle m'a dit : « C'est la première fois que je me sens intégrée quelque part. »
J'ai été bouleversée. J'ai accepté, ce jour-là, d'être l'héritière du mélange, du déni, du paradoxe.

Ma fille a suivi pendant trois ans les cours du Talmud Torah, mais n'a pas souhaité faire sa bat mitsvah.
Depuis qu'elle a huit ans, elle va à Corvol (colonie de vacances du club laïque de l'enfance juive du Bund), qui est un lieu de transmission étonnant, magique, bourré de contradictions, qui nous ressemble incroyablement.
L'été de sa bar mitsvah, notre fils répétait l'office de Shabbat dans la voiture en écoutant des cassettes du rabbin ; sa sœur avait un temps de parole, elle entonnait les chansons du Bund : « Quittez vos machines, il faut changer le monde, Camarades debout ! »

Mes enfants ne me considèrent pas comme totalement juive ! Et en plus ils se moquent gentiment de mon obsession du judaïsme.

J'ai une sœur, plus jeune, avec laquelle je suis dans une gémellité absolue. Elle n'a pas éprouvé la nécessité de ce retour. Ses enfants sont concernés, surtout son fils aîné qui est né juste avant Simon, et qui s'interroge beaucoup sur sa judéité.

L'exposition que je prépare pour octobre 2008 est comme le bout du chemin. Après, je peux partir à la retraite. Elle m'a d'ailleurs fait participer à la création des salles juives du Musée ethnographique de Saint-Pétersbourg. Quel retournement du sort !
Cette exposition présentera des livres illustrés par des artistes juifs russes d'avant-garde, qui tous sont revenus à leur tradition pour mieux entrer dans la modernité. J'ai trouvé dans la bibliothèque de mon grand-

père un livre de Sholem Aleikhem illustré par l'un d'entre eux, Nathan Altman ; je l'ai prêté, et j'ai indiqué « collection Bloch-Brunet ».

Tout part de la visite émerveillée par Lissitzky de la synagogue de Moghilev, ville d'où vient ma famille maternelle. Chagall, que j'ai aimé comme on aime un grand-père, se revendiquait du peintre de la synagogue de Moghilev !

Je commence l'exposition avec la pièce d'An-sky, le *Dibbouk*. Son véritable titre est « Entre deux mondes ».

Je sais maintenant que je suis entre deux mondes, mais mon *dibbouk* est très actif.

Entretien du 11 juillet 2007

Laurent Hyafil

Né en 1948, à Paris
Président d'une association du secteur social

*

Très longtemps j'ai tout ignoré de ce qui suit.

Ainsi, je n'ai su que tardivement ce qu'est un rabbin. Et lorsque j'arrive en classe de sixième au lycée Condorcet et qu'un groupe d'enfants juifs (Lewin, Volstein, Cohen-Hadria, Journo) me demande si je suis des leurs, je ne sais même pas ce que veut dire « juif ».

Le sais-je maintenant ?
En tout cas j'ai choisi l'appartenance.

Racines

Mon père est né à Oran d'une famille juive qui s'est installée à Paris en 1916. Son arrière-grand-père maternel, Moïse Lévy (grand-papa Lévy), a été Grand rabbin d'Oran, puis de Sidi Bel-Abbès. Fils de Birech Lévy, le rabbin de Bjeliz...rka, à la frontière de la Galicie, il fuit les pogromes à dix-sept ans (en 1839) pour aller étudier à Jérusalem. À vingt-deux ans, devenu rabbin, il s'installe en Algérie.

Le nom Yafil est un nom typiquement juif. Mon grand-père et son frère ayant ajouté le H, je connais tous les Hyafil ! Abraham Yafil (décédé en 1756) est le premier signataire des commentaires sur l'introduction aux Taqqanot d'Alger. Yafil vient de Ya'hiel, le H s'étant transformé en F en Catalogne. Le plus connu des Ya'Hiel étant Ya'Hiel ben Joseph de Paris, né à Meaux en 1190.

Paris est la ville où s'est installé en 1848 mon arrière-arrière grand-père maternel, Auguste (Abraham) Blum, père de Léon Blum, arrivant de Westhoffen en Alsace, ce petit village qui a donné deux Premiers ministres et une médaille Fields à la France (Léon Blum, Michel Debré et Laurent Schwartz). Michel Debré était garçon d'honneur au mariage de ma grand-mère, et c'est grâce au professeur Robert Debré, dont le père était rabbin de Westhoffen, que ma famille est sortie de prison en 1941.

Paris est la ville où se sont installés les descendants de Jacob de Seppois-le-Bois, "inventeur" du nom de Javal, lorsque Napoléon a forcé les Juifs à s'inscrire à l'état civil en 1808. Parmi ces descendants, mon arrière grand-mère maternelle, Lucie Javal. Cette famille a fourni plusieurs « fous de la République », selon l'expression de Pierre Birnbaum : députés, professeurs, scientifiques de renom, banquiers, industrie, membres du Consistoire.

Paris où je suis né, Paris où j'ai fait mes études, Paris où j'habite, pas loin d'ailleurs de la rue de Tocqueville, dans le XVIIe, là où habitèrent trois des cinq frères Blum quand l'essor de la maison Blum Frères, marchand de rubans, leur a permis de s'embourgeoiser.

Une identité ambivalente

Très longtemps j'ai donc ignoré tout cela. Et d'autres choses encore. Je n'ai eu comme ami que des enfants « israélites », enfants des amis de mes parents. Mais entre nous, nous n'étions pas juifs !

En intégrant le lycée, je devais choisir. Je me rappelle la bar mitsvah de mon ami de classe Journo, le fils du marchand de gaufres de la place Clichy, au foyer Catherine Lagathu, au fin fond du XVIIIe. Ma première vraie confrontation avec le monde juif. Ma première cigarette.

Mes parents m'avaient élevé dans la pure laïcité, hors de toute référence à la judéité, qu'eux et leur famille avaient payée au prix fort pendant la guerre. Il fallait nous épargner. Et le non-dit était censé tout gommer.

Mais, sorti du cocon familial, la société m'identifie comme Juif, spécialement les Juifs et les antisémites. Le conflit entre mon identité vécue de l'intérieur et mon identité réfléchie de l'extérieur me renvoie alors de façon récurrente à la question centrale : suis-je juif ?

Faute d'avoir été élevé dans la certitude identitaire d'une famille juive laïque, voilà cinquante ans que je suis à la recherche permanente de la formulation d'une identité ambivalente, pour me satisfaire de l'énoncé : « Je suis simultanément juif et non juif, et c'est ce qui fonde ma judéité. »

Car j'ai fini par m'assumer pleinement comme Juif quand j'ai compris que, faute de m'avoir transmis le moindre zeste de religion ni de culture, mes parents m'avaient transmis un mode de pensée essentiel, la dialectique, qui s'était installée au cœur même de mon identité.

Les événements familiaux

Mariages et enterrements sont souvent des temps forts qui raniment les traditions culturelles ou religieuses. Mes parents se sont mariés à la synagogue, mais il n'y a aucune photo et on n'en a jamais parlé. Deux fois par an mon père allait au « temple », un nom bien mystérieux. Quand, sur la fin de sa vie, je lui ai demandé d'y assister une fois, il m'a répondu : « Si ça ne tenait qu'à mon frère et moi, nous irions plutôt manger un bon couscous. »

J'ai mis longtemps à découvrir que l'interdit juif venait plutôt de ma mère. Militante laïque, elle en voulait aux rabbins pour leur attitude pendant la guerre. Elle appréciait plutôt les protestants qui avaient toujours accueilli les Juifs avec bienveillance et son passage à la troupe d'éclaireuses de l'Étoile l'avait beaucoup marquée. J'ai passé deux ans aux louveteaux protestants, deux années qui ont plutôt brouillé ma perception identitaire. Surtout que mon père, qui ne devait pas se sentir à l'aise, malgré circoncision et bar mitsvah, se complaisait à dire qu'il avait été enfant de chœur, oubliant d'ajouter que c'était du seul fait de sa nounou.

Je me suis marié avec une protestante laïque, est-ce un hasard ? Je n'aurais jamais pu épouser ni une Juive, ni une catholique, sans doute que l'interdit de ma mère pesait trop fort.

Mon premier enterrement fut un enterrement raté, et pourtant j'adorais mon grand-père.

Il n'avait voulu à son enterrement que des hommes, et, vu mon âge, j'étais resté avec les femmes. J'appris bien longtemps après, que lui, qui s'était écarté de toute forme de judéité, avait respecté cette tradition ashkénaze.

Il n'y eut jamais de rabbin au Père-Lachaise sur la tombe des Javal où mon père a également été enterré. Il y eut toujours un rabbin à Vaugirard sur la tombe des Hyafil. Les enterrements traduisent sans doute avec la plus grande fidélité l'attachement aux traditions.

Principe de précaution

J'ai beaucoup souffert de l'absence d'une transmission claire des valeurs familiales, mais qu'ai-je fait pour mes enfants, nés d'une mère protestante laïque ? Je n'ai pas été capable de faire mieux que mes parents. Dans l'incapacité que j'étais d'exprimer ma propre identité, je n'étais pas en situation de la transmettre.

Je leur ai donné des textes qui relatent ma propre vie et mes doutes, mais ils n'ont jamais manifesté l'envie d'en parler avec moi. Mes enfants ont cependant bénéficié du besoin frénétique que mes parents ont eu de s'exprimer sur leur famille et leur vie vers l'âge de soixante-dix ans. Ils l'ont d'ailleurs fait « pour leurs petits-enfants », comme si, finalement, les enfants étaient naturellement exclus du champ de la transmission.

Mon père a créé l'amicale des descendants de « grand-papa Lévy », le rabbin de Sidi Bel-Abbès, ce saint homme que toute la famille a toujours vénéré. Il a réuni à plusieurs reprises une kyrielle de cousins dont nous avions toujours ignoré l'existence.

Ma mère a écrit ses mémoires des années sombres. J'y apprends qu'« en avril 1944, mon amie d'enfance Monique Lion et sa fille, ma filleule, sont arrêtées, déportées, gazées. Sa dernière lettre de Drancy a été pour moi. J'en rêverai presque chaque nuit toute ma vie. »

Je ne connaissais pas l'existence de Monique Lion !

Il y a quelques années, j'ai écrit toute une série de nouvelles à forte connotation autobiographique. Dans l'une d'elles, j'imagine comment je découvre, après cinquante ans, que ma mère avait une sœur qui n'est pas revenue de déportation, une sœur que la famille a toujours voulu cacher, pour nous épargner. J'écris alors de mon grand-père :

« Ainsi il avait vécu l'invivable, il avait supporté l'insupportable. Je comprends qu'il ait souhaité ne jamais vouloir dire l'indicible. Je comprends que la famille ayant été presque effacée, il ait voulu tout effacer. Au-delà de son œuvre exterminatrice, la solution finale avait détruit tous les repères de ceux qui y avaient échappé. Ce qui me paraît aujourd'hui invraisemblable s'était imposé à lui comme une nécessité. Il avait sacrifié la mémoire de sa fille pour que sa famille puisse vivre. »

Quelques années après, j'ai compris que cette fille pouvait être ma judéité.

Fier d'être juif

Mes parents ont voulu nous épargner d'être Juifs.

Je ne suis juif ni par la religion, ni par la tradition, ni par l'attachement à Israël.

Je ne suis pas juif par mon éducation.

Je suis juif, parce que si la société veut me considérer comme Juif, alors j'en suis fier.

Je suis fier de grand-papa Lévy qui a fui les pogromes à dix-sept ans. Je suis fier de David Hyafil qui est devenu armateur en commençant comme commis pour nourrir ses frères et sœurs. Je suis fier des cinq frères Blum. Je suis fier de la famille Javal. Je suis fier de mon père qui, gravement blessé, a passé un an en prison, en Espagne, pour rejoindre la Divison Leclerc. Je suis fier de ma mère qui a été arrêtée en 1941 pour avoir lutté avec l'un des premiers réseaux de Résistance.

Je suis fier d'être juif car mon histoire de Juif m'a appris que l'on pouvait vivre le meilleur en risquant le pire.

Entretien du 14 décembre 2007

Jacqueline Kahn-Nathan

Née en 1924, à Paris
Ancien interne des Hôpitaux de Paris,
ancien chef de clinique gynécologique à la Faculté
Coauteur de l'Encyclopédie de la vie sexuelle (première édition en 1973, chez Hachette)

*

C'est en 1956 que, jeune gynécologue en fin d'internat, je pris connaissance de la publication, cette même année en France, des travaux de Grégory Pincus sur la pilule contraceptive. Enfin, on disposait d'une méthode sûre, facile à appliquer et sans danger.

La vie des femmes était alors dominée par l'angoisse mensuelle d'une grossesse indésirée, les séquelles de l'avortement provoqué et leurs complications parfois mortelles. Et les Françaises n'auraient pu y avoir accès en raison d'une loi datant de 1920 !

Malgré les mises en garde réitérées du Conseil de l'Ordre, je me suis alors engagée dans le combat pour la contraception au Planning familial.

Ne pas répondre à la demande des femmes me semblait de la non-assistance à personne en danger. La guerre est une situation où l'on repense les choses par soi-même. La guerre m'a appris, comme dit André Comte-Sponville, que la loi est faite pour dire ce qui est défendu, et non pour dire le bien et le mal.

Ce n'est que plus tard que je me suis intéressée à l'éducation sexuelle, qui est d'abord pour moi une éducation à la contraception, afin que les jeunes ne commencent pas leur vie sexuelle par une grossesse non désirée.

C'est ainsi qu'en tant que présidente de la section Région parisienne du Planning familial, j'ai coordonné une expérience d'éducation sexuelle dans les lycées, qui a fait l'objet d'une publication aux éditions

Denoël. J'ai ensuite rédigé, avec trois autres médecins, l'*Encyclopédie de la vie sexuelle* en cinq tomes parue chez Hachette en 1973, et toujours remise à jour périodiquement.

Sincèrement, je pense que je n'aurais pas eu le même parcours professionnel si je n'avais pas été juive.

Une certaine façon de penser

Tout en étant attachée viscéralement à la pérennité d'Israël, qui est une force pour le judaïsme, je conserve mon esprit critique à son égard. Politiquement à gauche, en grande partie par féminisme, je n'ai jamais adhéré à aucun parti.

Alors que ma sœur aînée a fait sa bat mitsvah, je n'ai pour ma part reçu aucune éducation religieuse (essentiellement pour des raisons économiques), car mon père, qui était avocat, est décédé alors que je n'avais encore que huit ans. Je n'en suis pas moins très attachée au judaïsme... et le suis tout autant à la laïcité.

Je n'ai jamais eu de crise de conscience religieuse. Pour moi, le judaïsme est une appartenance, une identité, mais pas une religion.

Je ne me suis d'ailleurs mariée que civilement, bien que mon mari soit également juif, mais très antireligieux.

En tant que Juive et laïque, je pense que l'essentiel à transmettre est une certaine de façon de penser, sans préjugés, sans a priori ; de penser par soi-même, et de ne pas admettre sans discussion ce que l'on nous dit.

Selon moi, on ne se « convertit » pas au judaïsme. On est juif. C'est une façon d'être, c'est un état. Est-ce qu'on le transmet ? On essaie en tout cas. Cela fait partie de la fonction paternité/maternité.

L'exemple donné doit être plus fort que les paroles dites, qui sont souvent fausses.

Peut-être me suis-je trompée, mais j'ai toujours pensé que les enfants devaient se forger leurs propres valeurs en observant leurs parents. Mais peut-être aurais-je dû être un peu plus directive en ce qui concerne le judaïsme, dont je me sens plus proche aujourd'hui qu'hier.

D'ailleurs, depuis que je suis à la retraite, j'assiste régulièrement à des cours d'histoire religieuse à la Sorbonne.

À chacun sa vérité

J'ai toujours laissé ma fille, aujourd'hui agrégée de lettres, libre de ses choix.

Elle a, un bref moment, suivi de son propre chef des cours de judaïsme au lycée, jusqu'au moment où l'enseignante lui a dit qu'il ne fallait pas manger d'huîtres ! La voyant regretter cet interdit, je lui ai dit qu'il ne fallait pas confondre cuisine et religion. Elle n'est plus jamais allée suivre ces cours ! Ce fut sa seule tentative en direction de la religion. Et plus tard, elle m'a remercié de ne pas lui avoir donné d'éducation religieuse.

Elle s'est mariée deux fois : tout d'abord avec un Séfarade, puis avec un Écossais à moitié juif. Mais à chaque fois civilement. Le judaïsme ne semble pas l'intéresser.

Sans doute les antécédents familiaux y sont-ils pour quelque chose. De pure souche ashkénaze, j'avais un grand-père paternel rabbin et un père radical-socialiste.

On ne m'a pas transmis le judaïsme. Et pourtant j'y suis très attachée.

Quant à ma sœur, ancienne déportée de Ravensbrück, avocate, liée par son mariage à Renée Neher, elle n'a jamais eu la moindre pratique religieuse. Et cependant ses deux enfants ont fait un véritable retour au judaïsme...

Entretien du 9 janvier 2008

Jacques Kapota

Né en 1923, à Paris
Acheteur, puis représentant de commerce, aujourd'hui retraité

*

Toutes les trois, membres du mouvement de jeunesse Dror, nos filles sont parties faire leur *aliya,* l'une après l'autre, dans des *kibboutzim* différents, puis sont revenues en France pour s'y marier, et sont retournées ensuite en Israël.

L'une d'elles, Dominique, continue d'y vivre et travailler avec son époux et ses deux enfants.

L'aînée, Danielle, est revenue en France avec ses enfants et son époux, lorsque celui-ci y a trouvé une meilleure situation professionnelle.

Quant à la benjamine des filles, Florence, elle a racheté, en 1988, le fonds de commerce de boulangerie et pâtisserie, la boutique avec une façade en mosaïque bleue, à l'angle de la rue des Rosiers et de la rue des Écouffes, qu'elle a nommée de son nom marital : Florence Finkelstajn.

La boutique bleue

Cette boutique, vouée aux spécialités culinaires juives, témoigne à sa façon, dans ce quartier de Paris cher à tous les Juifs et à leurs descendants, de la tradition juive.

En décembre 1989, à l'occasion d'un reportage sur le *Pletzl,* le journaliste Daniel Mermet, de France-Inter, s'est exprimé ainsi : « Vous mangez votre nostalgie, vous mangez vos souvenirs ! »

La « boutique bleue » est devenue un lieu central, où tout le monde peut se rencontrer : la famille, nos amis, et aussi ceux des enfants. L'atmosphère y est très accueillante. Nous avons, mon épouse et moi-même, pris l'habitude d'y venir les fins de semaine, pour aider notre fille, secondée par son frère, Alain, ainsi que pour rester en contact avec bon nombre de personnes, diverses, intéressantes, de toutes nationalités.

La boutique est ouverte à tous, Juifs et non-Juifs, tous les jours (à l'exception du mercredi) ; et sans exception pendant les fêtes.

Témoigner pour transmettre

Depuis plusieurs années, je fais des recherches généalogiques via l'ordinateur. C'est une façon de laisser des traces de notre famille.

De même, il y a plus de trente ans, j'ai enregistré à plusieurs reprises ma tante qui m'a raconté la vie de la famille dans son *shtetl*, et ceci en trois langues : en français, en yiddish et en russe. C'étaient des récits très riches d'enseignements.

De la même manière, j'ai enregistré des entretiens entre mon frère Robert (lequel vit en Israël, depuis 1950, avec son épouse, ses quatre enfants et cinq petits-enfants), et nos deux sœurs, Germaine et Charlotte. Et tout récemment, l'aîné de nos petits-enfants, Tal, nous a enregistré, voulant connaître notre histoire, surtout pendant la guerre.

Combien je regrette de n'avoir pas posé de questions à mes propres parents !

Pour transmettre à nos descendants d'où nous venons et ce que nous sommes, il faut conserver les documents, enregistrer les paroles, faire des films. La technologie actuelle le permet si facilement.

Un conseil : pour les photos, surtout celles de groupe, indiquez les noms des personnes qui y figurent !

Il faut poursuivre la transmission

Nos filles ont épousé des garçons juifs, nos petits-enfants sont juifs, nous souhaitons que la transmission ne s'arrête pas là.

Mais qu'est-ce exactement que le judaïsme, qu'est-ce que le « transmettre » ?

Pour le dictionnaire *Le Petit Robert*, c'est la religion des Juifs, descendants des Hébreux et héritiers de leurs livres sacrés, et Albert

Memmi appelle « judéité » le fait d'être juif. Alors, comment est-on ou devient-on juif ? Et comment transmet-on cet état ?

Je suis juif parce que je sais, pour avoir vu des documents d'état civil, dont ceux de notre arrière-grand-père, que tous mes ascendants l'étaient. La transmission s'était effectuée naturellement.

Voici notre histoire...

Je porte le prénom de mon grand-père paternel, décédé à Paris en septembre 1923, juste avant ma naissance. À ce qu'il m'a été rapporté, il était *melamed* (celui qui enseigne aux enfants juifs).

Mes parents sont arrivés à Paris en 1921, presque au même moment. Ma mère venant de son village natal, Ovruch (Ukraïne), au nord de Kiev. Et mon père, de Londres, après sa démobilisation de l'armée britannique. En effet, né à Lomza (Pologne), au nord-est de Varsovie, puis réfugié à Londres. Il s'était engagé en 1917 dans les bataillons juifs de l'armée britannique (38e Royal Fusiliers) pour combattre les Turcs en Palestine (Eretz Israel), sous le commandement du colonel Eliezer Margolin, puis du général Allenby.

Titulaire de deux médailles, il a été libéré de ses obligations militaires en 1920 et, un an plus tard, la nationalité britannique lui était accordée.

Mes parents, mariés en janvier 1923, eurent quatre enfants (deux garçons et deux filles), dont je suis l'aîné.

Pour autant que je m'en souvienne, jusqu'en 1936, aucune pratique religieuse ostensible, hormis ma mère allumant les bougies le vendredi soir, et peut-être les mets authentiquement juifs pour les fêtes.

Ce n'est qu'à partir de 1936, lorsque nous avons emménagé à Versailles, que nous fîmes la découverte d'une communauté juive organisée. Les membres de cette communauté, pour la plupart d'origine alsacienne, donc français depuis très longtemps, étaient, d'une façon certaine, assimilés et empruntaient aux règles de vie de leurs concitoyens non juifs. Nous fûmes bien accueillis à la synagogue. Acquérant une connaissance du judaïsme, j'y célébrai, fin 1936, ma b*ar mitsvah*.

De cette époque date la transformation de mon prénom d'usage (de Jacob en Jacques). Vis-à-vis de l'extérieur, et compte tenu de l'atmosphère, il valait mieux être étiqueté anglais que juif.

À propos de la qualification d'un individu, lors de mes recherches généalogiques familiales, j'avais relevé sur des actes d'état civil, rédigés en polonais, en particulier sur ceux relatifs à mon arrière-grand-père, en 1841 et 1842 : «... starozakonny Aron Tewiowicz KAPOTA», euphémisme que l'on peut traduire par « qui pratique l'ancienne religion », c'est-à-dire «juif».

La Seconde Guerre mondiale

Jusqu'à la déclaration de la Seconde Guerre mondiale, ou plutôt jusqu'à l'occupation allemande, nous avons pu acquérir une connaissance active du judaïsme par la fréquentation hebdomadaire de la synagogue, aux offices du Shabbat ainsi qu'à la célébration des fêtes.

Mais, dès le 28 juillet 1940, mon père, en sa qualité de sujet britannique, a été interné par les Allemands ; d'abord à la prison de Fresnes, et le 23 septembre 1940, au camp de prisonniers britanniques, à la grande caserne de Saint-Denis. Il y séjourna quatre ans, jusqu'au 25 août 1944, ce qui lui a certainement sauvé la vie (en raison de la politique de réciprocité de l'Allemagne avec la Grande-Bretagne).

Quant à ma mère, sujet britannique par mariage, elle a été internée dès le 1er décembre 1940 à Besançon, puis assignée à résidence à son domicile sous le contrôle de la mairie de Versailles (et ceci en raison des quatre enfants restés seuls). Elle fut de nouveau arrêtée le 8 août 1944, et cette fois-ci internée à Drancy. Heureusement, en raison de sa nationalité, elle fut transférée à l'hôpital de Saint-Denis et libérée le 25 du même mois. Ma sœur Charlotte fit le même séjour à Drancy.

1942, ce fut le recensement des Juifs et l'obligation de porter, cousue sur ses vêtements, l'étoile jaune.

Par l'intermédiaire d'un commerçant de Versailles, dès le début de juillet 1942, j'ai pu suivre les cours de cadres organisés par les EI (Éclaireurs israélites de France) au 60, rue Claude-Bernard à Paris (propriété de la famille Rothschild). Et le 16 juillet 1942, ce fut la rafle du Vel d'Hiv qui provoqua notre départ, vers la rue Lamarck, pour nous occuper des enfants seuls qui arrivaient de partout !

Des chefs EI étaient déjà à l'ouvrage. Je me souviens entre autres de Gilberte Nissim (future épouse du professeur Ady Steg, personnage éminent de la communauté juive de France), de Fredy Menahem, d'Annette Koutchouk, entre autres.

J'ai trouvé récemment, au hasard de mes lectures, une photographie de cette époque où j'y figure avec beaucoup de volontaires.

Après un bref passage rue Lamarck, j'ai été présent rue Claude-Bernard, jusqu'à la Libération, où j'enseignais aux garçons logés dans l'École de travail de la rue des Rosiers. Vers le milieu de 1944, les garçons ne pouvant plus se déplacer sans risques à Paris, j'ai logé sur place, dans une chambre éloignée des dortoirs des élèves.

Une rafle effectuée à l'École emmena le 9 juin 1944 le directeur Georges Levitz, son épouse, et tous les élèves. Comment ai-je pu y échapper, je me le demande encore. Peut-être étais-je en train de dormir profondément ? En quoi aurais-je mérité cette protection ?

Rencontres

À la Libération, je me suis occupé de l'assistance aux jeunes filles logées dans l'École rabbinique, rue Vauquelin, qui venaient aussi bien d'orphelinats, de maisons d'enfants, que de retour de déportation. Parmi elles j'ai rencontré « Bambi » qui, plus tard, épousa Léon Askenazi (Manitou). Puis, la Direction du Service social des jeunes me chargea d'assurer, en qualité d'adjoint, l'économat de la cantine des étudiants, installée dans les locaux de la rue Claude-Bernard.

Dans l'euphorie de la liberté retrouvée régnait dans ce lieu une ambiance extraordinaire d'amitié et de fraternité. Parmi tous les habitués venaient Charles Denner (comédien), Walter Spitzer (artiste peintre et sculpteur du monument commémoratif de la rafle du Vel d'Hiv), André Schwartzbart (écrivain, Prix Goncourt), Robert Misrahi (professeur de philosophie), Alexandre Derczanski (directeur de recherches au CNRS, spécialiste du yiddish). Je m'en souviens avec beaucoup d'émotion.

Pour les fêtes, en particulier celle de Hannukah en décembre 1946, nous avions organisé, EI et étudiants réunis, un grand bal. J'y assurais, avec les faibles moyens du bord, le programme musical ; en somme, j'étais le DJ de l'époque. Et c'est au cours de cette soirée dansante que je fis la connaissance de ma future épouse, Raymonde Mitmann. Cette rencontre fut un tournant dans ma vie : dès 1947, je quittai le Service social des jeunes et l'ambiance juive quotidienne. J'entrais alors en tant qu'acheteur à l'ONERA.

Apprendre et célébrer

Notre mariage religieux a été célébré en mars 1950, à la synagogue de la rue des Tournelles, par le rabbin David Feuerwerker, et Charles Liché en était le « hazan » (officiant, ou cantor).

Mon épouse, dont les parents étaient également d'origine polonaise, a toujours voulu que les fêtes, surtout celles à caractère familial (Pessah, Rosh Hashanah et Hanoukah), soient célébrées à la maison. Cette habitude s'est toujours poursuivie, et maintenant je lis, pour nos petits-enfants, la *Haggadah* de Pessah.

Nos enfants ont toujours su ce qu'ils étaient. Le reste, ils l'ont appris à la synagogue de la place des Vosges, avec le rabbin des déportés, Charles Liché. C'est lui qui a marié successivement nos trois filles et qui a officié pour la *bar mitsvah* de l'un de nos petits-fils.

Et c'est en octobre 1973 que mon épouse a créé une boutique de poterie céramique où, en dehors de modèles décoratifs, elle réalisa des reproductions de plats de *Séder*, d'assiettes de fêtes et des *hanukyiot*. À cette époque, trois *hanukyiot* ont été offertes au Musée d'art et d'histoire du judaïsme.

La même année, j'ai eu l'opportunité de suivre des cours à l'université de Paris VIII, parallèlement à mon activité professionnelle (représentant de commerce en papier pour éditeurs et imprimeurs). Ces cours de licence d'hébreu, suivis tant pour leur intérêt que pour mon plaisir, m'ont permis d'élargir mes connaissances en langue hébraïque et en histoire juive, ce que j'ai dû cesser en 1976, mon emploi du temps étant devenu trop chargé...

En considérant cette vie riche, je ne peux m'empêcher de penser que nous avons tous eu, nos parents, nos frère et sœurs, mon épouse et moi-même, la chance d'échapper aux grands dangers de la Seconde Guerre mondiale, et particulièrement à la Shoah. Dieu merci !

Entretien du 29 janvier 2008

Rivon Krygier

Né en 1957, à Bruxelles
Docteur en sciences des religions de l'université de Paris IV
Rabbin de la communauté juive Massorti de Paris - Adath Shalom

*

La transmission est un défi. Parce que la transmission, ce n'est pas de la réitération. Pour transmettre de l'identité, de l'identitaire, il faut paradoxalement innover. Ne pas faire de l'identique. En effet, ce qui était valable pour une génération ne l'est pas nécessairement pour une autre car les situations ne sont jamais pareilles. Je ferai une comparaison avec les organismes vivants qui transmettent un patrimoine quasi statique, leur ADN. Si ce patrimoine n'est pas « exprimé » dans une cellule vivante (ce qui normalement se passe quand le métabolisme est en interaction avec le milieu ambiant), alors il y a congélation et non transmission. Pour transmettre ce patrimoine, il faut qu'il soit à chaque fois exprimé, exprimé comme on exprime des gènes, en situation appropriée. On ne peut pas reproduire mécaniquement l'expression d'une cellule à l'autre - ou l'expression d'une génération de cellules à l'autre - sans s'exposer à la suffocation, à la mort de la cellule. Il faut en effet une réponse adéquate aux menaces diverses de l'environnement.

L'enjeu de la survie et de la transmission, c'est donc l'adéquation et la pertinence. Puisque la cellule vivante est dans un milieu ambiant, il convient pour qu'elle s'adapte qu'elle se dote de membranes « semi-perméables ». Pourquoi cette situation intermédiaire ? Parce que, d'une part, elle doit poser une limite qui lui permet d'exister séparément, de s'identifier, de ne pas se dissoudre dans le milieu (sinon le risque encouru pour une identité est « l'assimilation ») ; et d'autre part, elle doit assimiler les éléments exogènes qui la nourrissent. Pour ne pas être « empoisonnée », altérée, ce qui est le contraire de la transmission identitaire, elle doit donc opérer un tri judicieux. Autrement dit, pour que la transmission ne se fossilise pas ou ne s'ankylose pas, il faut s'ouvrir, avec discernement. Car la survie n'est pas un but en soi. Vivre dans un état d'hibernation est une fausse vie, une vie appauvrie et précaire : on survit mais on ne vit pas.

Le but de la transmission...

On me pose souvent la question de savoir si en voulant « moderniser » le judaïsme, on ne risquait pas de le corrompre, de le dénaturer. Somme toute, l'orthodoxie a fait ses preuves et s'est plutôt bien préservée de l'environnement. En effet, je le reconnais volontiers, c'est grâce aux membranes (tels que les rites, instruments décisifs de la transmission dont on sous-évalue trop souvent la portée) dont l'orthodoxie est éminemment porteuse, que le peuple juif a pu résister à la dissolution. Encore faut-il se demander si ce qui est transmis est véritablement ce à quoi on peut et on veut s'identifier. De fait, beaucoup de Juifs sont admiratifs de cette pugnacité ritualiste. Mais d'un autre côté, ils sont en rupture de ban par rapport à de nombreuses normes et conceptions que ce milieu véhicule. L'enfermement de l'orthodoxie est alors à la fois une réserve bien préservée pour les uns et un repoussoir pour les autres.

Le peuple juif vit un schisme identitaire, une polarisation génératrice de nombreuses tensions et incompréhensions. Je redis donc qu'imiter ou reproduire le patrimoine n'est pas le seul enjeu de la transmission. Si le repli orthodoxe a joué sa part quant à la survie du judaïsme, l'ouverture et l'adaptation au milieu y ont tout autant leur part. Tout est une question d'équilibre, d'équilibre pertinent. Et, pour reprendre la métaphore du vivant, ce qui compte c'est l'homéostasie, c'est-à-dire la capacité du vivant à s'adapter au milieu pour assurer sa propre existence. Ainsi, le but de la transmission n'est pas seulement la transmission, mais aussi de permettre à la vie de s'épanouir.

Des constantes : la recherche de l'équité et de la justice

En tant que rabbin – via l'enseignement spirituel et la transmission des pratiques – je me pose donc la question essentielle des régulations. Quel est le processus par lequel une règle ou une idée mérite d'être adaptée ? Quelle est l'instance critique qui mesure l'adéquation, la pertinence des règles ? Cette grande question ne peut être clarifiée en quelques lignes. Mais il est bien clair qu'une approche non fondamentaliste de la Loi suppose une marge de manœuvre considérable dans l'interprétation humaine des textes faite par des collèges de sages habilités. C'est une des caractéristiques du mouvement *Massorti* que de refuser de considérer la Loi - au prétexte qu'elle est gravée sur la pierre - comme figée, monolithique.

Considérons le jeu de mots des Maximes des Pères :

«"Les Tables [de la Loi] étaient l'œuvre de Dieu, et l'écriture était l'écriture de Dieu gravée sur les Tables" (*Exode* 32,16). Ne lis pas harout (gravée), mais hérout (liberté), car n'est réellement homme libre que celui qui s'adonne à l'étude de la Torah (*Avot* 6:2). »

L'étude de la Torah est la liberté nécessaire pour ne pas transmettre la Torah comme un boulet de pierre. Liberté ; non pas au sens arbitraire, mais au sens de « marge de manœuvre », et ce pour placer la lettre en adéquation à l'esprit. Liberté, non pas au sens libertaire, le refus d'endosser la discipline que requiert l'observance, mais au sens d'émanciper l'homme de contraintes qui, en de nouvelles circonstances, portent préjudice aux buts assignés par la Torah elle-même.

En effet, à côté de la Loi écrite (*Tora chè_bi-khtav*), il y a la Loi orale (*Tora chè-be-âl pè*). Pour reprendre la métaphore de la cellule, si la Loi écrite est le patrimoine génétique contenu dans le noyau, la Loi orale est le métabolisme cellulaire en activité systémique dans le cytoplasme. Selon les besoins et nécessités, des segments d'ADN sont régulièrement puisés dans le réservoir génétique. Une des tendances fâcheuses de l'orthodoxie pure et dure est d'avoir réifié, sédimenté la Loi orale en statue de sel. L'autorité du texte est telle qu'elle scotomise toute initiative, elle pétrifie toute évaluation critique. Bref, elle inhibe les mécanismes de régulation. Or, ce qui constitue et doit constituer le moteur et la boussole interne de la Loi et de l'éthique juive, c'est la réalisation d'idéaux suprêmes définis dans la Torah, comme, par exemple, ce que Dieu révèle en substance à Abraham :

« 17 Et l'Éternel dit : Cacherai-Je à Abraham ce que Je vais faire, 18 puisque Abraham doit certainement devenir une nation grande et forte, et qu'en lui seront bénies toutes les nations de la terre ? 19 Car Je le connais, [et Je sais] qu'il commandera à ses fils et à sa maison après lui de garder la voie de l'Éternel, pour pratiquer ce qui est juste et droit, afin que l'Éternel fasse venir sur Abraham ce qu'il a dit à son égard » (*Gn* 18,17-19).

D'où, sans complexe, je distingue ici, et comme le fait d'ailleurs la Torah, une sorte de noyau du message, et assume que les règles édictées par la Torah devront toujours respecter cette injonction. Si bien que lorsqu'une évolution des mentalités aura permis que l'on se départisse de lëesclavage, du châtiment corporel, de la peine de mort, de l'inégalité sociale envers les femmes ou tout autre groupe à devoir identique, j'attends que la Loi se mette au diapason de la justice. Quand la société progresse, sur le plan des valeurs profondes de la Torah, il faut que le droit et le devoir coutumiers évoluent en conséquence. Ce n'est pas une trahison, mais une réalisation de la Torah qui passe par l'adéquation systémique entre le noyau intérieur et la réalité. Pour transmettre la Torah, il faut donc être sur le qui-vive et être prêt à prendre des initiatives audacieuses. C'est ce que nous enseignent encore les *Maximes des Pères* : « Hillel enseigne : Là où ne se trouvent pas d'hommes, essaye, toi, de l'être » (*Avot* 2,6). Et aussi, un célèbre verset des *Psaumes* que les Sages utilisèrent pour prendre des mesures radicales de réforme : « Il est temps d'agir au nom de Dieu, sans quoi Ta Torah risquerait d'être transgressée » (*Psaumes* 119 : 126).

S'inscrire dans la continuité est un garde-fou

Pour autant, nous, *Massorti,* sommes très soucieux de ce que les innovations ne s'inscrivent pas en rupture avec le patrimoine, mais dans la continuité. Et reconnaissons-le, c'est loin d'être évident ou dénué de faux pas. Cela implique le déploiement d'outils particuliers - notamment l'outil juridique - pour maintenir la cohérence et assurer la continuité. Le grand risque est la précipitation, la fuite en avant, ou se laisser séduire par l'air du temps sans prendre en compte l'héritage, qui est une sagesse. S'inscrire dans la continuité est un garde-fou. C'est pourquoi, dans notre mouvement, toute modification statutaire doit être argumentée par rapport à la *Halakhah*. Par souci d'ajustement, et pour s'assurer qu'elle va s'inscrire dans une histoire, dans une logique portée par des valeurs.

En cela nous sommes en rupture de ban avec la démarche libérale et réformiste, avec laquelle par ailleurs nous avons beaucoup d'affinités. Également en rupture parce que, pour nous, les différents codes de conduite « ascétiques » prescrits par la Loi (Shabbat, *cashrout,* circoncision, etc.) sont des exercices spirituels qui forgent le corps et l'esprit. Les concéder au prétexte d'une inadaptation à la modernité – sous-entendu, les sacrifier au confort et au conformisme – ne nous paraît pas judicieux pour ne pas dire désastreux. Il faut en revanche une certaine souplesse, pour maintenir efficacement de tels codes, en tenant compte des modes modernes d'habitation. Trop de rigidité est suffocant et finalement préjudiciable. La logique du « tout ou rien » est non seulement une manifestation d'intégrisme, mais aussi une ineptie sur un plan didactique. Et je trouve souvent, chez ceux qui sont sans prétention religieuse, des trésors d'humanité et même de religiosité que je ne trouve pas nécessairement chez les plus pieux.

Être à l'écoute

Il nous faut accepter, au sein du peuple juif, qu'il existe diverses approches du judaïsme et qu'elles ne doivent pas être identiques. J'en reviens encore à la métaphore du vivant. Il faut avoir une vision organique qui nous fasse considérer que chaque organe a sa fonction, et que les liens tissés caractérisent la physiologie globale. Ainsi on constate souvent que, d'un parent à un enfant, les choix varient. Dans une famille, l'un sera plus attaché à la pratique religieuse, un autre à la communauté, un troisième davantage au culturel ou au combat éthique. Tout se complète et s'enrichit mutuellement. Aucun courant religieux n'est dépositaire de toute la vérité. L'éclatement est le signe d'un équilibre qui se cherche. Un enseignement biblique dit : « Tu éduqueras ton enfant selon sa voie » (*Proverbes* 22,6). Cela veut dire : écouter ce que l'enfant a de singulier, et accepter les déclinaisons diverses de l'identité juive. Le problème est lorsque le tailleur veut à tout prix que l'enfant reprenne la boutique ! Mais alors ce n'est pas de la transmission mais de la réitération.

Pédagogues

Les choix et moyens éducatifs sont, bien entendu, essentiels. Pour transmettre un contenu, il faut d'abord transmettre sa personne. « On n'apprend que de qui on aime » (Goethe, *Conversations avec Eckermann*, 12 mai 1825). Mon épouse, Raphaëlle, est également une pédagogue. Elle est en effet conférencière au Musée d'art et d'histoire du judaïsme et enseignante au Talmud Torah de notre communauté.

Hormis ses connaissances, elle détient un secret : celui de la « vibration des âmes ». Elle se lie à la personnalité de chaque enfant, respecte son regard et sa sensibilité, et trace avec lui les voies de son épanouissement. Transmettre dans un souci d'enrichissement suppose d'élargir le patrimoine, d'apprendre le véhicule et l'âme de la culture juive, à savoir l'hébreu. À condition de ne pas créer un ghetto mais un point d'ancrage à partir duquel des passerelles peuvent être dressées à l'entour. Alors que nous n'avions pas trouvé d'école suffisamment à notre goût pour nos enfants, nous avons décidé de créer, en septembre 2007, *l'École juive moderne* située à Paris, dans le XVIIe arrondissement. C'est une école fondée sur l'idéal du « minimum commun » des Éclaireuses et Éclaireurs israélites de France : une base élémentaire de pratique religieuse dans l'école alliée à un pluralisme des convictions.

Ne pas s'ouvrir au monde est dangereux

On dit et répète à l'envi que l'ouverture, l'innovation peuvent être un danger. J'en conviens sauf que j'ajoute que la vie elle-même est un danger ; et cela finit toujours mal ! Sauf, en un sens, si on a bien transmis. Selon un enseignement traditionnel d'inspiration kabbalistique, Dieu demande à chaque âme si elle veut bien descendre dans le monde, et ce avant que de l'y plonger ; parce que c'est dangereux de vivre ici-bas. L'endroit de tous les dangers pour une âme ! Le danger n'est pas pour moi une objection valable. L'objection, c'est une mauvaise évaluation du danger, une prise de risque inconsidérée. Mais éviter le risque, c'est éviter la vie. Trop s'ouvrir, au point d'en perdre ses repères est dangereux. Ne pas s'ouvrir au monde, en ne connaissant que ses propres repères, est dangereux. Tenter l'équilibre reste le plus raisonnable.

Les entraves de la transmission

Après les enseignements fondamentaux de jeunesse, c'est-à-dire après la bar-mitsvah, existe un grand risque d'une discontinuité. Les enfants sont happés par les loisirs puis le questionnement sur leur avenir social et professionnel. Et apparaît chez l'adolescent - qui est très rebelle et en même temps très conformiste - un travail de dissociation nécessaire pour se situer par rapport à l'héritage de ses parents. La mémoire ancestrale est la première cible et, en même temps, on lui garde une grande attache. N'oublions pas aussi que nous sommes sur le plan de la foi dans un environnement chrétien, et en particulier catholique, qui conditionne notre perception du judaïsme. Or, pour un chrétien, l'initiation consiste à endosser une croyance qui sera salut de l'âme. Il suffit ensuite d'entretenir la flamme.

Les Juifs s'imaginent qu'il en va de même avec le judaïsme : avoir fait sa b*ar mitsvah* est souvent vécu comme avoir décroché une licence de belle âme et un ticket pour le monde à venir. Poursuivre des études religieuses sonne comme un aveu d'échec ! Alors que quand on est bar mitsvah, on commence à peine à avoir la maturité et les outils pour s'attaquer à l'étude, à la sagesse, pour devenir spirituellement juif. Ajoutons à cela que nous sommes une génération doublement orpheline : à la fois de la Shoah, bien sûr, mais aussi de l'Émancipation !

Je serais le dernier à dénigrer l'épanouissement social et culturel qu'elle a apporté mais elle a en même temps laminé le fond de culture et de spiritualité juives qui fait la raison d'être de notre peuple.

Nous sommes entrés dans une ère du vide : perte des contenus et des outils pédagogiques, perte même de l'idée de leur existence. Et puis atomisation : chacun fait sa petite cuisine dans son coin au mépris ou dans l'ignorance des autres. Tous les jours, des gens viennent à mon bureau, en commençant par dire : J'aimerais connaître ce que mes parents ne m'ont pas transmis...

Il y a aujourd'hui une soif de renouer avec les racines culturelles et identitaires. Je m'en réjouis et m'en inquiète. Parce que, comme tous les retours de balancier, cela s'inscrit dans un mouvement pendulaire, qui fait souvent compenser le vide par une radicalisation inverse. Ceci n'est pas spécifique aux Juifs. Après la désillusion des grands idéologues, on vit généralement un retour aux valeurs ancestrales, aux valeurs refuge - souvent de façon rigide, extrême, mortifère.

Ceux qui m'ont transmis...

Mon père, qui comme il se doit a été tailleur, n'avait rien reçu en termes d'enseignement juif de la part de ses parents. Après la Shoah, il a dû très vite gagner sa vie. Et, du côté de ma mère, c'était une famille sensible à la tradition mais préoccupée surtout par la survie. Son propre père, de mémoire bénie, n'a rien pu lui transmettre car il a été assassiné par les nazis. J'ai pourtant reçu de mes parents, sinon une identité forte, du moins une forte identification. Chez beaucoup de Juifs comme je l'ai été, on trouve une identité fantôme, la conviction qu'il y a quelque chose de dilué, aux contours défaits (cf. le livre de Finkielkraut *Le Juif imaginaire*). On m'a toujours dit que c'était important d'être juif sans jamais m'en montrer les contours.

J'ai été à l'*Hashomer Hatsaïr*, un mouvement à l'époque d'inspiration socialiste, antireligieux. J'y ai adhéré jusqu'à son idéologie, puis j'ai été déçu par la fiction humanitaire de cette idéologie. Vers l'âge de seize, dix-sept ans, j'ai rencontré un *Loubavitch* qui, à ma grande surprise, m'a fait découvrir que le judaïsme pouvait être jeune, généreux, chargé d'une immense culture et de belles traditions, imprégné d'une grande sensibilité et d'une grande moralité. Je m'y suis reconnu. Je n'ai jamais souscrit à la vision *Loubavitch* mais j'ai vu des personnes de ce mouvement porter des valeurs essentielles du judaïsme au plus haut. Mon estime et admiration restent profondes malgré certaines choses qui me paraissent être des élucubrations illusoires. J'ai retenu de l'*Hashomer* le sionisme ; d'où mon *aliya* en 1977.

J'ai étudié alors à l'Institut Mayanot, centre d'études juives à Jérusalem, dirigé par le rabbin Léon Askenasi (Manitou). Ce fut un enseignement marquant qui allait inaugurer tout un périple dans divers milieux religieux. J'ai vécu quatorze années en Israël, au cours desquelles j'ai notamment étudié à l'Université hébraïque de Jérusalem. J'y ai découvert une orthodoxie moderne dont je me sens très proche. Mais c'est finalement au sein du mouvement *Massorti* que j'ai trouvé l'équilibre recherché (et jamais définitivement atteint !) entre tradition et modernité. Je m'y suis trouvé en consonance et y ai fait mes études rabbiniques.

De qui suis-je disciple ? De tous ceux qui m'ont enseigné, de mes lectures, de quelques maîtres qui m'ont marqué par leur enseignement écrit ou oral quand j'ai pu les rencontrer. Ainsi : Abraham Joshua Heschel, auteur du fameux opuscule *Les bâtisseurs du temps* et bien d'autres ouvrages mais surtout de *La Torah révélée*, ouvrage non traduit encore en français. J'ai cité Manitou qui fut une étape importante de jeunesse. Je pense à Aviezer Ravitsky de l'Université hébraïque qui m'a initié à l'humanisme juif contemporain. Il y a la grande figure de Louis Jacob, grand et célèbre maître en Angleterre, encore illustre inconnu en France. Et enfin, mon maître et ami Charles Mopsik, aujourd'hui disparu, qui représente un autre pôle de référence de ma sensibilité. Je lui dois tout sur l'ouverture au monde mystique. Je lui dois aussi le goût du défi. Il a été à mon sens la plus grande figure de la pensée juive du XXe siècle en France.

Le goût du défi

Je ne me destinais pas à être rabbin, car j'avais très tôt compris que c'était un métier impossible ! La communauté, en bonne mère juive, attend tout de lui. Insatiable. Et par suite, on ne s'appartient plus. Le sacerdoce rattrape l'individu. Mais j'ai toujours eu une fibre d'éducateur. Bien qu'animé par un penchant inassouvi pour la recherche et l'écriture, j'ai toujours voulu rester au contact du « terrain », des personnes. Pour rien au monde, je ne changerais de métier.

J'ai été si souvent déçu des réponses qui ont été faites à mes questionnements spirituels que j'ai fini par me dire que je n'avais qu'à me mettre en quête pour trouver l'or par moi-même. Un exemple : vers l'âge de dix-huit ans, je découvre avec stupeur, par l'enseignement qui m'était prodigué, que Dieu savait tout à l'avance, même si je n'y croyais pas trop ! Cela m'impressionnait, voire même m'angoissait. Et, en même temps, on assenait que l'homme est libre de ses décisions ! Cela me paraissait pourtant contradictoire d'affirmer conjointement la prescience divine et le libre arbitre de l'homme !

Les hommes de foi s'en accommodaient fort bien. Quand je les interrogeais, ils s'enfonçaient davantage dans des contradictions, des circonvolutions, de pseudo-solutions qui étonnamment calmaient aussitôt leurs esprits. Je n'ai pas lâché le morceau. Voyant que je ne recevrais jamais de réponse sur un plateau d'argent, j'ai fini par en faire ma thèse de doctorat soutenue à la Sorbonne, et qui est devenue le livre *À la limite de Dieu* (aux éditions Publisud)... Ne comptez pas sur moi pour vous en servir la solution en deux lignes !

Le levier de la transmission, comme je l'évoquais précédemment, est le défi ; plus encore, c'est le goût du défi. Il faut transmettre à son enfant qu'il y a des énigmes, mais qui sont autant d'enjeux de découverte, de créativité, de dépassement de soi. Alors le judaïsme en devient une aventure exaltante. Là est le grand secret de la transmission.

Entretien du 10 mai 2007

Jenny Laneurie-Fresco

Née en mai 1939, à Charleville-Mézières, dans les Ardennes
Diplômée d'HEC J.-F. Journaliste, dans la presse financière
Responsable opérationnelle de Yad Vashem, France

*

Ma mère disait : « Les gens religieux sont les gardiens du Temple. Ils observent le Shabbat. Nous qui sommes commerçants, nous devons travailler le samedi, nous ne pouvons pas. »

À la maison, la cashrout était transmise tout simplement par la composition des menus : viande à midi et laitages le soir. Je n'ai pris conscience que tardivement de toutes ces règles appliquées sans qu'il soit nécessaire de les mentionner.

Avant la naissance de ma mère en France, ma grand-mère maternelle avait perdu huit enfants en bas âge en Turquie, ce qu'elle n'évoqua jamais ! Elle priait tous les matins, la tête couverte d'un châle. J'ai conservé son livre de prières, si souvent ouvert à la page du *kaddish* qu'elle est usée jusqu'à la trame.

Elle me racontait des histoires de la Bible. C'est elle surtout qui m'a transmis le judéo-espagnol, que j'ai encore aujourd'hui dans l'oreille, et aussi les valeurs du judaïsme. Mais je les ai reçues également de mes parents, par leur façon d'être, de se comporter dans la vie. Ainsi, je n'ai pas eu d'éducation religieuse à proprement parler, mais j'ai bénéficié de la transmission d'une identité juive très forte.

D'Istanbul à Charleville

Je suis issue, des deux côtés, de familles judéo-espagnoles qui avaient quitté l'Espagne lors de l'Inquisition et s'installèrent dans l'Empire ottoman, à Istanbul. Elles y vécurent pendant plus de quatre cents ans, jusqu'au début du siècle dernier. Les deux familles quittèrent alors la Turquie, comme beaucoup d'autres, pour gagner la France, le pays des droits de l'homme.

La famille de ma mère arriva la première, en 1911. C'est le frère de ma grand-mère, l'oncle Rozanès, une personnalité marquante de la communauté judéo-espagnole de l'époque, qui fit venir à Paris sa sœur Jeannette et son beau-frère Samuel Niégo, juste avant la naissance de leur fille Solange, qui allait devenir ma mère. Mes grands-parents maternels ouvrirent une épicerie rue Cadet et eurent un second enfant, Henri, qui devint médecin.

Mon grand-père paternel Nissim Fresco, quant à lui, était venu en France avant la guerre de 1914 pour échapper à l'enrôlement dans l'armée, comme bon nombre de jeunes Juifs de Turquie. Il avait laissé à Istanbul sa femme et ses deux enfants : mon père Raphaël, né en 1908, et sa jeune sœur Annette. Ils furent séparés pendant toute la durée de la Première Guerre mondiale. Puis, en 1919, toute la famille se retrouva à Paris.

Mon grand-père faisait alors les marchés avec du « blanc » et de la bonneterie dans la région parisienne et en province. Il partait le lundi matin et revenait le vendredi soir. Ma grand-mère, Eugénie Cohen, originaire de Salonique, souffrait de cette séparation et lui demanda un jour de le suivre en tournée. Ils partirent alors pour la Normandie. Mais Eugénie était une citadine et, très vite, elle déclara qu'elle n'avait jamais vu autant de vaches et qu'elle voulait absolument rentrer à Paris ! Après une autre expérience du même genre, toute la famille s'installa dans les Ardennes car, disait mon grand-père, l'eau y était bonne. Là naquit un troisième enfant, Salomon, dit Samy. Mon père y vécut sa jeunesse, travaillant dès l'âge de 13 ans, et s'y maria selon la coutume, c'est-à-dire sur présentation. C'est ainsi que je suis née, en mai 1939, à Charleville-Mézières.

Une chance extraordinaire

Quand la guerre éclate, l'Exode lance toute la famille sur les routes. Après une traversée de la Loire sur un pont de bateaux et un bref passage à Lonzac dans le Sud-Ouest, la destination finale est Laval dans la Mayenne. La vie s'y organise tant bien que mal, avec peu de moyens. Il faut se déclarer comme Juifs et porter l'étoile jaune.

Mais un jour, au petit matin, des Feldgendarmes viennent nous arrêter et nous sommes internés dans un camp de transit à Mulsanne, près du Mans. Nous savons que la Turquie est neutre dans la guerre mais qu'elle est sympathisante de l'Axe. Quatre des neuf membres de la famille, ma mère, Samy, Annette, son fils Jacky et moi, nés en France, avons la nationalité française, mais les cinq autres, mon père, ses parents, sa sœur et ma grand-mère maternelle (qui est veuve et vit avec nous) sont turcs. Mon jeune oncle Samy a appris un peu d'allemand au lycée. Il fait savoir au commandant du camp qu'en qualité de Turcs nous n'aurions pas dû être arrêtés. Une semaine après, par une chance extraordinaire, nous sommes tous relâchés !

Nous retournons à Laval. Mais à l'automne 1943, nous recevons de Paris une lettre d'un parent disant que tous les Juifs, quelle que soit leur nationalité, sont désormais arrêtés et déportés. Samy trouve alors, grâce à un ami de classe, un contact avec la Résistance. À trente kilomètres de là, un garagiste d'Ernée, Pierre Le Donné, nommé depuis Juste des Nations, nous conduit chez des fermiers, les Fauque, qui nous cachent sur leurs terres jusqu'à la Libération. Nous ne saurons jamais assez leur dire notre gratitude. Puis retour à Paris, et enfin de nouveau à Charleville où naît ma sœur Jeannette. Selon notre tradition, elle porte comme moi le prénom d'une de nos deux grand-mères.

Oser

Mes parents sont commerçants en tissus d'ameublement, rideaux, literie. Dans notre petite ville de province, aucune synagogue. Un office est organisé à *Roch Hashana* et à Yom Kippour dans une maison particulière, avec un rabbin qui vient pour la circonstance. À la maison, on n'évoque pas de question d'ordre philosophique. Mais le judaïsme est toujours présent. Il le restera tout au long de ma vie. Je me sens toujours concernée, jamais en dehors. Il y eut cependant une période où je m'y suis moins intéressée : lorsque j'ai vécu à Charleville, où n'existait aucun environnement culturel.

Plus tard, lors de mes études à Paris, il m'arrive de déjeuner avec une amie dans un restaurant casher. Mais j'ai essentiellement des amis non juifs. Je cherche pourtant à me rapprocher de la communauté sans savoir bien comment m'y prendre ni oser franchir le pas. Les vacances m'offrent une opportunité : à la suite d'un séjour en Italie avec les « Relais », je rencontre celui qui deviendra mon mari dans un foyer d'étudiants juifs, près de la gare de l'Est.

Jean-Yves a grandi dans une famille chrétienne qui l'a recueilli pendant la guerre dans une pouponnière d'enfants juifs. Aimé et Juliette Laneurie, qui lui ont ainsi sauvé la vie, figurent eux aussi parmi les Justes des Nations. Nous nous marions civilement, ne voulant faire de peine à aucune de nos deux familles.

Du rôle des enfants

Le besoin d'étudier me vient un peu plus tard. J'ai envie de retrouver des sources, d'avoir un accès direct aux textes. Il me faut pour cela prendre des cours d'hébreu, de Talmud. Je vais au Centre Rachi puis à l'INALCO. Et puis j'ai la chance de pouvoir écouter les commentaires d'Emmanuel Lévinas sur la Torah, après l'office du samedi matin à l'ENIO.

Cependant nous ne mangeons pas casher à la maison. Nous avons des amis juifs et non juifs et, quand nos enfants grandissent, nous nous demandons comment faire pour qu'ils puissent recevoir plus que ce que nous nous sentons capables de leur transmettre. Nous pensons à l'école juive, tout en craignant un trop fort décalage avec notre vie quotidienne.

Mon mari rencontre par hasard le président de l'association des parents d'élèves de l'école Maïmonide de Boulogne. À la rentrée suivante, notre fils Olivier intègre cette école en classe de 5e, ce que sa sœur Florence, bien que plus âgée, fait seulement un an plus tard, en classe de seconde, après avoir vu son frère si heureux dans cet établissement. Olivier demande alors à manger casher à la maison et à célébrer le Shabbat ! Je suis moi-même à cette époque en pleine recherche, cela me convient très bien. Nous commençons à allumer les bougies le vendredi soir et à acheter de la viande casher... ce que je continue à faire aujourd'hui.

Une façon d'être

Les enfants sont maintenant sortis depuis longtemps de la maison. Mais nous restons attentifs à célébrer le vendredi soir, le plus souvent avec des amis. Je vais parfois à la synagogue le samedi matin ; je m'y trouve bien. Nous y allons également pour les fêtes de *Tishri*, et faisons un *Seder* à Pessah. J'aime la chaleur de nos traditions, de nos fêtes.

Je me suis investie, à titre bénévole, depuis une quinzaine d'année, au sein du Comité français pour Yad Vashem pour recueillir les noms des victimes de la Shoah et pour honorer les Justes des Nations, ces hommes et ces femmes qui ont pris les plus grands risques pour sauver des Juifs pendant l'Occupation. Je m'efforce aussi, au sein de l'association Aki Estamos - les amis de la *Lettre Sépharade*, de faire vivre la langue et les traditions judéo-espagnoles.

Le judaïsme représente pour moi un ensemble de valeurs universelles et une richesse qu'il me paraît très important de préserver et de transmettre, même si je suis très loin d'en observer tous les préceptes. Et je souhaite beaucoup que nos petits-enfants puissent également en être les dépositaires. J'ai raconté récemment l'épopée de la famille à ma petite-fille Rosalie et à mon petit-fils Ernest qui prépare sa bar mitsvah. Je ne suis pas un esprit religieux, mais j'aime avoir une règle de vie, ne pas faire n'importe quoi ! Voilà, entre autres choses, ce que j'apprécie et que j'aimerais transmettre.

Entretien du 28 avril 2008

Alain Lapiower

Né en 1952, à Bruxelles
Animateur culturel
Directeur de l'Association Lezarts Urbains
Auteur de Total Respect (éditions EVO, 1997, ouvrage sur la génération hip hop en Belgique) ; et de Libres Enfants du Ghetto (éditions Points Critique-Fondation J. Gueux, 1989), ouvrage sur un mouvement de jeunesse juif progressiste né de la Résistance communiste à Bruxelles

*

J'ai plus reçu que je n'ai donné !

Héritier d'une double tradition, *bundiste* et judéo-communiste, je suis issu de ces deux lignées où la composante juive était à chaque fois importante.

Militant communiste fortement engagé, mon père a fait de la résistance armée avec le Parti communiste (Front de l'indépendance) et fut commandant à Bruxelles.

Les Juifs communistes étaient alors un des fers de lance de la Résistance et, proportionnellement très nombreux à Bruxelles, ils exerçaient un rayonnement difficile à imaginer aujourd'hui. J'ai d'ailleurs effectué des recherches à ce sujet lorsque j'ai écrit mon livre sur le mouvement de jeunesse issu de ce milieu, livre qui retrace quarante ans de cette histoire et de ses prolongements.

Mon père appartenait à Solidarité juive, très importante organisation communautaire de la gauche juive à l'époque. Orphelin à la Libération, il s'est totalement voué à cette cause qui mêlait l'idéologie à un profond sentiment d'appartenance et de reconnaissance. Je me sentais impliqué par cet engagement, m'en sentant l'héritier. Avec le désir de poursuivre ce qui avait été commencé.

Dans le milieu juif communiste, à côté du devoir de mémoire, existait paradoxalement une idée de transmission très puissante, qui se voulait universaliste, avec un continuel double langage : ils mettaient en place les structures pour que le milieu perdure, mais en même temps faisaient tout pour que la fibre juive ne puisse se développer !

Du côté de ma mère, les choses n'étaient pas plus simples. Une tradition *bundiste*, yiddishiste, complètement à contre-courant de l'évolution générale dans la communauté juive, tournée vers israël. Enfant, j'allais deux fois par semaine à l'école yiddish et fréquentais les cercles du Bund, dont les colonies de vacances où l'on recevait une éducation socialiste et yiddishiste encore immergée profondément dans une tradition construite en Pologne dans les années 1920-1930.

Mes grands-parents maternels, qui ne parlaient que le yiddish, sont arrivés à Bruxelles dans les années trente, en provenance de Pologne. Mon grand-père fut en Belgique l'un des leaders du Bund bruxellois.

Je me sentais, bizarrement, beaucoup plus juif que la plupart des Juifs qui m'entouraient, parce que j'avais toujours baigné dans le yiddish, au contact permanent de la langue, la musique, la cuisine, les plaisanteries... C'était un milieu populaire, uni, émotif et exubérant, très sensible à la culture malgré son manque de formation.

L'une des deux sœurs de ma mère, Alina (Khanèlè), alias Anne Line, était « la » chanteuse yiddish dans la Belgique de l'après guerre. Elle a sorti un trente-trois tours dans les années soixante. Elle était pour moi une référence importante, et l'est encore.

J'ai fréquenté le Bund depuis ma prime enfance jusqu'à sa dissolution vers 1968-69, puis, conduit par mon père, j'ai été actif une dizaine d'années au sein de cette organisation de jeunesse créée par Solidarité juive, dénommée l'Union des jeunes juifs progressistes, dont j'ai été un des animateurs. Depuis lors je reste membre de l'UPJB, Union des progressistes juifs de Belgique, l'association héritière de celle créée en 1944.

De tout cela je me sens fortement imprégné et en filiation. Tout au long de ces années, ce fut même mon unique univers. Au point que, pour prendre de la distance, je me suis lancé dans des recherches historiques et pédagogiques approfondies, à partir de l'étonnante histoire de ce mouvement créé en 1944, passé en 40 ans par les courants les plus marquants et les plus excessifs qui ont secoué la jeunesse juive de gauche et la jeunesse tout court. Écrire ce livre m'a vraiment aidé à comprendre, puis à identifier ces racines dont l'épaisseur et la complexité, la lourdeur même parfois, m'avaient pour un temps obscurci l'horizon.

Ambivalence

Dans mon univers d'enfance, solidaire et soudé, les fêtes étaient laïcisées, de même que les rites. Alors qu'il n'était pas question de faire la bar mitsvah, le jour de mes treize ans, mon grand-père fit au cours d'un repas un discours, à l'occasion duquel il dit que je devais reprendre le flambeau des idéaux de la famille.

Ce n'est que beaucoup plus tard que j'ai découvert la dimension religieuse du judaïsme, par des copains. Mon père, et mon grand-père, qui avaient pourtant connu le *heder*, avaient une attitude très anticléricale, comme tous les gens de ce milieu. L'émancipation était passée notamment par le rejet d'une emprise religieuse obscurantiste et puis « après Auschwitz, on ne pouvait plus croire en Dieu ».

Cependant il leur était difficile d'expliquer que la synagogue n'était pas importante, alors qu'on y allait de temps en temps ! Nous étions tous circoncis... pour des raisons d'hygiène.

Pour les enterrements également, même non religieux on avait recours au rabbin. En fait, tous ces Juifs avaient un rapport paradoxal avec la religion, un rapport complexe et ambivalent.

Beaucoup d'amis judéo-*bundistes* et communistes, donc non religieux, trouvaient toujours une bonne raison pour se marier à la synagogue ou pratiquer une circoncision avec le *mohel* !

Depuis quelques années, une organisation bruxelloise le Cercle communautaire laïque juif (CCLJ) a développé des rituels laïcs qui rencontrent un grand succès, notamment leur programme pour les bar mitsvah et de nombreux parents, même dans les milieux les plus progressistes, ainsi que des couples mixtes y adhèrent. Et je ne suis pas insensible à ces tentatives, même si ce n'est pas toujours convainquant.

Je me sens très juif. J'assume cet héritage sans problème, alors que beaucoup l'ont rejeté, parfois de façon excessive. Pour des raisons variées : idéologiques, familiales... Souvent aussi parce que trop lié à une histoire douloureuse, qu'ils perçoivent comme une lamentation permanente.

Ainsi, la chanson yiddish a longtemps été marquée par ce contexte, car vécue comme trop nostalgique, voire larmoyante. De fait, ce sont pour la plupart des chansons de misère, et donc rejetées par les jeunes générations qui ont davantage préféré quelque chose de plus lumineux...

Personnellement, je n'ai pas vécu les choses de cette façon. J'ai d'abord mis tout de côté jusqu'à mes vingt-cinq/trente ans ; et puis j'ai voulu renouer. Mais cela ne se fit pas tout seul. J'y ai pensé longtemps sans arriver à le concrétiser. Je vivais avec une certaine nostalgie de l'éclatement communautaire, de la disparition de ce milieu *bundiste*, et du milieu juif communiste, qui s'est assimilé.

À partir des années quatre-vingt, moment où ma génération a amorcé un retour vers les racines juives, culturelles ou même religieuses, le Bund est devenu un mythe positif dans mon milieu alors que les communistes avaient tiré à boulets rouges sur ce courant. Mais il était bien tard, bien trop tard.

Musique klezmer

Je me sentais comme un orphelin culturel. Plus personne ne parlait yiddish autour de moi depuis longtemps ; je n'avais plus l'occasion dans le quotidien de retrouver quoi que ce soit de ce monde-là. Je ne pouvais le partager qu'avec ma sœur, ou mes cousines émigrées aux États-Unis.

Je n'étais pas attiré par la religion, qui de toute façon n'aurait pas remplacé ce que j'avais connu. L'hébreu ne m'était pas familier ; je n'en connaissais que de rares mots, prononcés en yiddish.

Par exemple le mot *Seder* se prononçait (phonétiquement) « saïder », ou « seïder ».

Un jour, vers 1980, à la Fnac, à Paris, parmi les promotions du département de musique folk, j'ai entendu un disque qui m'a saisi ! J'étais déjà musicien, je ne compris pas tout de suite ce dont il s'agissait, tout en reconnaissant certaines mélodies et quelques vagues mots de yiddish un peu malmenés. C'est ainsi que j'ai découvert le groupe new-yorkais des Klezmorim, noyau des futurs grands groupes klezmer dont on parlera ultérieurement. Ce fut un grand choc pour moi, comme un télescopage d'univers *a priori* totalement cloisonnés. J'ai acheté le disque illico, il est devenu une relique dans ma discothèque.

Les années ont passé, et progressivement j'ai senti qu'il y avait une actualité pour cette musique dans un public plus large. J'étais musicien occasionnel pour des *bar mitzva* et des mariages juifs, avec les morceaux traditionnels israéliens, j'ai tenté d'insérer petit à petit, en cours de soirée, des morceaux yiddish. Ça dansait aussi bien et les vieux étaient ravis !

Et au début des années quatre-vingt, je me souviens avoir fait de même pour la première fois au cours d'un bal de l'UPJB (Union progressiste des Juifs de Belgique) que j'animais avec un groupe de variété rock. Étonnement du public, décontenancé par cet OVNI (à l'époque...) mais aussi surprise pour moi d'y trouver un grand plaisir.

Probablement suis-je en Belgique l'un des derniers à pouvoir encore chanter en yiddish.

Tellement peu de gens portent encore cette tradition que, lorsque j'ai décidé par la suite de monter un groupe de musique juive, j'ai dû intégrer à mon orchestre des musiciens non juifs et leur apprendre de quoi il s'agissait.

Pour agrandir mon répertoire, j'ai engagé quelques recherches sur les vieux disques et j'ai puisé d'autre part dans mon patrimoine personnel, les chansons de ma tante, les souvenirs de mon enfance au Bund. Et, outre le plaisir, j'ai trouvé quelque chose, comme une cohérence et un sens dans un parcours où j'étais perdu. Et probablement aussi une voie pour exprimer cette part de mon identité. C'est ainsi qu'est né le groupe Yiddish Tanz qui tentait de fusionner la tradition yiddish, les sons actuels et le sens de la fête. La formule a connu un petit succès d'estime, notamment grâce à la radio nationale, la RTBF. Mais je dois malheureusement reconnaître qu'il est vraiment difficile aujourd'hui de faire vivre ce « band », qui ne tourne que peu sur scène. Je dois ajouter que, en Belgique en tout cas, la communauté juive, tournée tout entière vers la variété israélienne, s'intéresse fort peu à sa musique traditionnelle.

« Petite conversation familiale »

À peu près à la même époque, j'ai beaucoup partagé avec ma sœur Hélène, actrice et réalisatrice, qui faisait de son côté des recherches sur le judaïsme, l'identité culturelle et familiale. Elle préparait en effet un film, sorti en 1999, intitulé *Petite conversation familiale*.

Elle y montre la perte progressive, au cours de trois générations, des fils identitaires (liens entre relations affectives, conjugales, sexuelles) et l'héritage culturel. On y comprend combien il est difficile de fonder une famille à partir du moment où l'on a du mal à transmettre l'héritage.

Elle a interrogé et filmé sept années durant notre famille, éparpillée en Belgique et aux États-Unis. Une famille, comme le dit le prospectus, de « petits tailleurs juifs, Polonais émigrés, dont les enfants se sont tous mariés avec des Noirs, des Belges et des Arabes ».

Rupture totale d'identité pour cette génération, touchée dans son intimité par le poids de l'Histoire.

Son film, produit par François Margolin (producteur de la maison Blaq out), est un documentaire aussi désarmant qu'attachant. Il traite de cette rupture tout autant que de l'exil, de la mémoire et de la transmission.

Malade, elle me sollicitait parfois pour la représenter lors de projections de son film. Je devais le présenter et l'expliquer. Comme ce fut le cas récemment au Musée d'art et d'histoire du judaïsme à Paris, alors qu'elle est maintenant disparue. Ce sont toujours des moments forts, pleins d'émotion, où je me sens amené aussi à faire le point pour moi, tout en rencontrant des personnes que ces sujets interpellent aussi.

Ne pas trahir

Mon épouse, juive par son père, est quelqu'un de très ouvert. À l'inverse des autres enfants de ma génération familiale, je n'ai jamais été en tension avec ma compagne sur le sujet. Tous les couples des cousins ont éclaté, on n'en connaît pas la vraie raison mais le film d'Hélène indique que c'est comme si l'héritage avait été « impartageable ».

Je suis peut-être celui de la famille qui a pu, qui a su transmettre le moins douloureusement, et peut-être le plus harmonieusement, une part de cet héritage au sein de la sphère familiale.

J'essaie de préserver certains moments privilégiés comme Rosh Hashanah, où j'invite la famille, les amis et bien entendu la fille de ma sœur Hélène.

Pour ma part, j'ai deux enfants : une fille de vingt-deux ans, et un fils de dix-sept ans.

En termes de transmission, disons que ça se passe et ça ne se passe pas.

Mes enfants reconnaissent une complicité et un attachement, mais je dois admettre que je ne suis pas parvenu à transmettre l'intensité de l'héritage.

L'une de mes cousines fréquente la synagogue libérale, c'est sa manière de renouer. Si je faisais de même, j'aurais l'impression de trahir mon père, et mon grand-père.

Mon milieu n'a pas mis grand-chose en place ; et en tout cas pas beaucoup d'occasions de vivre des moments juifs partagés. Mes enfants fréquentent l'UPJB, mais il n'y a là rien de très actif au niveau de la culture juive.

Ma fille pour sa part s'est intéressée un moment à un groupe proche de *Shalom Arshav (La Paix Maintenant)*, et participa avec eux à un séminaire en Israël. Mes deux enfants ont décidé de suivre à l'école le cours de religion juive (en Belgique, on peut choisir) ; mais ils ont été très déçus.

Mes enfants se sentent-ils juifs ? Ma fille dit : « Oui, si je veux. » Mon fils répond « Parfois » ; ce qui semble se confirmer lorsque nous organisons une fête. Ils se sentent passivement concernés.

Un grand manque

Alors qu'est-ce que ce judaïsme à transmettre ? Longtemps il me fut quasi impossible de répondre à cette question. Aujourd'hui, je sais qu'il n'existe pas un, mais des judaïsmes.

C'est avant tout une identité culturelle touffue, avec toutes ses composantes telles que la littérature, la musique, le cinéma, etc. Mais aussi une façon d'être, de penser, de parler, qui est systématiquement interrogative, complexe, torturée. Une soif permanente de discuter. Voyez le *pilpoul* !

Et bien sûr l'humour juif, celui du monde et de la langue yiddish qui malheureusement se perdent complètement.

Par moments, je me sens un musée ambulant, je ne trouve plus de lieux ni de circonstances pour matérialiser l'héritage dans le quotidien. Finalement, j'ai un grand manque de ma vie communautaire de jeunesse.

La cuisine

Mais heureusement il y a la cuisine ! J'aime cuisiner. Un jour, je me suis mis en tête de préparer quelques plats traditionnels, que savait très bien faire ma grand-mère, les gâteaux, le bouillon, les *kneidler* (boulettes de pain azyme), et bien sûr le plat emblématique qu'est le *Gefilte Fisch* (carpe farcie). Je lui ai demandé de m'apprendre. Je lui posais plein de questions sur les proportions. « Combien mets-tu de... ? ». Et elle répondait invariablement (avec l'accent) : « Combien ! On ne sait pas dire combien ! *Mè makht azoï*, on fait comme ça. Si tu veux apprendre, tu dois le faire. » J'ai compris que l'interroger n'était pas la bonne tactique. Je l'ai regardée faire, et je prenais des notes. Effectivement elle faisait, mais elle ne savait pas expliquer ce qu'elle faisait !

J'ai décidé de m'y mettre. La première fois fut catastrophique. Mais petit à petit le *Gefilte Fisch* fut maîtrisé. Sans doute ai-je un rapport mystique avec ce plat et j'entre quasiment en transe quand je le cuisine !

À l'occasion d'une fête pour laquelle j'avais invité des amis et préparé ce *Gefilte Fisch*, était également conviée ma grand-mère, seule personne présente ce soir-là qui n'était pas de notre génération. C'était pour moi une véritable épreuve, car elle allait goûter - devant témoins - le plat qu'elle m'avait enseigné.

Dans le silence impressionnant et respectueux d'une assistance consciente de l'enjeu historique, elle prit un morceau, le mit en bouche lentement, puis s'exclama soudain avec son accent : « Alain, c'est *jiste* ! »

Elle n'avait pas dit « C'est bon », mais « c'est juste ». « Tu l'as fait comme on doit le faire. »

C'était comme si j'étais intronisé. Désormais j'étais un héritier.

Entretien du 18 janvier 2008

Élie Lemmel

Né en 1961, à Paris
Rav, directeur de l'association LEV, de la Maison de la famille et du site lamed.fr

*

La transmission, c'est la capacité de vivre ce que l'on a reçu, de telle façon que ceux qui vivent autour de nous aient envie de le vivre de la même manière.

La transmission ne passe pas d'abord par une parole, mais par un vécu, une façon d'appréhender au quotidien la totalité du regard que porte la Torah sur l'existence.

La transmission, ce n'est pas : j'ai des choses à dire ! C'est voilà ce que veut dire l'« être juif ».

Bien sûr, il faut aussi l'apprentissage de la Bible, du Talmud, de la *Loi*, et ce dès que possible pour en être imprégné. Chaque parent va donner à ses enfants ses propres valeurs ; mais aussi en lui permettant de se confronter au monde extérieur. Il n'est pas question de vivre en autarcie. Alors seulement, ils confronteront ce qu'ils auront reçu avec ce que le monde leur propose. Et alors, ils réorganiseront leurs choix.

Participer

Un texte du Talmud nous enseigne que dès qu'un enfant sait parler, on doit lui dire : « Moïse nous a ordonné la Torah, c'est un héritage pour la maison de Jacob. » Ainsi l'enfant sait qu'il est dépositaire d'un héritage. Ce qui signifie qu'il est détenteur de quelque chose qui a de la valeur. Il comprend très vite qu'il doit se l'approprier et à son tour le transmettre.

À la limite, la question de la transmission en fait ne se pose même pas !

Je dois d'abord me construire en tant qu'individu, essayer de vivre de la façon la plus cohérente du point de vue du judaïsme ; et enfin, faire en sorte que mes enfants le perçoivent. Cela nécessite une vigilance extrême.

Tout système conditionne. Je réclame en tant que parent la priorité du conditionnement.

Pourquoi laisserais-je à l'univers qui m'entoure le soin d'apprendre à mes enfants ce qu'est la vie, l'ambition, l'homme, la femme, le couple, etc. ?

Je ne suis pas pour autant dans le déni de la définition de l'autre, dans le déni de la valeur de l'autre. Je ne dis pas « eux » et « nous ».

Je n'ai pas le souvenir que mon père nous ait jamais dit : « Voilà ce qu'il faut savoir. » Depuis toujours, c'est du domaine de l'évidence, qui s'inscrit dans notre quotidien : se lever tôt le matin pour avoir un moment de prière, respecter le Shabbat, les fêtes, etc. Et tout ceci sans exclure de nombreuses autres activités, y compris des lectures variées.

Il y a une dimension participative : on est acteur.

Et en même temps, existe toujours le rapport à la connaissance, au savoir.

J'ai toujours été dans une école juive. Cependant, ce n'était pas là exclusivement que l'on m'a transmis le judaïsme, car bien entendu, cela s'est fait également à la maison.

À l'adolescence, j'ai traversé une période de questionnements, comme tout le monde. Des interrogations sur la validité de ce que l'on a reçu surgissent ; mais elles sont très vite résolues, car l'on trouve rapidement de nombreuses réponses. Il n'y a pas de doute intellectuel. Si l'on m'affirme que le judaïsme a tort ou que la Torah n'est pas d'origine divine, je n'ai pas de difficulté à démontrer la véracité de mes propos.

La question compte davantage que la réponse

La maison de mes parents a toujours été très ouverte. On y rencontrait des Juifs de tous milieux, de toutes origines, croyants et non croyants. C'était un lieu pluriel.

Mon père a été à Orsay avec Manitou, et surtout à la *yeshiva* d'Aix-les-Bains, avec le *rav* Yakin.

Ma mère, Juive alsacienne pratiquante, manifestait cette foi tranquille des gens passés par l'horreur de la Shoah. Elle démontrait dans son rapport au judaïsme un calme, une respiration sans tension.

Je suis moi-même passé par la *yeshiva*. Puis je me suis marié, et mon épouse travaille, me permettant de poursuivre l'étude et de la transmettre.

Pour nos enfants, il faut que nous sachions leur transmettre une spécificité d'origine. Nous respectons ce principe : « N'oublie pas la Torah de ta mère » ; ce qui permet à nos enfants de trouver une originalité dans nos origines ashkénazes. Tout comme mes parents, nous fréquentons beaucoup de Juifs différents avec qui nous partageons le savoir, mais en prenant bien garde de ne jamais porter de jugements sur les choix de l'autre. Simplement faire partager la beauté de ce que chacun vit.

Répondre aux questions de l'autre et lui montrer l'équilibre de notre vie, démontrer que la Torah donne du sens à l'existence.

On n'arrive pas en connaissant le mystère de la foi ! La foi se construit.

Les enfants sont habitués, entraînés à avoir une démarche intellectuelle.

Le principe même du judaïsme, c'est de comprendre ; c'est-à-dire la force du « pourquoi ».

La véritable sagesse consiste à savoir poser des questions. Et poser des questions implique de s'exposer à des réponses.

L'important est de questionner ; ne pas garder la question, mais la poser. Aucune question n'est tabou. Il faut accepter de vivre un bouleversement.

Il faut interroger pour connaître la joie

La spécificité de la religion juive est qu'elle est très impliquante.

S'il y a un projet, il y a un sens. Alors quelle est ma place dans ce projet ?

L'éthique seule n'est pas un élément qui développe une énergie suffisante pour bouleverser le cours des événements. Ce qui réussit cela est de nature quantifiable : la force des hommes, le pouvoir, l'argent, etc.

L'histoire des Dix plaies d'Égypte démontre qu'il existe un projet, de même qu'une présence qui n'est pas forcément perceptible comme on le voudrait. Et que mon peuple est devenu Israël, en ayant son exigence éthique que les autres refusent. Ainsi peut se déployer une énergie qui pourra transformer le champ de l'humanité.

La définition de la joie dans la Torah, c'est lorsque l'on a levé un doute.

Étudier, c'est apprendre à connaître sa condition

Les lieux où il y a résurgence du judaïsme, c'est là où il y a étude.

La synagogue n'a de sens que si elle est mitoyenne d'un *Beth Ha-Midrash*.

Il existe aujourd'hui une recherche de la validité de l'épaisseur de sa propre connaissance, tout en restant au contact de la réalité du monde.

Considérons l'histoire de l'Échelle de Jacob, où celle-ci représente la notion de la nécessité de la progression, de la progressivité. Elle est posée au sol parce qu'il convient de partir de sa condition physique, charnelle. Ainsi la Torah préconise-t-elle l'acceptation de la réalité, de l'être dans toutes ses dimensions, avant de pouvoir s'élever spirituellement.

Pas de solutions, mais des pistes

Il faut réapprendre à regarder, à s'émerveiller, à comprendre autrement. Les enfants sont ici très demandeurs.

De même, les familles pour qui nous travaillons et avons fondé la Maison de la famille, qui regroupe plusieurs activités, dont :

– l'École des parents : tous les dimanches soir nous proposons aux gens de réfléchir sur leur rôle de parents. On ne leur propose pas de solutions, mais des pistes ;

– la Ligne d'écoute, avec des psychologues seniors, pour que les gens puissent libérer leur parole ;

C'est dans le même esprit que j'anime un journal, dont le titre est *Valeurs du judaïsme*.

Rites, mitsvot et transmission

Donner du sens est fondateur. Et c'est la seule garantie que l'on ait de transmettre véritablement. Il convient donc de dissocier rites et *mitsvot*, notions si souvent mal comprises.

Tout d'abord, on remarquera que la plupart des rites sont pour une large part des coutumes. Or, les coutumes deviennent essentielles parce qu'elles sont dévoyées.

Si la transmission fonctionne parfois si mal, c'est que l'on fait « parce que c'est comme ça ! »

En hébreu, les mêmes lettres sont employées pour écrire les mots « coutume » et « enfer » !

Ensuite, comprendre les *mitsvot revient à* comprendre que c'est autour d'elles que s'organise notre quotidien. Par exemple, les bénédictions que je récite avant de consommer sont l'occasion de m'arrêter un instant ; et d'éprouver une reconnaissance à celui qui m'a créé.

La tonalité d'une journée, c'est la reconnaissance.

Un élément fondamental du judaïsme est de développer ses qualités et de travailler sur ses défauts.

Transmettre, c'est essayer d'être équilibrant, en construisant son propre équilibre.

Transmettre, c'est faire d'un enfant quelqu'un qui a une base construite, solide, qui lui permettra de toujours se redresser.

Entretien du 18 décembre 2007

Mardoché (dit Maxi) Librati

Né en 1925, à Lyon
Grand couturier

*

En 1950 et 1953, j'ai participé en qualité de footballeur aux Maccabiades d'Israël.

C'est là que j'ai rencontré un volleyeur, Daniel Einhorn, très lié aux Edelstein, une famille qui est dans le prêt-à-porter. Daniel est fiancé à l'une des filles. Je m'éprends de l'autre, Liliane, et l'épouse en 1955. De cette union naîtront mes deux enfants, qui nous donneront plus tard trois petits-enfants.

Bénéficiant d'une solide formation de styliste modéliste tout juste acquise à l'ORT, je persuade alors M. Edelstein que l'avenir est au Sentier. Installation rue d'Aboukir.

Le temps des ateliers « en étage » est révolu. Désormais, le client entre de plain-pied dans la boutique où l'on donne à voir, à l'extérieur, les productions de la maison.

Puis je vole de mes propres ailes et crée ma propre maison. J'engage alors quelques-uns de mes seize frères et sœurs. Nous dessinons, nous coupons, nous bâtissons, nous cousons.

En 1965, ouverture de La Gaminerie, à Saint-Germain-des-Prés.

C'est là que je fais la connaissance de Paco Rabanne, et que je l'aide à se lancer.

Un manteau en morceaux de vison conçu par lui est alors exposé à La Gaminerie, et fut remarqué par le milliardaire américain Neeman Marcus. Avec Paco et les autres nous partons présenter nos collections à Dallas. Le début de la gloire et de la notoriété qui connaîtra son apogée en 1984 avec l'ouverture de la boutique de l'avenue Marceau.

« Dans mon malheur, j'ai toujours eu de la chance ! »

Quel chemin parcouru depuis ce mois de février de 1925, où je vis le jour à Lyon !

Comme j'aime à le répéter en guise de devise : Dans mon malheur, j'ai toujours eu de la chance !

Premier né d'une famille nombreuse, j'ai vécu mes premières années à Saint-Fons, où se tenait une communauté juive, réduite mais possédant néanmoins une petite synagogue.

Originaires du Maroc (mon père de Taroudant, ma mère de Casablanca), mes parents ne savaient ni lire ni écrire.

Mais cette vie, au sein d'une famille traditionaliste, heureuse et modeste, allait être bien vite bouleversée.

Engagé après mon certificat d'études aux usines Berliet, je me retrouve soudeur. Incité par mon patron, je suis décidé à reprendre mes études pour devenir ajusteur-tourneur. Mais après mon échec au test initial d'orientation, mon père m'impose de devenir serrurier-forgeron.

Une chance que je lui dois, car cette spécialisation me sauvera la vie dans les camps !

Arrêté dans le train le 4 juillet 1943, ma carte d'identité portant mon second prénom, à savoir Mardoché, je suis envoyé au Fort Montluc, puis à Drancy, et finalement à Auschwitz le 2 septembre 1943 par le transport 59.

Sélectionné pour rester dans le camp parce que serrurier, je retrouvai la liberté après une succession d'étapes : Birkenau avec mon ami Kaddosh, le ghetto de Varsovie (où je fus envoyé pour travailler à récupérer des briques, des poutres, du plomb, du zinc), Kowno, Dachau, Kaufring-IV, enfin Allach, où je suis libéré par les Américains le 30 avril 1945.

De retour en France, je retrouve tous mes frères et sœurs, sauvés par des Justes, la famille Amblard (dont le père était le directeur de la Compagnie du gaz à Saint-Fons, où travaillait mon père), qui les avait tous cachés à La-Tour-du-Pin, dans l'Isère.

Le judaïsme est reconnaissance

Je n'ai rien oublié de l'horreur des camps, de l'horreur dont les hommes sont capables.

J'estime nécessaire le devoir de mémoire.

Mais je n'ai pas dit tout cela en détail à mes enfants, car je n'ai pas souhaité leur imposer ces souvenirs, ces souffrances. Peut-être aurai-je dû...

En tout cas, ces épreuves n'ont jamais entravé ma volonté de construire... et de venir en aide à mon prochain.

Le judaïsme représente tout pour moi. Étonnamment, mon judaïsme est de la reconnaissance.

Je suis de tout mon cœur avec mon peuple, avec ma communauté, avec ma famille.

Je prie tous les matins, à ma façon. C'est-à-dire pour la communauté. Cela me donne chaque jour cette force de continuer.

De faire avec ce que j'ai, et ce que je peux donner. À ma communauté, à mon peuple, à Israël.

Bien que d'une pratique fort différente de la leur, je reçois des *Loubavitch* la *sidra* de la semaine ; et ils viennent régulièrement me poser les *téphilins*. Cela me fait sentir que je fais partie de la « famille ». Il n'existe pas de différence entre celui qui connaît tout de la religion et de sa pratique, avec celui qui ne sait rien : nous nous respectons mutuellement.

C'est dans le même esprit que nous faisons Shabbat en famille.

L'exemplarité

Quoi qu'il en soit, je sais que tout ce que je « possède », je le tiens de mes parents, de leurs qualités morales, de leur générosité. Mon père, aussi pauvre fut-il, invitait régulièrement des gens à déjeuner avec nous.

Le plus beau cadeau de Dieu est de nous permettre de donner. Combien aimeraient le faire, et n'en ont pas les moyens ? Or, j'ai cette chance. C'est pourquoi, en toute sincérité, je plains ceux qui peuvent et ne savent pas donner. Et tout cela, je l'ai montré à mes enfants.

Les premiers paragraphes de ce texte sont empruntés, avec l'autorisation de l'intéressé, à la plaquette réalisée sur son itinéraire à partir de l'ouvrage Les derniers témoins, publié aux Éditions Safed - Gilbert Werndorfer, en septembre 2004.

Entretien du 17 octobre 2008.

Louise Magnichewer

Née en 1945, à Paris.
Libraire, responsable de la Librairie du Temple (Paris IVe).

*

Tenir une librairie, n'est-ce pas un acte fort de transmission ?

Dans un monde plein d'insécurité, le judaïsme rassure.

Face à notre monde dont on sait tant le manque de valeurs fortes, la possibilité de faire toutes les folies, face au vide que bon nombre doivent affronter, le judaïsme oppose une continuité, une pérennité. Il donne un sens. Il offre également une chaleur, notamment via la vie communautaire.

Dans notre Librairie du Temple, dans le Marais, je rencontre toute sorte de personnes, parmi lesquelles plusieurs vivent une rupture de tradition, une recherche de racines. Un grand nombre de Juifs viennent y chercher... des livres de cuisine, des CD de musique juive, etc. Ce n'est pas anecdotique. Voilà des quêtes intimes qui relèvent de leur histoire. Ils recherchent quelque chose qui leur parle de leur identité, de façon consciente ou inconsciente.

Certains viennent la première fois pour un besoin insignifiant ; ils cheminent et reviennent, jusqu'à trouver un ouvrage qui peut-être les rapproche d'eux-mêmes.

C'est pourquoi la librairie offre par les ouvrages exposés une « double entrée«, religieuse ou non. Nous voulons faire de cette libraire un lieu de transmission. C'est-à-dire mettre à disposition de chacun ce qui lui permet de se relier à sa source.

La fréquentation permanente du public qu'implique votre métier répond sans doute à un goût prononcé pour la rencontre. Aussi, quelle place accordez-vous à la rencontre du point de vue de la transmission ?

La vie est faite de rencontres. Pour ceux qui ne voient pas dans les rites l'essentiel à transmettre, il existe des moments de l'année qui sont propices au questionnement, qui sont ancrés dans chacun de nous, dans l'identité juive depuis plusieurs générations.

Cela ne demande qu'à refleurir lors de rencontres. J'ai bien sûr moi-même rencontré des gens qui m'ont fait aller plus loin, et qui m'ont rattachée à la pratique.

Quelles sont les meilleures façons de transmettre ?

La transmission se fait de multiples façons : un retour à la mémoire d'événements anciens, des traditions qui secrètent de l'émotion, l'histoire de la famille.

On joue tous un rôle vis-à-vis d'un autre Juif en créant du lien, consciemment ou non.

On transmet aussi à son insu. On ne transmet pas seulement ce que l'on verbalise. On transmet aussi en insistant, ou en se taisant. On transmet par son identité propre. L'on porte et l'on transmet aussi les caractéristiques culturelles de notre propre histoire.

Comment définiriez-vous ce judaïsme que vous avez reçu, puis transmis à vos enfants ?

Le judaïsme que j'ai reçu était attaché à l'histoire du peuple juif plus qu'à une pratique rigoureuse. Celui transmis à nos enfants a voulu être un judaïsme attaché aux rites et à l'étude.

Mon judaïsme est pratiquant, ouvert à l'expression des concepts (en français, langue du quotidien), européen, rationnel.

Dans la dynamique de Léon Askénazi (qui fut mon maître à l'école Yavné), le judaïsme est la chaîne des engendrements, les « Toldot ».

C'est ce qui fait lien. Nous sommes attelés à une histoire commune, avec une façon d'être homme.

On est dans ce mouvement de l'Histoire : on accepte ou non de « monter dans ce train », et on poursuit l'histoire.

On vit avec ses ancêtres. Ne rappelle-t-on pas à Pessah que nos ancêtres étaient des idolâtres ?

J'aime bien ce passage qui nous rappelle que nous sommes là pour faire évoluer, perfectionner le monde.

Pourriez-vous nous préciser vos origines familiales ?

Ma mère est née en France de parents juifs polonais, venus pendant l'entre-deux-guerres.

Mon père était né à Leipzig (Allemagne). Sa propre mère était originaire de Lodz (Pologne), et son père étant d'origine russe.

Éducation traditionaliste. Respect des fêtes, mais nous ne mangions pas systématiquement casher. Entrée en classe de 4e à l'école juive de Yavné, j'ai poursuivi mes études à l'université.

Vos choix fondamentaux (vie personnelle et professionnelle) semblent s'inscrire dans une fidélité à vos origines. Est-ce bien là votre démarche ?

Disposant de locaux, nous avons ouvert avec mon mari – également ashkénaze (de Pologne et Roumanie), qui reçut une formation scientifique et fut par ailleurs élève du rav Rotenberg – une crèche juive. Puis une école pour le primaire et le début du secondaire, où était prodigué un enseignement à mi-temps, religieux et général.

Au bout de quelques années et de quelques difficultés, nous avons fermé nos écoles. Libre de mon temps, je me suis trouvée à reprendre les rênes de la librairie, gérée auparavant par un membre de la famille.

Dans les années 60, nous avons participé tous les dimanches matin en dehors de Paris, à des actions sociales, pour permettre aux Juifs arrivés récemment d'Afrique du Nord, dispersés dans les banlieues, de se retrouver autour du Talmud Torah. Ces actions ont été initiées par le rabbin Paul Roitman, qui s'était fixé pour mission d'éviter leur assimilation. Nous étions dès lors inscrits dans cette dynamique de solidarité, de transmission et de retissage du lien social.

Notre vie juive prend toute sa dimension et son sens dans ce partage. Partage de valeurs spécifiques du judaïsme que nous voulons perpétuer, concrétiser dans la pratique, et de valeurs universelles.

Comment s'est effectuée la « transmission » dont vous bénéficiez aujourd'hui ?

J'ai eu la chance d'avoir comme professeur le Grand rabbin Touati, puis Léon Askénazi (Manitou) comme professeur de pensée juive et de philosophie !

Je fréquentais la synagogue où grands-parents, parents et enfants priaient dans un même lieu. Les grands-pères bénissaient leurs enfants. C'était un judaïsme alsacien où vivait une continuité entre les générations, ce qui m'a donné envie de faire de même avec mes enfants et petits-enfants.

À la suite de cette rencontre avec cette façon de vivre, familiale et communautaire, très naturellement s'est effectuée la rencontre avec l'étude, l'intérêt pour des choses plus raisonnées, la révélation des textes.

L'engagement juif s'est concrétisé tout aussi naturellement.

Cette éducation vous rend-elle différente ?

J'ai toujours vécu une singularité. Je me suis toujours vécue comme une étrangère, mais tout en étant en même temps parfaitement intégrée !

Ma grand-mère paternelle vivait avec nous et je parlais allemand avec elle. Je suis dans un monde parallèle à celui de la rue. Je cultive une double culture.

De quelle façon avez-vous vous-même transmis le judaïsme ?

Nous avons fait avec ce que nous étions, en nous inspirant aussi à l'extérieur pour transmettre une éducation traditionnelle.

Lorsque les enfants deviennent adolescents, c'est plus difficile. Chacun a dû construire son propre lien au judaïsme et à sa pratique.

Mais nous gardons un lien très fort avec tous, tant nos enfants que nos petits-enfants.

En qualité de grands-parents, nous avons un rôle essentiel, non pas éducatif mais d'identification. Notre responsabilité vis-à-vis de l'enfant, si elle ne relève pas de la quotidienneté, n'en est pas moins très fondamentale.

Du point de vue de la transmission, quelle place accordez-vous aux rites, à la pratique ?

La pratique maintient, transmet le message du judaïsme.

Sans pratique, le judaïsme ne serait pas arrivé jusqu'à nous.

Léon Askénazi disait : « Être juif, c'est une façon d'être homme. »

On est au monde différemment. La pratique du judaïsme, c'est accorder de l'importance à soi, aux autres, à la nature, aux choses. Donner un « plus » à ce qui est brut.

Ainsi, par exemple, avant de manger, l'on dit une bénédiction ; et ainsi l'on prend conscience de ce que l'on fait. En ne consommant pas immédiatement, mais en prenant davantage de distance, on donne du sens. En fait, on valorise le moment et l'acte. On pourrait, avec humour, parler de "valeur ajoutée"... dont il faut prendre conscience !

Je pense qu'avec mon mari nous avons transmis cela à nos enfants.

Transmettre le judaïsme en dehors du rite est difficile, très difficile, voire quasi impossible.

Lévinas disait en substance que le judaïsme, c'est comme faire de la bicyclette. Lorsque l'on pédale, on donne de la vitesse ; si l'on ne pédale plus, on s'arrête !

Mais il disait aussi qu'il y a toujours des flammes sous la braise. L'expérience de Hanoukah l'illustre bien. La petite flamme est toujours là, en veilleuse. À tout moment, à partir de peu, elle peut s'enflammer.

Entretien du 5 décembre 2007

Noémie Malka

Née en 1961
Directrice dans le secteur de la banque et de la finance

*

Toute ma jeunesse, je me suis demandée : Qu'est-ce que cela ferait à ma mère si j'épousais quelqu'un qui ne soit pas juif ?

Peut-être parce que la plupart de mes amis, comme de mes petits copains d'ailleurs, ne l'étaient pas. Mais juifs ou non, tous étaient très tolérants, ouverts sur le monde. Et bon nombre d'entre eux sont toujours mes amis.

Puis progressivement, je me suis aperçue que je fréquentais de plus en plus de Juifs.

Sans doute qu'au fil du temps, on se rapproche de ceux avec qui on a des affinités fondamentales, électives. Et la question ne s'est finalement pas posée...

Déracinement

Anciennement Mogador, Essaouira est la ville d'origine de mes deux parents, qui vécurent leur jeunesse sur cette presqu'île où la vie était très communautaire.

Mariés, ils habitèrent Casablanca. Mais suite à un grave incident (ma grand-mère paternelle s'étant fait poignarder dans la rue), ils décidèrent de quitter le Maroc sur-le-champ.

Déraciné, tout autant physiquement que culturellement, mon père avait, fin des années soixante, totalement changé de vie. Il aimait la nuit, jouait de la guitare et avait ouvert un café-théâtre.

Ce qui ne l'empêcha pas d'avoir gardé pour ses trois enfants le souci d'une éducation rigoureuse.

C'était une vie paradoxale : tournée vers l'artistique et en même temps l'affirmation d'une éducation stricte, notamment avec moi, sa fille.

Se construire

Son décès, alors que je n'avais que quinze ans, changea bien sûr notre vie.

La norme, c'était ma mère. Ce qui explique l'importance de l'étude au sein de notre éducation. Plus encore, la dominante était d'assurer notre indépendance ; financière, mais aussi et surtout pour construire notre personnalité ! Je n'ai pas été éduquée dans l'optique « Marie-toi ma fille ! », mais plutôt incitée à m'échapper, à m'échapper de ma condition de femme, de femme juive.

Elle voulait que ses enfants échappent à la tribu, sortent du cercle, car elle sentait intuitivement le risque d'enfermement.

Ce qui fait que nous n'appartenons pas à la tribu ni familiale, ni communautaire. Mais nous n'avons par pour autant quitté le judaïsme ! Bien que non religieux, nous sommes toujours très imprégnés de judaïsme, mais d'un judaïsme ouvert sur le reste du monde.

Ce qui nous rattachait au monde juif, c'était la famille. Paradoxalement, ayant par ailleurs peur de notre « dilution » dans le monde extérieur, ma mère fit une sorte de « retour », et nous inscrivit dans des écoles juives.

Dans cette école où je suis restée deux ans, j'étais à la fois très présente et étrangère.

On m'y appelait la « *goy* de service », car je n'étais pas comme les autres : très ignorante du judaïsme et très ouverte vers l'extérieur. À l'époque, la plupart des élèves étaient surtout des gens qui arrivaient directement d'Afrique du Nord, de milieux modestes, souvent peu cultivés, mais avec de bonnes connaissances en matière de pratique juive.

Cela dit, je garde un grand et beau souvenir de cette école, car c'était un « vrai retour ».

Dedans et dehors

J'ai toujours été dans cette logique de la double culture. Tout comme mon père. Il m'a transmis cette « contradiction », que l'on peut aussi définir comme une complémentarité. Contradiction si l'on s'en réfère à la façon dont les autres vous le font ressentir. Complémentarité, si l'on y voit la façon dont on aimerait la vivre.

Ce judaïsme est le partage d'une histoire commune séculaire, le même souci de la réflexion, du travail sur soi-même. Ce qui conduit d'ailleurs certains à être de véritables « torturés » !

Cette omniprésence de l'interrogation sur nos racines, notre façon de penser – qui n'a rien à voir avec la religion – caractérise une façon d'être juif. Celle qui refuse le « Fais, tu comprendras ! »

Ce qui met en décalage avec une certaine pratique religieuse que je rencontre souvent à Paris, qui me paraît coercitive. La communauté religieuse bien trop "suiveuse". Cela m'effraie.

Mon fils pour sa part a fait sa bar mitsvah au cours d'un voyage itinérant en Israël, une sorte de retour aux sources, de voyage initiatique. Essentiel pour que mon fils en garde trace.

La cérémonie religieuse eut lieu au pied du mur d'enceinte du temple, devant le Musée archéologique de Jérusalem, où il a fait la lecture de la *paracha*.

Mon fils est retourné en Israël avec l'AUJF (Appel unifié juif de France) avec une trentaine d'enfants Ils ont fait pour s'y rendre, un parcours calqué sur celui de l'Exodus ; avec l'objectif de se préparer à être un jour contributeurs à leur façon pour leur propre communauté ou pour Israël. Il est revenu émerveillé de ce voyage.

Ma fille célébrera prochainement sa bat mitsvah, qu'elle prépare avec une femme issue d'une famille très religieuse, mais qui vit son judaïsme de façon libérale. Et nous effectuerons bien sûr un voyage familial, sans doute en compagnie d'une ou deux de ses amies.

J'explique à mes enfants qu'il faut « en être sans être ». Je reconnais que cela peut paraître un peu compliqué ! Et tout particulièrement de le transmettre !

En fait, si je ne sais pas exactement ce que je veux, je sais par contre très précisément ce que je ne veux pas ! Je sais ce qui me fait peur, notamment de devoir respecter quelque chose sans le comprendre.

Si par moments j'ai besoin de me ressourcer, je n'ai pas pour autant besoin que l'on me dise comment vivre.

Les extrêmes m'inquiètent. Les gens très religieux ont une pratique qui les enferme, quoi qu'ils en disent. Je respecte leur choix, mais ne partage absolument pas cette façon d'être.

Pas plus d'ailleurs que celle de ceux qui vivent repliés sur leur communauté d'origine, entre eux.

Les premiers comme les seconds s'empêchent de s'ouvrir au monde, de voir les autres !

Or, ce repli est un obstacle à l'enrichissement, à l'évolution personnelle.

La différence

Cette ouverture n'interdit pas de cultiver son judaïsme. En famille et par soi-même. Sur ce dernier point, je dois reconnaître qu'en ce qui concerne l'étude, je n'ai pas eu l'opportunité d'aller très loin !

À chaque tentative, ce fut une déception intellectuelle. Mais sans doute n'ai-je pas rencontré ceux qui sauront satisfaire mon attente.

Cette ouverture n'interdit pas, comme je viens de l'évoquer, de transmettre son judaïsme. Ce que chacun réalise selon notamment son choix et son degré d'implication. Ce qui est confirmé par bien des personnes que la communauté ne ménage pas ; par exemple ceux issus d'un mariage mixte !

Ainsi je dois reconnaître que certains qui ne sont pas juifs au sens *halakhique* sont sans doute plus imprégnés de judaïsme que d'autres qui le revendiquent bruyamment. Je pense en particulier à un membre de ma famille qui, de mère non juive, transmet sans doute bien plus que moi !

Cette même ouverture ne dispense non plus d'affirmer son judaïsme, qui n'est pas quelque chose univoque.

Le judaïsme, c'est l'histoire, notre histoire. Le parcours. Également une forme d'intellect, une philosophie.

C'est aussi la communauté, car il faut partager cette histoire. Et bien sûr la religion.

Il nous faut partager et transmettre tout cela à nos enfants : ces mêmes valeurs, morales et familiales. Je dis à mon fils : « N'oublie pas qui tu es. » Je cherche à lui apprendre qu'il doit être en même temps « dehors » et « dedans ». Sans oublier sa différence. Car être différent, singulier, est un moteur.

Entretien du 16 novembre 2007

Mathilda May

Née en 1965, à Paris
Comédienne
Auteur de Personne ne le saura, ouvrage paru en 2007
aux éditions Flammarion

*

Nous sommes tous le fruit de mélanges. L'incarnation identitaire est faite de mélanges. L'identité est le fruit de nos rencontres. Plus l'identité est bâtie à partir de nombreuses composantes, plus elle est forte. Aimer n'est pas rechercher son double. Que ce soit l'homme avec qui vous partagez ou votre enfant.

Le dit et le non-dit

Enfant d'après-guerre, je suis issue d'une famille qui a subi des décès et vécu des sauvetages.

Mon père, Victor Haïm, est le fils d'un Juif algérien né à Istanbul et d'une jeune femme juive grecque ayant vécu en Égypte. Ils se sont rencontrés à Nantes, descendants tous deux de Juifs chassés d'Espagne à la fin du XVe siècle. Ils parlaient ensemble le judéo-espagnol (apparu à partir des XVIe-XVIIe siècles).

Le père de mon grand-père, homme illettré, a déclaré officiellement son fils comme s'appelant Joseph Haïm, soit deux prénoms. Et le nom patronymique de Lévy disparaît alors au profit de Haïm.

Caché en Auvergne, mon père a été marqué par la peur.

Comme le dit en substance Alice, héroïne de mon roman : il ne parlait pas et s'était réfugié dans le silence. Et moi je savais que le poids du souvenir était trop lourd pour être évoqué. J'écris précisément dans *Personne ne le saura* (page 17) : « Je savais la puissance dévastatrice de ses cauchemars. Sa mémoire était restée muette jusqu'à son dernier souffle, prisonnière de sensations trop insupportables pour être partagées. »

Ce traumatisme, plus le deuil, la douleur et l'injustice ont marqué son judaïsme. D'où sans doute la révolte qui s'en suivit, et sa forte revendication de sa laïcité.

Mais tout en affirmant fortement son athéisme, il évoquait si souvent le judaïsme que celui-ci en devenait omniprésent.

Chez chacun, la transmission se fait beaucoup plus à son insu qu'à travers ce que l'on veut bien dire à ses enfants. Le poids des non-dits m'a été transmis bien davantage que ce qui m'a été raconté.

Positiver

Karin Haïm, mon prénom et mon nom traduisent bien ma double origine, suédoise et juive. Étonnamment, ma sœur, de six ans plus jeune que moi, porte quant à elle un prénom juif.

Ma mère, danseuse de profession, Suédoise venue travailler à Paris, était bouleversée par la Shoah, qu'elle semblait avoir vécue à travers l'histoire de son mari.

L'un des protagonistes de mon roman, Carlos, dit (page 184) : « Les chemins que nous choisissons d'emprunter sont toujours semés d'embûches, de pièges dans lesquels nous tombons souvent, mais malgré les blessures et les plaies qui ne cicatrisent pas, nous nous relevons parce qu'il y a cette force de vie dont nous avons hérité depuis le premier être vivant sur terre. Il faut faire avec cette transmission, avec cette histoire-là. C'est notre malédiction, et notre force. C'est notre condition d'être humain. »

En réponse à la noirceur, j'ai parcouru mon propre chemin vers une dimension plus positive du judaïsme.

Cette positivité, je la retrouvais grâce à des spécificités comme la musique, notamment le violon - cet instrument fétiche du judaïsme - car mes parents étaient tous deux très mélomanes.

Sans véritable éducation juive, je me suis rapprochée progressivement du judaïsme.

Essentiellement par le biais des hommes que j'ai rencontrés. Il y avait quelque chose de l'ordre de l'indicible, d'une forme de lien, de compréhension et d'un partage d'un même questionnement sur le monde.

Il y a une spécificité, pas très gaie il faut bien le dire, de cette interrogation sur le monde.

La question de sa place dans le monde, dans la société, que tout un chacun se pose, est une question centrale pour le peuple juif.

Les nazis ne posaient-ils pas la question de la place occupée par les Juifs dans la société allemande ?

Par ailleurs, on sait aujourd'hui en psychologie l'importance de sa place dans la fratrie, et le poids de la culpabilité du survivant.

Or, en tant que Juifs, nous sommes tous un peu des miraculés ; nous sommes issus d'un peuple qui s'est toujours battu pour survivre, pour avoir une place.

Appartenance et reconnaissance

Les mêmes questions reviennent de génération en génération.

Mon fils a été très marqué par l'histoire de son peuple au point de faire en sorte que le judaïsme soit très présent dans sa vie.

Âgé de six ans, à l'occasion d'un shabbat, il a émis le désir d'y participer de façon plus impliquée. Il a alors décidé de ne plus jamais manger de porc. Et depuis ce jour, son père n'en mange plus non plus !

Pour me marier religieusement, j'ai dû suivre des cours d'hébreu, d'histoire juive, etc., à la suite desquels il m'a été demandé d'écrire une lettre, sorte de « lettre de motivation », démontrant que mon mariage religieux était une authentique implication du point de vue du judaïsme.

Le fait d'écrire ce texte m'a contraint à effectuer un chemin qui s'est révélé complémentaire avec le travail analytique que j'avais engagé par ailleurs.

Intimité familiale et histoire des ancêtres, tout cela se rejoignait, et cette lettre en explicitait la cohérence.

Fondée sur la recherche des effets du passé sur la personnalité, la psychanalyse « symbolise »

d'une façon individuelle l'histoire de la mémoire collective juive.

Puis j'ai présenté cette lettre devant trois responsables de la communauté libérale où j'allais me marier, et qui m'ont dit : « On vous écoute. » J'ai alors expliqué en quoi je me sentais juive. Et à l'issu de l'entretien, l'un d'entre eux m'a dit : « Vous vous sentez juive. Sachez que désormais nous vous considérons comme juive. » Cette phrase eut un impact d'une force énorme : j'étais officiellement reconnue comme appartenant... à une sorte de famille.

L'art

Être célèbre, c'est être reconnue.

Ce besoin de reconnaissance nous concerne tous, et tout particulièrement bien sûr les artistes, les écrivains.

Par l'art, on transcende, on sublime sa propre attente, sa propre douleur. Ce qui compte alors est ce que l'on fait des épreuves que l'on traverse. Par l'action artistique, on transforme le malheur en quelque chose d'universel, qui touche les autres. Et le partage mène à la reconnaissance.

Le blues rejoint le violon qui pleure, tout comme les chants yiddish.

Il faut des références

Dans la pratique juive, la transmission passe par des récits oraux que transmettent les anciens aux plus jeunes ; cette tradition est structurante et redéfinit une hiérarchie saine et nécessaire.

Le passage à l'âge adulte est toujours une étape difficile et, on le sait, tout particulièrement aujourd'hui.

Or, le judaïsme apporte, avec la bar et la bat mitsvah, un rituel, une fête, une réponse que la société ordinaire n'offre pas ; elle n'a pas d'équivalent. Ce qui explique une part des difficultés rencontrées par de très nombreux jeunes en manque de repères.

Il faut transmettre pour permettre des choix. Et l'on ne peut choisir que si l'on sait.

L'apport de références est essentiel et passe notamment par le texte, la chose écrite.

Or, par rapport aux données intellectuelles, j'ai vécu comme d'ailleurs à propos du judaïsme, une sorte de déni. Rivalité avec mon père, écrivain ?

Danseuse, comme ma mère, je ne me préparais pas à cette carrière de comédienne. J'ai été choisie pour faire du cinéma, choisie pour être actrice.

Et seulement ensuite j'ai décidé de m'instruire. Par le biais de ma première maternité, quand j'ai éprouvé le besoin d'en savoir plus sur l'enfant, l'éducation. J'ai lu alors des textes de Françoise Dolto, et suis devenue passionnée de psychologie. J'ai engagé un travail sur moi-même.

Petit à petit j'ai fait le tri, et j'ai réussi à me débarrasser de certains fardeaux qui n'étaient pas les miens. Grâce à ces études d'autodidacte, j'ai fini par me rejoindre, à me rapprocher de moi-même, jusqu'à parvenir à l'écriture, à oser écrire, avec mes émotions, mon ressenti, sans m'embourber dans des références encombrantes.

J'ai décidé d'être au plus proche de mes émotions : en recherchant le mot juste, en créant une histoire sans effets de style, en traduisant ce que je ressentais à partir de mes personnages.

Cela m'a permis de faire converger toutes les composantes de mon identité, dont bien sûr le judaïsme - et ainsi d'être plus à même de le transmettre.

Entretien du 20 décembre 2007

Sonia Medina

Née en 1961, à Tunis
Productrice et réalisatrice d'œuvres audiovisuelles

*

Je ne sais pas ce que c'est que d'être juive, ni comment être juive.

Et pourtant toutes mes grandes histoires d'amour l'ont toujours été avec des hommes juifs, et de surcroît tunisiens.

Issue d'un milieu bourgeois juif tunisien, j'ai vécu mon enfance et ma jeunesse dans un univers où la transmission du judaïsme passait par Yom Kippour, Pessah, « la fête des garçons » ; où comptaient les nombreuses réunions familiales avec beaucoup de monde, beaucoup de bruit, et bien sûr les prières (bien que personne ne sût lire l'hébreu !).

Évidemment, il faut aussi rappeler combien était centrale la nourriture ; de même que les ambiances festives, nullement spirituelles et d'où était étonnamment absente la moindre superstition !

Élevée en France je savais que j'étais juive, juive de Tunis, donc différente. Et j'ai souffert de cette différence.

Tout était en fait assez mélangé : Juive, Française, et très critique vis-à-vis d'Israël compte tenu de mes opinions politiques de gauche, alors qu'en même temps ce pays était très présent au fond de mon cœur...

Je n'ai jamais fait Shabbat, par peur de la contrainte, de l'étouffement.

Compte tenu de toutes ces contradictions, cette question du judaïsme aura finalement été pour moi un déchirement. Une éducation plus spirituelle, plus traditionnelle, m'aurait certainement évité ces difficultés.

C'est le regard des autres qui me fait sentir que je suis juive. Ou bien lorsque je rentre à la maison et que je retrouve mes enfants, et que j'éprouve alors une sensation forte d'appartenance. Par contre, je ne me reconnais pas dans la pratique, dans les rites. Là est mon malheur !

J'aurais aimé que l'on m'apprenne dès mon plus jeune âge mon appartenance, plutôt que ce chaos dans lequel j'ai été élevée, qui n'apportait pas de relation concrète à la religion, ni aucun regard réel sur le texte.

On m'a transmis un lien qui n'est ni religieux, ni spirituel. On m'a transmis un lien juif tunisien, plus tunisien que juif.

Besoin d'imaginaire

Le père de mes deux enfants est juif tunisien ; de même que mon compagnon avec qui je partage aujourd'hui ma vie. Ma fille de vingt et un ans vit avec un Juif maroco-tunisien ; l'amie de mon fils est de mère juive tunisienne ! Ai-je transmis cette recherche du chaleureux, du volcanique, du chaotique… ?

Suivant les conseils de ma mère, qui me disait : « Ma fille, tu dois avoir des diplômes, car on ne sait jamais ! », j'ai fait de longues études : trois licences (lettres, philosophie, audiovisuel) et un DEA d'anglais.

Je cherchais ma voie dans un monde que je pourrais façonner, où primerait l'imaginaire.

Rien de mieux que la littérature, le cinéma pour répondre à ce besoin d'ouverture. À l'opposé du monde fermé de la religion, du moins telle que je la percevais alors.

Je regrette cette perception. Mais le fait est que j'écoutais plus volontiers le discours d'un professeur de philosophie que celui d'un rabbin, que je vis toujours comme le fruit d'un enfermement !

J'étais au milieu de nulle part, sans revendication forte du judaïsme autour de moi. Il m'a manqué sans doute une communauté forte, bien ancrée dans son identité juive, finalement mal assumée.

Repli

D'une certaine façon j'éprouvais une certaine honte.

Honte d'être juive tunisienne, parce que ne parlant pas « pointu » comme les Français ? De notre façon d'être, de notre enthousiasme dérangeant ?

La honte aussi de ne pas avoir souffert comme les Ashkénazes. En tant que Séfarades, Juifs élevés en France, on se sentait les Juifs de la honte, comme ceux qui ont échappé à tout ! Aux nazis, aux colonisateurs, etc.

Je n'ai jamais pu faire en sorte que mes parents parlent de leur propre souffrance, de leur exil.

J'ai réussi à ne pas m'éloigner de ce monde, tout en vivant à côté.

La communauté juive tunisienne de France est très repliée sur elle-même, vivant en groupe. Le groupe ne bouge pas : ils vivent ensemble, se marient entre eux, ont le même canapé ou la même voiture, ils partent en vacances ensemble, etc. Leur mimétisme est prégnant. Difficile d'intégrer le groupe !

Aussi ai-je toujours vécu avec des Tunisiens, mais à la marge.

Je reconnais volontiers qu'ils semblent vivre ainsi très à l'aise, sans honte d'être juifs.

Finalement, peut-être avais-je honte d'être juive…

Ouverture

Puis je me suis posée une question, très juive, celle de la reconnaissance, de la légitimité.

Il fallait que j'exprime tout cela ; j'ai donc écrit des nouvelles, aujourd'hui publiées sous le titre de : *Rouge harissa* (Éditions David Reinharc).

Voici quelques mois, j'ai également réalisé un film, sur et avec Albert Memmi, intitulé : *Une trinité apaisée*. Il a réussi, lui, à extérioriser cette angoisse.

Je ne connais pas la Tunisie, et en même temps je vis au quotidien avec ce pays !

J'avais lu, à l'âge de dix-sept ans, son livre *La Statue de sel*, que j'ai relu récemment. D'où mon désir de le rencontrer pour qu'il m'explique comment faire avec toutes ces identités.

Cette rencontre m'a apaisée.

Son livre *Agar,* qui traite du mariage mixte, se termine par une séparation, alors que lui vit avec la même femme non juive depuis cinquante ans !

Épouser quelqu'un d'une origine ou d'une culture différente conduit nécessairement à une attitude plus ouverte que lorsqu'on épouse un homme ou une femme de son univers.

La femme juive tunisienne attend de son mari qu'il soit comme prévu, d'où l'absence de toute tentative pour le découvrir. Du coup, l'homme ne « se découvre » pas.

Et si jamais il ne répond pas à l'attente considérée comme légitime, alors surgit le mépris.

Pour être, il faut penser plutôt que consommer. Cette seconde option conduisant tout droit à : je suis ce que je porte !

Mon ex-mari, que j'ai quitté, vit aujourd'hui avec une femme non juive. Je comprends maintenant pourquoi, car je fonctionnais alors comme ces femmes que je viens d'évoquer !

Après un long travail d'introspection, je vis aujourd'hui avec un compagnon juif, psychiatre psychanalyste !

La transmission du judaïsme féminin

Les femmes non juives qui ont des maris juifs ont à le découvrir ; elles doivent découvrir l'autre. Elles n'attendent pas leur dû comme je l'ai fait, moi Juive tunisienne.

La transmission du judaïsme est passée par les femmes, non par le texte ou la connaissance. Mais par un matriarcat puissant et castrateur, qui n'est en rien épanouissant. Et qui conduit à une sorte de déni des hommes : je te façonne comme je souhaite que tu sois.

Cette situation est évidemment très difficile pour l'homme. En échange de quoi on lui donne des enfants, on lui crée une famille ! Peut-il s'en satisfaire ? Surtout, n'est-ce pas la meilleure (ou la pire !) des façons de laisser libre cours à son machisme latent ?

Ce monde est plein d'interdits, qui font que l'homme et la femme ne se rencontrent pas.

Et le judaïsme au milieu de tout cela ? Il passe par la trivialité de l'image de la famille juive.

Un grand besoin de vérité

Ma réponse à cette complexité est la création. Les projets abondent, dont deux films en préparation. Telle est ma façon de dépasser mon angoisse, de comprendre l'autre, de toucher la différence ; alors que je ne cherchais qu'à comprendre ceux qui me ressemblaient.

Autre forme de transmission qui m'importe, l'enseignement. Je suis professeur de production dans une école de cinéma, dont les étudiants viennent de tous pays pour suivre un master en anglais. J'aime particulièrement cette activité, dont je tire une grande satisfaction, notamment par la qualité des rapports humains. Transmettre n'est valable que s'il y a échange.

J'aurais pu vivre une vie toute tracée, mais j'ai eu besoin de vérité. Il faut transmettre à nos filles cette exigence.

Heureusement que mon père m'a transmis beaucoup de force, de dynamisme, de confiance en soi. La force du peuple juif est de toujours absorber, comprendre, refaire.

Cela est souvent si différent à l'intérieur même de familles juives tunisiennes, où l'étouffement s'impose et devient vecteur d'angoisse.

À l'occasion d'un projet imminent, je dois rencontrer une femme ashkénaze du Sentier.

Voilà une belle occasion de comprendre l'autre...

Entretien du 4 mai 2007

Dominique Nahon

Née en 1957, à Meknès (Maroc)
Enseignante du secondaire en sciences économiques et sociales, à l'ORT

*

Une double culture séfarade

Notre judaïsme était bien vivant et en même temps classique.

Mon grand-père paternel s'appelait Benayoun. Ma grand-mère maternelle était une Lévy ; et son mari, qui s'appelait Mrejen, eut comme père un personnage important du *mellah* de Meknès qui avait créé une aide aux plus démunis, équivalent de la Sécurité sociale !

Mon père, venu d'Algérie (avec un judaïsme « light »), avait fait son service militaire à Meknès, en tant que Français. C'est à cette occasion qu'il fit la rencontre de ma mère. Ils avaient reçu des éducations diamétralement opposées.

Nous étions des Français juifs vivants au Maroc. C'était particulier. Le judaïsme était transmis par ma mère, le côté patriotique français par mon père. J'allais dans un lycée français. Et née au Maroc, je me sentais marocaine et française.

Le judaïsme a toujours été quelque chose de joyeux

La joie régnait partout : aux repas, pendant les prières. Nous allions à la synagogue avec mon grand-père, qui, veuf, vivait à la maison. Or, s'il était très religieux, tout ce qui tournait autour de la Loi était néanmoins joyeux. Dans la biographie d'Hannah Arendt, écrite récemment par Laure Adler, on retrouve cette même ambiance joyeuse des grandes tablées.

Mon éducation relieuse a consisté en quelques rares passages au Talmud Torah. On n'accordait pas aux filles la même importance. La bat mitsvah n'existait pas. Le plus important était l'âge des règles : on nous disait alors : Tu deviens une femme. Et puis voilà ! Mais bien sûr, on apprenait petit à petit un certain nombre de choses.

À cause de l'origine française de mon père, nous allions dans des établissements français. Pendant une année, j'ai fréquenté au *mellah* une école juive (de l'Alliance israélite universelle) pour suivre la classe de sixième. Ce fut une année merveilleuse. J'avais enfin l'impression d'être juive.

Le judaïsme familial au quotidien, c'était le Shabbath

Je n'ai pas souvenir de l'allumage des bougies. Mais je me souviens que ma mère faisait du pain, préparait tout un repas. Elle préparait la « plaque » de Shabbath pour ne pas avoir à allumer le feu. Elle disposait en fait un petit réchaud à gaz – ce qui pouvait être dangereux. En préparant le pain elle prélevait dans la pâte un petit morceau qu'elle faisait cuire à part. Et puis, avant le repas : le bain ! Pas le bain rituel, où ma mère, elle, se rendait. Mais le bain pour se laver, pour être prête pour l'entrée du Shabbath.

Et puis les fêtes. Toutes les fêtes. Et la *cashrout*. Ainsi avant Yom Kippour mon grand-père choisissait les bêtes dans le poulailler les bêtes, au plumage bien blanc. Et l'on faisait « kapara ». C'est-à-dire la prière pour transférer tous les péchés sur l'animal ; puis le rabbin tuait la bête de façon rituelle. Ma mère a poursuivi cette tradition.

Les poules tuées étaient ensuite distribuées aux personnes pauvres. C'était là encore dans un contexte de joie. On vivait une *cashrout* joyeuse.

Respect du calendrier hébraïque.

La Pâque juive était une fête merveilleuse. Ma mère repeignait l'appartement ; on avait droit à des vêtements neufs. On sortait la vaisselle de Pessah : il y avait un placard pour Pessah, avec un trousseau de clefs spécifique !

Une autre fête magique : *Soukkot*. Une vraie *soukka*, où l'on déjeunait, dînait. La maison était vide puisqu'il n'y avait plus de table de salle à manger, plus de chaise : c'était la transhumance.

Ce qui devint moins drôle, d'année en année, fut le comportement des voisins nous jetant quelques objets…

Notre « pratique » était plutôt un mode de vie

On ne parlait pas de religion. On n'évoquait pas le péché ! Je n'ai d'ailleurs jamais évoqué ce mot devant

aucun de mes quatre enfants. C'était plus de l'ordre de l'interdit. Le fait d'être juifs et en même temps français, créait une imbrication morale particulière.

Nous n'étions pas attachés à une communauté, sauf dans ma prime enfance, car mon grand-père fréquentait alors au *mellah* une synagogue qu'il avait financée ; et ce jusque dans le milieu des années soixante. En fait, il y eut deux périodes distinctes : avant et après l'année 1965.

Mes parents m'ont transmis le judaïsme, mais non par des voies intellectuelles.

En fait, ce n'était pas tant mes parents que mon grand-père, qui sans beaucoup parler, était le garant. Il assurait le passage du flambeau, avec ma mère pour ce qui était de la tradition.

Il était un « patriarche », à la fois dans la communauté juive et dans la famille. Il n'en tirait ni gloire ni avantage. Bien que devenu très riche grâce à son travail, à son métier, il observait en même temps de façon stricte les règles juives, et ce en toutes circonstances, y compris professionnelles. C'était la figure de référence.

Naître, être et se sentir juif. Que de différences !

Mon appartenance au peuple juif se construisit petit à petit. Ce n'est pas parce qu'on naît et que l'on est juif, que l'on a le sentiment d'être juif.

Au Maroc, les choses se faisaient naturellement. Et en même temps on ne pouvait pas parler d'Israël ! Cette appartenance à un peuple constituait un sujet difficile, tabou, caché – ne pas se faire remarquer. Les communautés juives et arabes vivaient bien ensemble ; mais en même temps de façon « clivée ». Situation complexe. Et en plus nous étions français ! Aucune évidence immédiate au fait que nous étionss juifs.

Ceci dit, mes frères et sœur et moi-même n'avons pas tous les quatre reçu la même éducation.

Mon frère aîné a été élevé et « éduqué » religieusement » par mon grand-père. Il partageait sa chambre avec lui, et se trouvait ainsi immergé dans un judaïsme intelligent... intellectuel.

Mon second frère n'a pas reçu une éducation religieuse aussi stricte. Il a toujours gardé une distance vis-à-vis du judaïsme. Et sans doute s'est-il davantage « positionné » par rapport à mon père, qui ne lit pas l'hébreu. À la suite du départ de mon grand-père pour Israël (sa femme étant décédée en 1965), puis de mon frère aîné pour la France, il nous restait la tradition des réunions de famille. Ainsi pour Pessah, nous avions un disque qui reprenait tous les chants de la *Haggadah* ; et nous suivions ainsi le déroulement de la fête.

Ma mère avait une position intermédiaire entre celle de ce grand-père religieux et celle de son mari, pour qui l'important consistait à obtenir le baccalauréat.

Le sionisme était une notion lointaine, qui a surgi progressivement.

Ayant des difficultés scolaires, j'ai passé une année dans une école juive. Alors que j'habitais dans la ville moderne, tout à coup j'ai passé beaucoup de temps dans le *mellah* et découvert une répartition des tâches bien différentes de celles de la maison.

Deuxième temps fort : mon frère aîné, parti pour la France afin de poursuivre ses études, épousa une femme non juive. Discussions à Meknès entre lui et mes parents. Grand chagrin. De part et d'autre.

À partir de ce moment-là, on a commencé de parler des mariages mixtes. J'avais 15 ans. Moment terrible. Je me suis dit de façon claire : Qui suis-je pour imposer ma religion à quelqu'un ? Ce fut très violent... et j'ai pensé que je n'avais pas ce droit. À partir de ce moment-là, j'ai décidé de regarder dans une direction, et de m'interdire de regarder dans une autre. Éviter ainsi une situation trop violente.

Il faut prendre en compte les « dissonances cognitives » : tu n'es pas seul et tu dois trouver un équilibre. Et j'ai compris alors combien le judaïsme comptait. Et pas de conversion possible par convenance. On ne demanderait pas à quelqu'un de se convertir au bouddhisme par convenance personnelle, et non par conviction.

Le mariage est de nature multiple : avec le conjoint, face à Dieu, pour les enfants et la famille. Se marier religieusement signifie que tu adhères, et que tu as besoin de cette bénédiction. Tu t'inscris d'emblée dans une transmission.

La meilleure façon de transmettre consiste à s'y prendre dès le départ !

Commencer par les règles alimentaires. Éviter de mélanger lait et viande dans le biberon, voilà une façon d'initier la transmission !

On crée une ambiance : l'enfant sait que le vendredi soir on prépare une table. Et que l'on va toujours manger tous ensemble ce jour-là, quoi qu'il arrive. Et prier.

En parallèle de la tradition des grandes fêtes, parler, parler avec ses enfants, très tôt. Pourquoi important d'adhérer et de pratiquer, ce qu'eux-mêmes peuvent en tirer. Très important d'expliquer.

J'ai eu des manques en termes de contenus, ne serait-ce que parce que je ne lis pas l'hébreu.

Le calendrier est important il structure. Il empêche de « divaguer » en tous sens.

On peut en devenant adulte sortir de cette structure.

J'ai l'impression que, enceinte de mon premier enfant, ma fille aînée – j'avais 27 ans –, j'ai adhéré à la LICRA... pour lutter contre le racisme à l'égard des Maghrébins. Alors j'ai entendu parler de la Shoah ; et j'ai découvert les livres de Primo Levi. Ce fut également le moment de ma véritable découverte de la Bible, que je n'avais encore jamais lue. Seule !

Ensuite, il y eut la parole. Expliquer aux enfants pourquoi on se déguise à *Pourim,* lire la *Haggadah* à Pessah. Mes enfants ont tous été au Talmud Torah, et ont également reçu un enseignement à domicile avec un professeur. Je n'imagine pas que l'on puisse parler de judaïsme en faisant l'impasse de *Kippour,* Pessah et *Pourim.* Il ne s'agit pas ici de simples abstractions. La transmission ne se fait pas de manière unique.

On ne peut pas ne pas transmettre son judaïsme, ne serait-ce qu'inconsciemment.

Je pense à ces rescapés de la Shoah qui ont abandonné l'idée de Dieu, et qui ont par suite abandonné les traditions. On s'aperçoit cependant que, dans bon nombre de cas, ils ont néanmoins transmis quelque chose de leur judaïsme. Quoi, comment ? Une sensibilité... l'autre...

Difficile d'évoquer sans émotion ce thème. Le judaïsme passe par tous les sens. Entendre la lecture de la *paracha,* la prière... Je dis souvent aux enfants de ne pas oublier de faire leur prière avant de s'endormir. Je n'y vois pas de la religion stricto sensu, mais plutôt un moment privilégié pour prendre conscience de la vie. Existe ce que l'on voit et ce que l'on ne voit pas.

Le judaïsme est une aventure humaine

Le judaïsme : des règles, des lois. Egalement une histoire, gaie et tragique, une religion, une philosophie, une culture. Une fois ces éléments agencés, tu as un modèle, une structure à laquelle tu adhères par paliers.

C'est une trame, à la fois claire et souple.

La religion est ici un élément parmi les autres composantes. Il y a des textes de référence. Mais la singularité de la religion juive, c'est l'humain ; avec ses contradictions. Et ce qui te permet d'avancer face à ces contradictions, c'est ton libre arbitre.

Être juif, c'est devenir un être humain.

Entretien du 24 janvier 2008

Gérard Nahon

Né en 1931, à Paris

Directeur d'études émérite à l'École pratique des hautes études (Sorbonne), section des Sciences religieuses. Directeur (avec Simon C. Mimouni) de la collection de la Revue des Études juives.

A notamment publié Les Hébreux (Seuil, 1963) ; Métropoles et périphéries séfarades d'Occident. Kairouan, Amsterdam, Bayonne, Bordeaux, Jérusalem (Cerf, 1993) ; La Terre sainte au temps des kabbalistes 1492-1592 (Albin Michel, 1997) ; Juifs et judaïsme à Bordeaux (Mollat, 2003). Collaborateur de L'Anthologie du judaïsme dirigée par Francine Cicurel (Nathan, 2007).

*

Curieusement, le premier chapitre de mon premier livre s'intitule « Transmission » (*Les Hébreux*, 1963) !

Étant donné qu'il s'agissait de mon premier ouvrage, je me suis demandé : « Par quoi vais-je commencer, qu'est-ce qui est essentiel ? » Or, c'est justement le processus de « reprogrammation » qui fonde l'histoire des Hébreux et ce, depuis l'Antiquité. Le judaïsme n'est jamais *donné* tel que, même si l'on peut penser que c'est le cas.

Il faut recommencer à chaque génération ; il faut « réinitialiser » le système comme s'il n'y avait rien d'inscrit auparavant. C'est d'ailleurs en ce sens qu'il y a un peuple juif : le peuple juif est d'abord et avant tout un peuple qui se souvient.

Question de volontarisme : la transmission ne se fait pas toute seule.

Enseignant autrefois à l'École normale israélite orientale de l'Alliance israélite universelle, où Emmanuel Levinas m'avait engagé comme conférencier d'histoire juive, je savais bien sûr qu'il existait une Loi écrite et une Loi orale. Cette dernière, comme son nom l'indique bien, est transmise oralement, et cela *ne varietur.* Du moins en principe ; on transmet exactement les paroles d'un sage, pour qu'elles servent de norme de vie ; qu'elles servent de règle de vie, de *Halakhah,* la norme rabbinique.

Mais, bien jeune alors, il m'arrivait de mettre en doute cette idée que l'on ait pu transmettre ainsi un texte sans aucune altération, et ce, pendant tant de siècles !

Et puis j'ai lu le livre de Thor Heyerdahl, *Aku-Aku, le secret de l'île de Pâques,* traduit du norvégien par Marguerite Gay et Gerd Mautort (Albin Michel, 1958). Il décrit justement des populations sans écriture qui transmettent tout oralement, de génération à génération, et ce sans rien changer du texte précédent, du texte initial ! Et cela par le moyen de répétitions systématiques voulues et organisées.

Je m'en suis alors entretenu alors avec Emmanuel Lévinas, en lui disant que j'étais à la fois très surpris et fasciné de voir ces sociétés transmettre ainsi, et produire un tel phénomène comparable à notre propre transmission orale. Il me répondit, avec son sourire légendaire, à la fois narquois et bienveillant : « Mais c'est tout autre chose. » Et de m'expliquer que ces sociétés dites « primitives » transmettent effectivement et apparemment sans changement. Mais toutes sont des sociétés statiques, des sociétés « sans histoire » (du moins à ce qu'il semble), car elles reforment les générations à la même chose, à la « répétition ».

Ici se situe le cœur du problème de la transmission.

Conservatisme ou progressisme ?

Dans le Talmud, on lit par exemple : « Rabbi Isaac ben Samuel dit au nom de Rav » (*Berakhot* 8 a) ou « Rabbi Helbo dit : Rav Huna a dit » (ibid., 7 a) ou encore « Rabbi Yosé fils de R. Hanina dit au nom de Rabbi Eliézer ben Jacob (id., 10 b). On transmet dans la langue même, pour certains en hébreu, pour d'autres en araméen. Donc c'est la formulation elle-même qui est reprise. Et cependant, le terme *Halakhah,* la norme rabbinique qui est censée façonner les conduites des individus dans le judaïsme, signifie « marche ». Il existe donc une marche, un développement. Mais non véritablement une transmission sans changement. Et ce d'autant plus que le judaïsme a introduit la notion de temps linéaire, opposé au temps cyclique des Grecs impliquant un concept d'éternel retour. On transmet tout en ajoutant un contenu nouveau : ainsi les Juifs sont-ils à la fois conservateurs et à l'avant-garde !

Les *Pirké Avot*, le court traité éthique de la *Mishna* s'ouvrent sur : « Moïse reçut la Torah du Sinaï, la transmit à Josué, et Josué aux Anciens, et les Anciens aux Prophètes, et les Prophètes la transmirent aux hommes de la Grande Synagogue [réunie au retour de la Captivité de Babylone]. » Puis on nous cite dans les mêmes *Pirké Avot* - Les Chapitres des Pères qui font ici office de référence historique - la suite des générations de Sages, et ce avec des changements - alors que le principe majeur est que l'on ne peut pas mettre par oral la Loi écrite, et que l'on ne peut mettre par écrit les lois orales.

Malgré cet adage absolu, la tradition risquant de se perdre, certains disent que l'on a dû y déroger. Mais l'histoire profonde est faite de conservation et de changement. C'est à ce titre qu'il y a histoire.

« L'écriture, les décisions des docteurs et tout ce qu'un pieux disciple pourra enseigner ont été donnés à Moïse sur le Sinaï[1]. » Dans l'optique rabbinique, il n'est ni évolution ni progrès. Tout étudiant confirmé reprend ce qui a été dit au mont Sinaï, justement parce qu'il est savant. Mais littéralement ce n'est pas le cas, puisqu'il a justement son enseignement propre et nouveau.

Où se trouve la solution ? Rabbi Akiba professait une leçon devant ses disciples, expliquant la signification de la Torah et ses interprétations neuves. Moïse « alla s'asseoir derrière huit rangées. Ne comprenant pas leurs discussions, il se sentait découragé. Mais sur un certain sujet, les disciples de Rabbi Akiba dirent à leur maître : Rabbi, comment le sais-tu ? "Rabbi Akiba leur répondit : c'est une Loi qui fut donnée à Moïse sur le mont Sinaï." Moïse en fut réconforté » (*Menahot* 29 b)[2].

On saisit la raison pour laquelle une ordonnance rabbinique peut être dite *Halakhah* donnée à Moïse sur le Sinaï.

---

1 Arsène Darmesteter, *Le Talmud*, préface de Moshé Catane, Allia, 1991, p. 48.

2 [Jacob ben Salomon Ibn Haviv], *Aggadoth du Talmud de Babylone, La Source de Jacob-'Ein Yaakov*, traduit et annoté par Arlette Elkaïm-Sartre. Introduction à la littérature talmudique par Marc-Alain Ouaknine, Lagrasse, Verdier, collection « Les Dix Paroles », 1982, p. 1264.

À chaque génération son travail de lecture et d'interprétation

Tout se passe comme si la Loi était immense et qu'il appartenait à chaque génération de la comprendre comme elle a été donnée.

Le judaïsme libéral admet l'évolution, pas l'orthodoxie. Mais ce n'est pas fondamentalement différent. Les rabbins disent qu'à un moment donné vint un Sage qui énonça une Loi ; non pas une Loi nouvelle ! Mais une Loi déjà formulée dans la Torah, mais qu'avant lui on n'avait pas véritablement découverte.

On connaît l'épisode du livre des Macchabées (I Macch. II 31-38) selon lequel lorsque les Grecs et les hellénistes voulurent interdire la pratique du judaïsme et que la résistance devint armée, un groupe de combattants réfugiés dans une grotte, attaqués un jour de Shabbat, préféra se faire tuer plutôt que de prendre les armes. Mattathias l'Asmonéen réagit en prescrivant qu'au contraire on dût se défendre... et même poursuivre l'ennemi. Pourquoi ? Parce qu'il est écrit en substance : « tu appliqueras ces commandements et tu vivras par eux » (Lévitique 18 h 5). L'impératif de la vie est indissociable de l'observance de la Torah.

Nous sommes bien ici en présence d'une interprétation qui a modifié les choses, sans prétendre pour autant créer une nouvelle Loi, mais la découvrir dans le texte de la Torah.

Le texte, intangible, dépasse l'entendement d'une seule génération : il vaut pour le temps présent et pour tous les temps à venir. Les temps changent et la Torah est toujours en place.

Dor dor ve-dorshav, chaque génération et ses interprètes : le verbe *darosh* (dont on a tiré drash, sermon) signifie réclamer, exiger. Ainsi chaque génération a-t-elle ses propres demandeurs. Il importe de remarquer que le mot *Midrash* signifie réclamation, demande et non point commentaire.

Transmission et histoire

La transmission, c'est d'abord le fait de transmettre à sa famille, à ses enfants. Encore qu'on en laisse bien souvent le soin au Talmud Torah !

Mais les parents transmettent-ils ce qu'ils savent ou ce qu'ils sont ?

Il semble que les enfants retiennent davantage du comportement des parents que de leurs discours car on persévère dans son être en transmettant un mode de vie. La transmission, la plus effective sans doute, est liée à des pratiques qui ne sont pas intrinsèquement sacrées ou religieuses, comme des habitudes alimentaires, des modes de vie. C'est peut-être là une singularité du judaïsme.

Du fait de cette transmission, les Juifs possèdent une grande mémoire. Dans son *Zakhor, Histoire juive et mémoire juive* (traduit de l'anglais par Éric Vigne, Paris, Éditions La Découverte, 1984), Yosef Hayim Yerushalmi soutient que les Juifs ne s'intéressent pas à l'histoire en tant que telle, mais qu'ils véhiculent des fragments d'histoire.

Ainsi Pessah, événement fondateur. La transmission est ici nette tout en étant répétition. Mais chaque soirée pascale est différente de la précédente. C'est là que l'on répond différemment à quatre enfants ayant posé chacun une question, y compris à celui qui ne sait pas encore poser de questions. Il y a ici impératif de transmission. Non pas simplement à un niveau rabbinique ou savant, mais à un niveau existentiel. Les Juifs sont les seuls à être sortis d'Égypte, mais l'Occident tout entier se sent concerné par la Sortie d'Égypte. Il en va de même du concept de la captivité de Babylone, devenu universel encore qu'apanage du peuple juif.

Rechercher les traces

Être enseignant, écrire, c'est avoir la transmission comme métier.

Pourquoi ai-je voulu être enseignant ?

J'ai commencé l'enseignement au lycée et à l'école Maïmonide, pour y dispenser le français, le latin et le grec. Puis j'ai voulu enseigner l'hébreu. Théo Dreyfus, alors directeur de l'école, m'a proposé d'enseigner l'histoire juive : un délégué de l'Agence juive l'avait convaincu de la nécessité de fournir les informations essentielles à de jeunes élèves venus de tous les horizons, très démunis quant à la connaissance de l'histoire et de la pensée de leur peuple.

Nous n'avons guère de monuments, et nous négligeons les rares vestiges de notre passé car nous pensons qu'il est des tâches plus urgentes.

Voyez les très nombreux cimetières juifs, notamment dans l'est de la France. Ces témoignages parlants, ils sont à l'abandon !

Témoignages d'autant plus parlants que nous ne devons jamais remplacer une tombe par une autre, et que par conséquent dans nos cimetières nous accumulons de l'histoire. Les communautés n'ont jamais l'argent voulu pour s'occuper de leurs anciens cimetières. Nous ne prenons pas suffisamment soin des monuments de notre passé, mais par contre nous prenons – croyons-nous – grand soin de notre patrimoine intellectuel. Un choix sans doute.

Par chance, la végétation recouvre les tombes, ce qui les protège du vent, de l'eau, des déprédations possibles et conserve leurs inscriptions !

J'ai préparé ma thèse de doctorat d'histoire sur les Juifs portugais convertis au christianisme en Espagne ou en Portugal et par la suite revenus au judaïsme et installés dans le sud-ouest de la France. Mon épouse et nos quatre enfants, alors très jeunes, m'ont aidé à dégager leurs sépultures et leurs épitaphes, à Labastide-Clairence dans les Pyrénées-Atlantiques, un lieu de mémoire, y compris pour la population locale non juive qui conserve le souvenir de ses Juifs d'antan.

L'histoire est aussi une pratique

Le goût de l'histoire devient une passion à laquelle on se voue sans vraiment s'interroger. Mais on n'est pas historien seul et il faut lutter contre les fantaisies, choisir la vérité de l'histoire. L'histoire, on la pratique cependant pour soi et pour les autres. Peu d'hommes connaissent vraiment l'histoire, peu de Juifs connaissent l'histoire juive. Mais de même que ceux qui fréquentent la synagogue y prient pour eux-mêmes et pour les autres, de même les historiens qui « pratiquent » l'histoire le font aussi pour les autres. Nous, historiens du peuple juif, sommes des « griots » ! Peut-être un peu plus quand même, dirait Lévinas, car il existe toujours dans le judaïsme une transmission au niveau savant en même temps qu'une transmission directe, populaire. Et les deux s'épaulent.

Nécessaire complémentarité des formes diverses de la transmission du judaïsme

Autant de façons de vivre et de transmettre le judaïsme.

Dans tous les cas, deux facteurs, différents et complémentaires, sont déterminants pour la transmission du judaïsme :

– la transmission du quotidien, des fêtes, des prières, des rencontres, de la cuisine. Tout un ensemble d'épiphénomènes, mais très prégnants. C'est pour la plupart des Juifs l'essentiel.

– la transmission intellectuelle et/ou rabbinique reste pour beaucoup un idéal. Il faut ici l'appui de la communauté, de l'Université, de la vocation, de la volonté.

Mettre les deux en concurrence est déplacé. La transmission au quotidien est plus efficace, mais ses contenus ne peuvent se construire qu'au contact de la transmission intellectuelle, que nous avons à assurer, avec ou sans le goût ou l'appui de la communauté.

Vers une américanisation de notre transmission ?

C'est tardivement que j'ai découvert le judaïsme, ma famille n'étant pas observante. Je me suis mis moi-même à étudier, en particulier à la Sorbonne et à l'École nationale des langues orientales vivantes), tout en gagnant ma vie, notamment en enseignant dans une maison d'enfants de l'OSE (âuvre de secours aux enfants) à Saint-Germain-en-Laye où j'ai rencontré Maryvonne, alors éducatrice diplômée.

Par la suite nous sommes venus vivre à Versailles où habitaient mes parents. Lorsque s'ouvrit un Talmud Torah, nos enfants en furent les premiers inscrits.

La condition du judaïsme français a été, depuis la création des consistoires en 1808, unique dans le monde, du fait de l'existence d'une institution centrale régie par l'État. Certes, depuis la loi de séparation des Églises et de l'État de 1905, l'affiliation des communautés à cette institution a perdu son caractère obligatoire puisque les consistoires sont désormais des associations de type privé et que, naturellement, d'autres organisations juives se sont créées. Ainsi nous rejoignons lentement le système de toutes les autres communautés à l'image de celles des États-Unis, qui n'ont ni magistère ni direction centrale. Cette réalité d'aujourd'hui correspondrait mieux à ce qu'est en fait le judaïsme : un ensemble divers. On aimerait pourtant voir un jour le peuple juif unifié. Une utopie, un rêve, une espérance ?

Entretien du 22 décembre 2007

Janine Netter

Née en 1924, à Epernay
Jardinière d'enfants - Professeur d'anglais de la ville de Paris - Secrétaire

*

Au moment de l'exode de 1940, nous nous sommes réfugiés à Clermont-Ferrand (à Chamalières exactement). Je savais que j'appartenais à une famille qui serait automatiquement privilégiée par le *numerus clausus*. Aussi j'ai refusé de m'inscrire à l'université parce que je ne voulais pas prendre la place d'un garçon. Voila comment j'ai été élevée.

J'ai alors fait un an d'école ménagère, un certificat de psychologie (ma sœur m'ayant inscrite), et de la musique.

Après l'exode, alors que mon frère aîné était mobilisé dans le service de santé, mon père appelé par la mairie

retourne à Epernay jusqu'en septembre 1943. Arrêté à l'hôpital, il est ramené chez lui, puis s'évade et se réfugie chez les sœurs de Saint-Vincent-de-Paul. Il réussit à nous rejoindre à Chamalières et nous partons tous alors près de Roanne jusqu'à la Libération, sous le nom de Nollet.

Retour à Épernay et reconstruction de la maison familiale, où nous avons appris le décès de mon frère engagé dans les FFI, puis chasseur alpin à la Libération (il est mort pour la France en octobre 1944, suite à une explosion de mine).

Une famille de médecins et de pédagogues

Après-guerre, j'ai intégré une école de jardinière d'enfants au collège Sévigné, puis le cours Hatmer ; enfin des études d'anglais (par correspondance, ce qui m'a permis d'être nommée à Paris). Enfin, sur le tard, j'ai été secrétaire de direction bilingue et ai fait de l'intérim. Au bout du compte, j'ai exercé bon nombre de métiers différents !

De mon mariage en 1946 avec un musicien, Henri Alcalay, j'ai eu trois enfants, qui sont tous passés en primaire par l'école publique Décroly : mon fils, médecin, éthologue et photographe, marié puis divorcé d'une jeune femme martiniquaise, avec qui il a eu trois filles ; ma première fille, qui vit à Édimbourg (Écosse), avec mari et fils ; ma seconde fille, médecin allergologue, mère de deux enfants (fille et garçon), mariée à un Juif très actif au niveau communautaire.

Difficile d'être juif

J'ai mis du temps après la guerre à me dévoiler comme Juive, car j'avais été très marquée par l'antisémitisme vécu pendant la guerre. Je suis encore aujourd'hui tenue viscéralement par cette peur d'alors. Au point que je m'assure régulièrement que mon passeport est toujours valable !

Nous avions créé à Clermont une troupe d'Éclaireurs israélites pour encadrer tous les jeunes qui arrivaient de partout. Tous ces jeunes de Pologne, Hongrie, etc., m'acceptaient mal car j'étais, certes juive, mais française ! J'ai connu – hélas ! – cette méchanceté réciproque qui animait les groupes d'origines différentes. Alors jeune adolescente, ce fut pour moi très destructeur.

Figures familiales

La famille joue, chacun le sait, un rôle déterminant quant à nos personnalités et à nos choix. Aussi est-il

intéressant de rappeler ici quelques faits.

Mon grand-père maternel était boucher, puis devint par hasard marchand de biens : alors qu'il allait à la campagne pour acheter les bêtes, un jour, la famille de Wendel qui avait besoin de bois pour ses hauts-fourneaux lui demanda de lui en acheter lors de ses déplacements ; puis on lui demanda d'acheter des terrains. Et il se garda pour lui les lots que personne ne voulait. D'où sa fortune !

Mon père, René Netter – d'origine alsacienne et dont le propre père fut « hazan » à Épernay –, était médecin dans cette même ville.

Notable, resté très pieux, il était un véritable *pater familias*. Il fut président de la communauté juive d'Epernay pendant 50 ans. Sa devise : « Croissez et multipliez. »

Homme de grande culture, il a laissé de très nombreux textes, traitant de différents sujets, dont le mariage juif, la circoncision, ainsi qu'une réflexion sur Maïmonide. Il a en outre écrit *Une philosophie de la Bible hébraïque* préfacée par le Grand rabbin de France, Jacob Kaplan.*

Téchouva

Mon père a fait ce qu'il pouvait du point de vue de la transmission. Connu pour sa droiture et son dévouement, il croyait aux vertus de l'exemple.

Ma mère était l'intendante : elle avait procuration à la banque, s'occupait du personnel (la femme de chambre, la cuisinière, le chauffeur, la laveuse, la repasseuse, le jardinier) et des cinq enfants. J'étais la quatrième de cette famille très unie, dont la vie demeurait centrée sur la communauté, le cercle juif.

J'ai hérité de ma famille le judaïsme. Et j'y suis restée très attachée. Ayant la chance d'avoir la foi, je pense toujours que les choses finiront par s'arranger. J'ai confiance. Ce qui fit que j'ai passé ma vie à essayer de réparer les dégâts ! Toutefois, en perte de confiance en moi au moment où est arrivée la guerre, j'ai mis beaucoup de temps à retrouver une plénitude. Ceci ne s'est véritablement réalisé qu'après mon divorce, par lequel j'ai acheté ma liberté.

Si mon mari ne voulait rien entendre de la religion, mes enfants ont toutefois beaucoup reçu de mon père.

Ma mère n'allumait pas les bougies le vendredi soir. Sans doute mon père n'a-t-il pas obtenu cela de ma mère. Alors, je fais de même ! Mais j'allume toutes les bougies de *Hanoukkah* ; ma plus jeune fille fait de même avec sa famille. Je vais tous les samedis matins à la synagogue ashkénaze de Vincennes. Je vais bien sûr à la synagogue pour Yom Kippour, où je loue une place.

Qu'ai-je transmis moi-même ? Difficile à dire. Au prochain *Seder*, nous serons chez moi plus de quinze autour de la table…

Je dois dire ma reconnaissance au B'naï B'rith de France (BBF) dont je suis membre, et à qui je dois beaucoup. Cette organisation m'apporta une aide considérable pour réactiver mon judaïsme, notamment Régine Lehman qui, me sentant un peu à la dérive, m'y fit venir.

J'ai pu enfin faire *téchouva*, effectuer en quelque sorte un retour vers mes racines.

* C'est ainsi qu'il écrivait dès 1967 dans ce livre paru aux éditions Témoignage, des propos d'une grande actualité qui font aujourd'hui débat (cf. notamment les travaux des archéologues israéliens I. Finkelstein et N. A. Silberman, auteurs du livre récent intitulé *La Bible dévoilée - les nouvelles révélations de l'archéologie*, paru aux éditions Bayard).
Ainsi page 84 : « De tous les livres du Pentateuque, c'est le Deutéronome dont l'authenticité mosaïque a été la plus contestée : se basant sur II Rois 22/3-10 et II Chroniques 34/8-29, les exégètes rationalistes du XIXe siècle (entre autres Reuss et Wellhausen) ont avancé que ce livre, découvert sous le règne de Josias, soit près d'un millénaire après Moïse, ne serait pas de la main du grand législateur. C'est ne tenir aucun compte du contexte, ni de la règle imposée à chaque roi de recopier la Torah pour mieux s'en pénétrer (Deutéronome 17/18-20 et Josias 8/32). De plus, après avoir décousu il faut recoudre, et nos critiques sont bien embarrassés pour découvrir à l'œuvre en question une autre paternité et une autre datation. Combien plus vraisemblable est notre tradition, qui en fait simplement le *testament spirituel de Moïse* ! Moïse adresse à son peuple ses propres exhortations, tandis que dans les livres précédents il parlait au nom de l'Éternel. »

Entretien du 4 février 2008

Robert Neuburger

Né en 1939, à Paris
Psychiatre, psychanalyste, thérapeute de couple et de famille
Auteur de nombreux ouvrages, dont L'autre demande (ESF, 1984, Payot 2000) ; L'irrationnel dans le couple et la famille (ESF, 1986) ; Les familles qui ont la tête à l'envers : revivre après un traumatisme familial (Odile Jacob, 2005) ; Les rituels familiaux : essai de systémique appliquée, (Petite Bibliothèque Payot, 2006)
A publié récemment L'art de culpabiliser (Payot, 2008)

*

Chacun de mes livres est une auto-analyse.

Mes travaux visent à recréer un lien entre aujourd'hui et hier. Comment transmettre un passé qui ne soit ni traumatisant ni culpabilisant ?

Dans mon ouvrage *Les familles qui ont la tête à l'envers*, j'ai proposé une approche thérapeutique pour se libérer du passé quand il pèse trop lourd, pour se reconstruire après un drame, pour retrouver le goût de vivre.

J'y écris notamment (page 36) que « le traumatisme familial (...) peut être dépassé à condition que les racines – racines géographiques, nationales, mais surtout identitaires – soient, sinon intactes, du moins suffisamment préservées et que la mémoire familiale soit assez épargnée pour que l'histoire d'avant le trauma soit porteuse d'avenir ».

Il est étonnant de constater qu'un traumatisme puisse se transmettre et avoir des effets à des générations d'écart. Aussi faut-il « comprendre le mécanisme de cette transmission, il faut savoir comment fonctionne la mémoire familiale, quel est son rôle et quels sont les rapports étroits avec le mythe d'une famille, c'est-à-dire avec une histoire revisitée afin de créer une identité de groupe et de maintenir le lien entre ses membres » (page 72).

Quand le mythe unificateur a été détruit comme dans les familles traumatisées, que devient alors la transmission ? Et que transmet-on ? Du vide, de l'angoisse, de la douleur ? (...). Ce ciment artificiel, qui tente de rassembler les éléments familiaux disjoints et de réparer la déficience mythique, est, le plus souvent, le sentiment de culpabilité » (page 73).

C'est pourquoi cette fonction de culpabilité dans les familles traumatisées se retrouve au cœur de mon travail, et fait l'objet de mon dernier ouvrage, intitulé *L'art de culpabiliser*.

La liberté de pensée se paie cher

Méthodologiquement, je suis très allergique à tout ce qui est groupe organisé, car cela se termine toujours par une pensée unique. Sans doute est-ce pour cela que j'ai été chercher une formation dans différentes écoles psychanalytiques ! J'adhère à la pensée analytique pour ce qui concerne les approches individuelles ; et j'utilise des concepts systémiques pour ce qui concerne les couples et la famille. Et si les « freudiens » et les « systémistes » ne se parlent pas, pour ma part j'entretiens des relations avec les deux camps. Je n'ai pas d'affiliation unique. C'est une liberté, mais qui se paie cher !

J'apprécie particulièrement ceux qui ont des pensées singulières, comme Pasteur, Georges Pérec ; ou bien encore G. Devereux, auteur notamment d'un ouvrage intitulé *Essais d'ethnopsychiatrie générale*, qui dit que les spécificités sont plutôt du côté de l'histoire familiale que de l'ethnie. Il n'existe rien de spécifiquement ethnique dans la façon d'aller mal, d'avoir des problèmes.

J'ai également un profond attachement à faire vivre des morts, qui tient au fait que plus personne ne les lit. Je repense à ce Juif italien qui a récupéré les compositions musicales de Juifs internés à Auschwitz et dans d'autres camps. Si j'avais du temps, je ferais de même dans mon propre champ.

Finalement, je suis un peu rebelle.

Obligé de cacher que je suis juif

Je n'ai appris que très tard l'histoire de ma famille.

Mon arbre généalogique du côté paternel remonte au XVe siècle. Et mes aïeux, aussi bien paternels que maternels, étaient tous des Juifs allemands, des *Hofjuden* (Juifs de cour).

Mon grand-père paternel s'est suicidé lors de son arrestation par les nazis. Il avait déjà été persécuté lors de la Nuit de Cristal.

Mon grand-père maternel est mort pour l'Allemagne en 1918 ; il fut enterré à Arras, dans le cimetière militaire allemand. Ce qui explique pourquoi ma grand-mère a reçu la Croix de fer noire allemande au titre de veuve de guerre, tout en étant par ailleurs persécutée comme Juive !

Et ma mère fut pupille de la nation allemande. La logique bureaucratique allemande a bien fonctionné !

Ma grand-mère maternelle s'est remariée aux États-Unis avant la guerre de 1940, avec un fermier. Et ma mère est partie d'Allemagne pour la Suède puis la Belgique, où elle connut mon père au sein de la colonie de Juifs allemands. Lui, dont la famille sera victime de la Shoah, était voyageur de commerce, entre la France et l'Afrique du Nord.

À la déclaration de guerre mon père fut envoyé dans la Légion étrangère, en Afrique du Nord.

Démobilisé, il nous a rejoint dans le sud de la France. Puis il est remonté vers l'Aveyron. Nous nous réfugions alors dans des fermes. Placé à la Croix-Rouge, je fus recueilli par un paysan qui m'a gardé à la ferme.

Tout petit, j'ai été élevé avec l'obligation de ne pas dire que j'étais juif. J'ai été à l'église avant d'aller à la synagogue.

Nous étions une famille traditionaliste. Mon père allait à la synagogue ; il fut longtemps vice-président d'une petite communauté.

Le second mari de ma grand-mère maternelle, américain, était religieux. De lui j'ai beaucoup appris, notamment à l'occasion de la préparation de ma *bar mitsvah*, faite à Paris. Après la guerre, ma mère a rejeté en grande partie la pratique religieuse et surtout sa croyance.

Je ne vivais pas mon judaïsme comme une qualité, au point de n'en avoir jamais parlé à mes amis du lycée. Je n'ai pu en parler que lorsque je fus étudiant en médecine !

Loyauté

Marié religieusement une première fois, j'ai eu trois enfants, dont un garçon qui a fait sa *bar mitsva,* alors même que nous étions peu pratiquants.

Des années plus tard, j'ai rencontré une jeune femme suisse, fille de réfugiés communistes bulgares, originaire d'une famille chrétienne orthodoxe, et très attachée aux rituels. La naissance de notre fils posant donc la question du *brit,* j'ai rencontré le rabbin Garaï à Genève qui nous a autorisé à y procéder. Ma compagne m'a alors entraîné à la synagogue où j'ai retrouvé le plaisir de participer à des rituels que j'avais connus dans mon enfance. Elle s'est convertie, puis s'est fortement investie dans la vie de la communauté.

Et je me suis mis à apprendre l'hébreu que j'avais en grande partie oublié.

Je n'ai en fait bénéficié d'aucune transmission du judaïsme de la part de mon père, sinon par le fait que je devais l'accompagner à la synagogue le samedi et lors des grandes fêtes. Était-ce pour préserver ma liberté ou par inhibition de sa part ?

Mon judaïsme d'aujourd'hui est essentiellement le fruit d'une loyauté transgénérationnelle.

La prière consiste pour moi à prononcer des paroles que mes ancêtres ont dites avant moi.

Je me retrouve davantage dans *L'homme nu* d'Aaron Appelfeld que dans les penseurs juifs. Les milieux culturels « mono-penséistes » ne m'attirent pas.

La transmission se situe chez moi davantage du côté de l'affectif.

À la demande de mes enfants, et ce depuis la mort de mon père, nous prenons en famille, chez ma mère, le repas de Pessah, le *Seder.*

Entretien du 4 février 2008

Nicole Prieur

Née en 1949, à Alger
Psychothérapeute
Auteur notamment de Grandir avec ses enfants (La Découverte), Raconte-moi d'où je viens (Bayard) et de Nous nous sommes tant trahis (Denoël)
À paraître en 2008: Petits règlements de comptes en famille (Albin Michel)

*

Si cette interrogation qui suit ne vient évidemment pas spontanément au cours des entretiens thérapeutiques, elle finit toujours par surgir : « Qu'est-ce que je fais, moi, avec ce qui m'a été transmis ? » Alors je demande : « Qu'avez-vous reçu ? »

Pour s'inscrire dans sa filiation, il faut réfléchir à ce que l'on a reçu : cela change dès lors pour de nombreuses personnes leur propre point de vue sur nombre de sujets. D'aucuns découvrent ainsi qu'ils ont reçu la passion du travail, la droiture, etc. Tous deviennent alors plus adultes – et moins enfants, moins victimes.

En tant que thérapeute, j'ai traversé comme de nombreux autres, le courant analytique, la systémie ; mais je suis davantage aujourd'hui du côté de l'hypnose (avec François Roustang). Avec une conception de l'hypnose en harmonie avec l'individu pris dans sa globalité.

Il m'importe d'explorer le transgénérationnel. Ainsi à la première visite, je fais toujours le génogramme du patient (grands-parents, parents, fratrie), notamment pour repérer la branche dont on parle le moins ! Il faut toujours explorer le lieu où quelque chose est bloqué !

Ce que l'on repère alors, ce sont les ruptures dans les transmissions, qui sont souvent des nœuds qui verrouillent l'histoire personnelle. Là se situe une partie de l'histoire encore figée.

On croit tout ignorer de cette histoire-là, ne pas savoir en parler. En fait, on a des choses à dire, ne serait-ce que dans la représentation de ce manque. On est en fait en présence d'une énigme, d'une énigme de la transmission.

Dès lors que j'en parle, mon histoire peut repartir ; je peux me libérer, remettre en marche le temps.

À chaque âge ses problèmes

Du côté des enfants, on constate un goût pour les anecdotes, l'histoire des parents. Mais ils n'osent pas poser de questions. Ils contournent l'obstacle pour exprimer des interrogations fondamentales. Ils posent des questions indirectes. Ils posent encore moins la question des origines, et par suite de la filiation.

La question n'est pas « d'où je viens » ; mais ce que l'on entend, ce sont des suites d'interrogations surprenantes, déconcertantes, comme par exemple : « Je ne veux pas être grand-mère », qui signifie : « Raconte-moi d'où vient la vie, comment on meurt, etc. »

Les adolescents, c'est autre chose. Leur discours est davantage : « Je commence à repérer d'où je viens, ce que j'ai reçu, et j'ai envie de tout bousculer. » Mais comme cela est difficile, car ils sont naturellement dans un « impossible », qui aujourd'hui dure de plus en plus.

Avec les jeunes adultes, le travail est plus facile. Ils se posent la question de leur héritage, commencent à affirmer leurs préférences pour tel ou tel ami, élisent leur compagnon, effectuent leurs choix professionnels. La question est donc : « Comment puis-je exister en fonction de mes propres valeurs, en me libérant de ce qui m'a été transmis ?» Et de poursuivre : « Trahir ces valeurs, c'est me réaliser moi-même. »

Cette question de la transmission est au confluent de l'individuel et du culturel. Ce qui explique qu'il s'agit d'une question d'« individuation » par rapport aux appartenances, aux filiations, toujours en œuvre en nous.

Cela me fait penser à l'anthropologue Maurice Godelier qui a écrit dans l'un de ses ouvrages intitulé *Au fondement des sociétés* que celles-ci ne sont pas construites autour des échanges (cf. Marcel Mauss), mais autour de la représentation « religieuse » du monde et de la place de l'homme dans l'énigme de l'invisible. Les sociétés se seraient construites autour de ces représentations, qui sont un ciment plus fort que les échanges (firmes, marchandises).

Il évoque ainsi Israël, fondé au XXe siècle à partir d'une représentation idéologico-religieuse.

Mais pour en revenir à cette alchimie qui constitue un individu, il faut aussi parler du couple.

Or, dans les couples, existe toujours un débat pour transmettre chacun sa part. Ainsi tout couple constitue un « choc des cultures ». Et les oppositions, lorsqu'elles ne conduisent pas à des impasses, sont l'occasion pour chaque enfant de « se saisir ».

De l'implicite

Au moment où il transmet, un père ou une mère ne sait pas ce qu'il transmet.

Il transmet ses croyances, ses doutes, ses interrogations...

En fait, si l'on transmet un rituel, on transmet plus encore sa signification. En respectant une tradition, j'enclenche en même temps des résonances (qui me sont extérieures) à une histoire, un passé, une famille disparue... En même temps ressurgissent la mémoire, les regrets.

À l'occasion par exemple d'un événement tel que le repas du *Seder*, vient faire écho en moi d'autres *Seder*, qui sont toujours « présents ».

Le goût du bouillon est toujours le même que celui d'il y a trois générations ! Je crois faire Pessah à ma manière, et les convives s'accapareront ce que je mets en place explicitement, mais aussi ces histoires implicites qui ne m'appartiennent pas... ces « fantômes » bien présents.

Une gestuelle, un comportement, un affect transitent ainsi implicitement à notre insu, de génération en génération.

Les participants à un rite vont se saisir autant de l'explicite que de l'implicite.

Celui qui reçoit l'importance apportée à mes choix reçoit en même temps mes souvenirs.

En outre, dans la transmission, le rôle des collatéraux est très important.

À travers l'émetteur passent à son insu quantité de valeurs et de pratiques qui ainsi se prolongent.

On assigne alors à celui qui reçoit, à l'enfant, une mission de continuité. Sans doute est-ce cela la transmission : constituer des représentations de continuité dans des vies où règne la discontinuité.

Dans les sociétés traditionnelles, il semble que tout était axé sur la transmission. Et l'on transmettait la tradition sans passer par l'histoire, les histoires.

À propos d'histoire, j'ai beaucoup apprécié le livre de Benjamin Stora intitulé *Les trois exils - Juifs d'Algérie*. Cela m'a permis de situer, de dater, de mettre des mots sur notre histoire.

Et de savoir ce qui s'était passé dans ce pays pendant les années 1940. En effet, née à Alger au sein d'une famille de Juifs séfarades, je suis venue à Paris en 1955.

Le judaïsme, un long fleuve...

Plusieurs « moments » jalonnent mon judaïsme :

Tout d'abord, il faut rappeler que mon nom de jeune fille est Adjadj, nom d'origine berbère qui me faisait passer plutôt pour une Arabe. Je dérangeais. Et par ailleurs, à la petite fille de cinq ans que j'étais, on demandait de dire que la famille était agnostique et non pas juive.

J'étais amie avec une petite fille juive hongroise, dont la mère ignorait tout des Juifs d'Algérie ; aussi nous appelait-elle « Juifs arabes ». J'étais donc également étrangère pour une autre Juive.

À l'âge de neuf ans, j'interrogeais sur le judaïsme ma grand-mère maternelle, qui était alors la référence familiale. Mais je n'obtins jamais de réponses satisfaisantes.

Adolescente, je me suis inscrite au DEJJ (Département éducatif de la jeunesse juive) où Léon Askénazi (Manitou) et Josy Eisenberg professaient un judaïsme ouvert et très intellectuel, où l'on réfléchissait à ce qu'est l'esprit du judaïsme.

Conséquence de ces expériences, j'ai « construit » mon judaïsme à partir des contradictions repérées dans ma famille et dans celle de mon amie d'enfance ; puis de cette découverte de l'humanisme juif.

Au DEJJ, j'ai rencontré mon futur mari, originaire d'Oran et qui avait alors seize ans, était juif mais non son père. Il n'avait pas fait sa bar mitsvah, ce qu'il regrettait. Aussi, avec des amis, nous la lui avons organisée !

Souhaitant vivement affirmer mon judaïsme, j'ai fait mon mémoire de maîtrise sur le thème de l'immanence de Dieu chez Spinoza. Ce travail a été effectué avec l'aide du frère de Manitou.

Mais parallèlement j'ai refusé tout ce qui était tradition. Ainsi je me suis bien mariée à la synagogue… mais j'ai refusé le rite du henné. Et quelques années plus tard, mon fils aîné a épousé une jeune femme juive ashkénaze. À cette occasion, il a repris une tradition que j'avais refusée : outre le mariage religieux… cérémonie du henné avec musique arabe. Puis le soir, musique *klezmer* ! C'est également cela le judaïsme : ne pas renier les influences.

Mère de trois garçons, à qui nous avons voulu, avec mon mari, transmettre l'esprit du judaïsme, nous constatons qu'ils l'ont tous reçu, mais sont juifs chacun à leur manière, chacun sur des modes différents.

Mon fils aîné et sa femme se sont mariés religieusement, mais participent difficilement aux fêtes. Ils ont donné des prénoms hébreux à leurs enfants, mais n'ont décidé la circoncision de leur fils qu'au dernier moment car ils y voient un acte barbare...

Mon deuxième fils vit à Nice : peut-être est-il le plus respectueux des traditions, tout en vivant avec une jeune femme qui n'est pas juive.

Mon troisième fils vit en Angleterre : engagé politiquement, il est un « révolutionnaire ». Il est aussi le plus curieux de ses origines « kabilo-juives ». Également très intéressé par Israël, tout en étant antisioniste ! Il me semble à la recherche de la dimension multiculturelle de son judaïsme.

Judaïsme et psychologie

Nos enfants nous ont toujours entendus nous questionner sur tous sujets, y compris sur le judaïsme. Eux-mêmes nous ont beaucoup interrogés.

En psychologie, on est dans l'étude. C'est une plongée dans l'humanisme.

Être « psy », c'est plonger dans l'humain. « Regarder le visage de l'Autre, c'est croire en lui », a écrit Lévinas. Il m'importe de ne pas limiter l'autre à ce qu'il a été. L'identité de chacun n'est pas restreinte à cela : on peut devenir autre. Lorsqu'un individu vient en face de nous, on peut l'amener à ce que d'autres choses se mettent en place.

On est donc constamment dans l'étude – pas celle du Talmud bien sûr. Mais on étudie le patient à livre ouvert ; on cherche à comprendre. Du patent au latent, de l'implicite à l'explicite.

On questionne de façon incessante pour avoir une réponse. Tant dans la démarche « psy » que dans le judaïsme, ce qui compte est le questionnement, et plus encore le cheminement.

Mais pour ce qui relève du judaïsme, comme de nombreux Juifs, nous étions confrontés à notre ignorance de l'hébreu, de la Bible, de l'histoire juive... Par quel bout commencer ?

On ne sait pas où aller chercher. Seule, c'est difficile. C'est pourquoi nous avions créé un groupe d'étude, mais qui malheureusement n'a pas duré.

L'absence d'un maître – comme j'ai pu en avoir un en psychologie avec François Roustang – a sans doute fait défaut.

Entretien du 29 janvier 2008

Daniel Rachline

Né en 1936, à Paris
Journaliste, puis directeur de sociétés. Actuellement exploitant de salles de cinéma

*

Quelqu'un échange avec son rabbin, et lui dit : « Je ne crois en rien. J'ai bien sûr entendu parler de la Torah et du Talmud, mais je suis athée. » Le rabbin lui répond alors qu'il n'est pas certain qu'il soit athée ; mais ignorant sûrement.

L'étude ne me manque pas, mais je reconnais que cela m'aiderait à expliquer aux autres cette dimension « viscérale » d'être juif qui m'habite.

Je n'ai reçu aucune éducation juive proprement dite, mais notre famille – mes parents et mes frères – était traditionaliste. La circoncision, les fêtes de Yom Kippour et Pessah, la *bar mitzvah* étaient observées.

Du côté de ma mère, l'origine est roumaine. Fuite devant les persécutions, et la menace du service militaire obligatoire pendant de longues années.

Mon père, né en Russie en 1905, est venu en France avec ses parents pour fuir les pogromes de Petlioura (grand tueur de Juifs qui finit assassiné en France en 1920 par Schwarzbach, qui eut ensuite un procès retentissant ; et qui fut relaxé après avoir été défendu par Henri Torrès).

Des deux côtés on parlait yiddish.

Ce même père fut l'un des fondateurs de la LICA, qui devint ensuite la LICRA.

Avec l'arrivée de la guerre, nous avons été cachés en Auvergne. Et mon père s'engagea dans l'armée française, fut fait prisonnier, s'évada et partit rejoindre la Résistance à Londres. Et fut commissaire de la République à la Libération.

Sa longue absence créa bien sûr un vide, y compris du point de vue du judaïsme.

La famille fut par ailleurs décimée puisque plus de vingt personnes furent déportées. Et le frère de mon père, résistant lui aussi, fut arrêté, torturé puis fusillé. À l'annonce de sa mort, sa mère se retrancha de la vie.

Israël

Après-guerre, mon père consacra beaucoup de son temps à Israël. Moi-même je me suis engagé dans le sionisme et le rapprochement entre Juifs et Palestiniens. J'appartiens à de nombreuses associations, dont *Shalom Arshav* (La Paix Maintenant).

Au cours d'un dîner chez ma grand-mère paternelle, à l'occasion de mon unique permission obtenue pendant les deux années passées en Algérie (pour faire une guerre que je réprouvais), je fus giflé par cette même grand-mère qui n'accepta pas que je critique la France, le pays de la liberté.

Nous avons souvent le sentiment de devoir être un peu plus français que les autres.

Après la guerre des Six Jours, en 1967, mon père prit la parole au cours d'un meeting, où Israël venait d'être fortement critiqué. Je me souviens de ses paroles, qui étaient en substance les suivantes : « Toute ma vie je me suis senti français et juif. Mais aujourd'hui cette dualité change. Je me sens plus juif que français. » Il est malheureusement décédé, bien trop tôt, l'année suivante. Un square porte son nom à Tel-Aviv.

Le cinéma est une forme de combat... et de transmission

Sans doute ai-je reçu de lui ce goût du combat.

Journaliste (tout comme mon épouse qui l'est encore), j'ai travaillé à *L'Express* avant d'entrer dans le monde des affaires. Mais je suis toujours sur le front et je conserve politiquement entre autres aversions : la droite et l'extrême droite israéliennes, la droite juive française.

Je me sens bien en Israël, mais je ne veux pas dire que j'y suis chez moi. Chez moi, c'est en France… tout en sachant que je peux en être rejeté ! J'ai appris cela à mes enfants.

Avec quelques amis de la LICRA, nous avons souhaité transmettre sur la Shoah. Puis de nouveaux fronts nous ont mobilisés, comme le Cambodge, et aujourd'hui le Rwanda.

Mais avec une autre association, « Mémoire 2000 », nous nous intéressons à la transmission de la connaissance de la réalité de la Shoah. Ainsi depuis cinq ans, avec ma nièce, nous sommes exploitants de plusieurs cinémas à Paris (L'Arlequin, L'Escurial, Le Majestic Bastille, Le Majestic Passy, et le Reflets Médicis), et que nous avons passé un accord avec l'Éducation nationale pour organiser dans nos salles des séances destinées aux élèves.

Comme de nombreux Juifs, je suis laïc, Dieu merci !

Parler d'Israël aux Français, difficile mais possible.

Il ne faut jamais rien laisser passer. Il faut se révolter et, dès que c'est possible, agir.

Cette attitude est en soi conforme aux idéaux du judaïsme, comme à ceux des droits de l'homme.

En tant que Juifs, nous sommes nombreux à vouloir défendre ce judaïsme ancré au plus profond de notre être, même si comme moi on se définit comme Français juif. Nous avons besoin d'expliquer, de transmettre, notamment à nos enfants. Voilà ce que j'ai voulu faire avec mes quatre filles, dont néanmoins une seule, l'aînée, a épousé un Juif américain libéral.

J'ai emmené la plus jeune à Auschwitz, alors qu'elle avait quinze ans. Ce fut un voyage de transmission de mémoire que je suis content d'avoir effectué. Que se passera-t-il lorsque les derniers survivants auront disparu ? Cela me fait peur.

Mais qu'est-ce que la transmission ? Est-ce une attitude, une connaissance, une croyance ?

Ou plutôt comme je le ressens, une façon de vivre, de penser les problèmes ? Nous sommes soudés par notre histoire, par les drames subis ; mais nous avons-nous sans doute aussi une certaine manière commune de ressentir le monde.

Comme de nombreux Juifs, je suis laïc, Dieu merci !

Mon troisième frère, François, l'intellectuel de la famille, économiste, a appris sur le tard et détient un véritable savoir en matière de judaïsme. Et partage, je pense, avec un autre frère Jean-Claude, décorateur, les mêmes points de vue sur ces questions.

Enfin mon frère Michel a écrit il y a longtemps un livre intitulé *Un juif libre*, ouvrage avec lequel je suis en véritable désaccord.

En fait, nous sommes tous, toujours et chacun à notre façon, en recherche.

L'humour, une façon bien juive de survivre... et de transmettre

Mon goût pour les « histoires juives » est une façon de transmettre.

Je n'ai pas de carte nationale d'identité, car je ne veux pas d'une carte comme on les fait maintenant, c'est-à-dire « infalsifiable ». J'ai été sauvé pendant la guerre parce que j'avais une carte falsifiée ! Alors je n'ai qu'un passeport.

Il y a des choses non écrites que l'on transmet, comme cela, par des actes en apparence mineurs, par des craintes. On n'est jamais définitivement installé !

Cette petite histoire, extraordinaire, en témoigne : un couple juif fuit au milieu des années 30 les pogromes de Pologne, puis ceux de Russie. Après avoir traversé l'Allemagne et découvert son régime hitlérien, ils parviennent en France pendant le Front populaire, malheureusement suivi quelque temps après par l'arrivée de Pétain. Ils gagnent alors l'Espagne dirigée par Franco, et finalement se réfugient au Portugal, où ils découvrent la mer.

Ils se rendent alors dans une agence de voyages et demandent deux billets. « Pour où ? » leur demande l'employée qui les reçoit. Les voyant sans réponse, elle leur présente une mappemonde, qu'elle fait tourner plusieurs fois devant eux sans qu'ils puissent se décider à choisir. Finalement, l'un d'eux lui demande : « C'est tout ce que vous avez pour le moment ? »

Mon goût des histoires juives est une façon de transmettre en laquelle je crois beaucoup.

C'est aussi une façon de se rattacher. De se sentir moins exilé... bien que me sentant très français.

Entretien du 22 juillet 2007

Julien Rebibo

Né en 1984, à Paris
Magistère de droit des affaires, avocat

*

Le judaïsme est un concept protéiforme, où l'on fait entrer la religion, l'histoire, l'ethnie et encore, distinctement, le sentiment d'appartenance ethnique…

Et la force de ce concept composite, c'est que l'on trouve toujours un lien qui unit chaque Juif à partir de l'une ou l'autre de ces notions.

Quelle que soit la façon dont un Juif aborde son rapport au judaïsme, il y a toujours quelque chose qui fait que l'on est dans le même monde, le même ressenti, le même vécu, le même partage. Il n'y a pas de chemin univoque.

Trivialement, le judaïsme est une sorte d'auberge espagnole ! Plus poétiquement et en empruntant le terme à André Néher, on peut dire que le judaïsme est « polyphonique ». Paradoxe curieux pour la religion du Dieu unique.

Paradoxe parmi tant d'autres… De son sein, le judaïsme a engendré des personnalités très diverses comme les plus grands capitalistes et les plus grands communistes, etc. Israël, société pleine de contradictions, est de ce point de vue un exemple probant.

Le paradoxe apparaît alors comme la singularité du judaïsme.

C'est sans doute à lier avec l'amour du contradictoire dont témoigne le Talmud : le paradoxe et sa résultante, la contradiction, incitent nécessairement au débat.

Le judaïsme cristallise ainsi la culture du débat. Et la transmission du judaïsme implique la transmission de l'amour du débat. La transmission accepte donc d'être contestable et se refuse ainsi à tout argument d'autorité.

Perpétuer un héritage

Je suis un Juif marocain. Le Juif, c'est le « générique » ; le marocain, c'est la « spécialité ».

Bien sûr également français, ce qui est une attache nationale. Bien que je trouve dérangeant de devoir toujours le préciser. Mon identité juive ne contrarie en rien mon sentiment national. Je le rappelle pour la forme mais reste convaincu que les deux sont des objets bien distincts qui ne participent pas de la même nature. Juif et Français et non Français mais Juif. L'ordre n'étant pas arbitraire...

De père juif marocain, de mère juive d'origine marocaine !

Le distinguo tient au fait que mon père a vécu de longues années au Maroc, contrairement à ma mère qui a été élevée en France. Et cette différence explique sans doute la contribution spécifique de chacun d'eux à l'éducation que mon frère et moi-même avons reçue.

Éducation traditionaliste, qui se caractérise par le fait que la religion est d'abord présentée comme un vecteur culturel. La question de la foi est rarement abordée.

Et de fait, mon rapport à la foi n'est pas prédominant. En allant plus loin je dirais même que la question de l'Absolu et du divin est curieusement occultée, voire même évincée. Cela tient sans doute au fait que ma famille ne privilégie pas nécessairement une approche très spéculative du fait religieux.

À titre personnel, je pense que nos générations subissent le "contrecoup" de la Shoah; or, sur le terrain théologique, la Shoah interroge de façon insoluble notre rapport à Dieu. À ce titre, je pense que l'éducation que j'ai reçue a mis l'accent sur notre devoir de mémoire sans soulever avec trop d'importance la question du sacré. Comment parler de la Shoah et louer la grandeur de Dieu en même temps ?

La forte pratique de mes grands-parents (du côté de ma mère, grande bourgeoisie juive de Marrakech, proche du « glaoui » local ; du côté de mon père, des commerçants de bois) était très différente de la mienne : pour eux, le cultuel et le culturel se confondaient.

Une famille française installée depuis plusieurs générations possède des attaches territoriales, matérielles comme une maison. Notre patrimoine, c'est notre culture, notre façon de pratiquer.

Une façon de ne pas perdre notre identité, ne pas s'assimiler. S'assimiler, ce serait se dire simplement français. Or, mon identité est composite.

Notre credo, c'est d'abord ne pas oublier d'où l'on vient, perpétuer un héritage.

Nos pratiques sont très festives ; elles créent de véritables liens sociaux.

Nos coutumes sont différentes de celles de cette famille française évoquée précédemment, qui ne sont pas (ou plus) aussi fondatrices. Les traditions juives sont porteuses d'une véritable philosophie de la vie très spécifique. Ainsi l'attache aux textes. Par exemple la fête de Pessah qui est l'occasion de lire la *Haggadah*. On est bien loin de la fête de Noël telle qu'elle est vécue aujourd'hui en France.

La réalité juive n'est pas qu'un enchaînement de pratiques.

Être juif, c'est d'abord étudier

Notre religion ne se résume pas à ses pratiques ; un esprit particulier est lié à la lecture du Livre.

Ce qui signifie que l'esprit prend toujours le pas sur la forme. C'est aussi dans l'étude que se réalise l'identité juive.

Le fait d'avoir grandi dans un milieu juif (famille, communauté), m'a permis de constater que le livre y est l'objet d'une certaine sacralisation, voire fétichisation.

Mon rapport au judaïsme, dans son acception religieuse, c'est avant tout Yom Kippour et la *téchouva* (pensée du retour).

Je pense et je sais qu'un jour je serai amené à faire un retour vers le religieux et les textes sacrés. C'est sur ma route. Il y a dans la vie juive des jeux de balanciers. Déconnection totale puis retour...

Le rapport au religieux ne doit pas être statique, mais une dynamique que traduit bien le thème du « pardon ». Je suis incité à avoir des rapports avec la religion qui ne sont pas linéaires, mais séquentiels. C'est en effet le judaïsme qui m'a été transmis, ponctué par des retours épisodiques au religieux à certains moments clés (naissance, décès, bar mitsvah) et par des passages à vide où la dimension religieuse est éclipsée.

Mon rapport au judaïsme est identitaire (appartenance à un peuple) et philosophique (adhésion aux conceptions juives du rapport à la vie et à l'étude). C'est entre ces deux pôles que se situent ces va-et-vient qui composent cette dynamique.

L'autre est plus demandeur qu'on ne le pense

Il est essentiel de transmettre le judaïsme, parce que :

– notre religion n'étant pas prosélyte, si on ne veut pas sortir de l'Histoire, il faut la perpétuer ;

– il importe, tant pour nous que pour toute l'humanité, de bénéficier de notre expérience (souvent tragique, comme en témoigne la Shoah) qui est universelle. « Les Juifs sont le baromètre d'humanité de l'humanité », disait Franz Kafka. Et aussi parce que bien souvent, lorsque « la question est d'ordre universel, la réponse est juive » (Lévinas) ;

– c'est très structurant pour l'enfant.

Je constate que la transmission du judaïsme est rarement coercitive. On est davantage dans l'initiation, l'« invitation ».

La meilleure façon de transmettre est d'inviter, susciter la curiosité. Ce ne doit pas être laborieux mais être l'occasion de créer des moments d'échange. La transmission est un phénomène bilatéral, réciproque. L'autre est aussi demandeur. Du moins est-ce comme cela que ma transmission du judaïsme s'est articulée.

La pensée du retour, la dynamique, appelle à une mise en situation de transmettre.

Par exemple, à l'occasion de l'éducation de ses enfants, devoir transmettre est générateur de l'un de ces « allers-retours » vers le religieux.

De la prière et du mariage

La religion est bien sûr un vecteur naturel de la transmission. Elle est un vecteur culturel, social.

La plupart des prières sont liées à une histoire. On prie, et en même temps on raconte, on se souvient. En ce sens, la religion participe de la transmission.

La place de la prière est importante dans nos rites. Sachant qu'il existe d'autres vecteurs de la transmission du judaïsme : les chants, la cuisine, etc. Mais la pratique religieuse s'épuise rarement en la foi.

Je suis agnostique, mais paradoxalement je prie !

La prière est-elle seulement un acte religieux ? Sans doute pas.

Lors du *Seder*, lorsque nous lisons la *Haggadah*, nous prenons le temps de lire la traduction en français et de raconter l'histoire. La prière est l'occasion de la perpétuation, de la transmission de l'histoire et de l'Histoire.

De même, lors de la fête de *Pourim* (fête d'Esther), le nom de Dieu n'est pas cité à l'occasion des prières. Comme s'il était superflu !

Prier n'est pas pour moi une intériorisation. Je ne prierai jamais seul. J'y trouve un respect du lieu où je suis, un respect du père. Je lis les prières mais ne prie pas D.ieu. C'est comparable au fait de manger casher chez mes parents. Mangera-t-on casher chez moi ? Sûrement lorsque j'aurai des enfants...

J'ai en fait un refus assez catégorique de la pratique religieuse que je sens asservissante. Je ne la conçois que dans le cadre familial, parce qu'elle est un legs qu'on peut difficilement refuser.

Ce qui nous conduit à la question du mariage, aujourd'hui si sensible dans la communauté juive. Concevable, mais difficilement, d'épouser une non-Juive. Le mariage étant l'un des premiers pas de la transmission. Ce qui compte : créer un foyer propice à la transmission.

Dans cette optique, la conversion est sans doute une solution envisageable. D'autant plus que la place privilégiée de Ruth nous y invite.

La position du Consistoire est de ce point de vue choquante. Ce qui ne veut pas dire qu'il s'agisse de permettre n'importe quelle conversion. Il faut être pragmatique, et non dogmatique. Et ne pas oublier que né juif ou non, le libre arbitre occupe une place d'importance dans le judaïsme.

Transmettre, n'est-ce pas se faire aimer…

Je me sens juif à chaque fois que je suis confronté à une injustice. Notre histoire en est tellement imprégnée, que j'en viens à en avoir une sorte de réflexe : à chaque fois que ma communauté est touchée, je me sens blessé.

Mes liens avec Israël sont plus forts que mes liens avec le religieux. Amour absolu, indéfectible, et en même temps difficile. L'un de mes rares objets de passion. Mon éducation y est pour beaucoup.

À cet égard Alain Finkielkraut présente avec justesse le rapport que les rescapés de la Shoah entretiennent avec Israël :

« Ils ont délégué à Israël le soin de représenter l'existence juive. Ils sont, depuis 1948, les spectateurs inquiets ou envoûtés de leur propre légende : pionniers, soldats, paysans du désert par procuration, ils se reconnaissent dans la forme quotidienne et glorieuse que revêt le courage des habitants de l'État. Là-bas, sur un territoire minuscule et menacé, des Juifs incarnent à la fois leur destin millénaire et leur revanche sur l'oppression. Cette nation lointaine est, pour eux, comme un royaume intérieur d'où ils tirent leurs sujets d'angoisse, de fierté et de conversation. Rêveuse diaspora. » (Alain Finkielkraut, *Le juif imaginaire*, Éditions du Seuil, 1980.)

Finkielkraut refuse aux enfants des survivants ce lien. Pourtant, ces propos ont une résonance d'une pertinence incroyable. Ils synthétisent indéniablement la vision, sûrement lyrique, que je continue d'entretenir avec ce pays.

Pour poursuivre dans le lyrisme, Albert Cohen avec sa plume inimitable témoigne du choc que l'irruption d'Israël comme réalité concrète et non plus comme simple chimère a porté :

« Mais voyez comme Israël est jeune soudain, peuple libre à Jérusalem, adolescent et beau, et sans plus les bosses de l'exil, Israël israélien. Et il est justice et courage et témoin pour les peuples qui s'étonnent, et sous le soleil de son ciel il n'y a plus de minables, mes minables chéris, infortunée progéniture de tourments séculaires. Et voyez comme en terre d'Israël les fils de mon peuple revenu sont calmes et fiers, et paysans de noble prestance, et contre leur gré hardis guerriers, s'il le faut. Ô frères chrétiens, apercevez enfin le vrai visage de mon peuple et aimez mon peuple, aimez Israël qui vous a donné le D.ieu de sainteté et le Livre d'antinature et votre prophète qui était amour. » (Albert Cohen, *Carnets 1978*, Onze juin.)

Ces références communes dans la communauté juive française ont leur place dans la question de la transmission du judaïsme. Bien que leurs auteurs n'aient *a priori* aucune parenté avec mes parents, Juifs séfarades fraîchement débarqués du Maroc, ils ont accompagné ma découverte et la tentative de compréhension de l'héritage dont je suis tributaire.

Et je les trouve d'autant plus pertinents qu'ils résonnent comme un révélateur de la vision fantasmée que mes parents m'ont transmise de ce pays. Pays pour lequel il est dès lors aisé d'avoir un amour indéfectible tant nous éludons souvent *volontairement* une approche pragmatique...

Je souhaiterais que mes enfants rejoignent mes choix, par amour et par raison.

Mais on ne peut pas objectiver la transmission du judaïsme, car l'individu y est trop central pour être complètement occulté. Dès lors, transmettre c'est se faire aimer. La transmission forme couple avec l'adhésion.

Je me sens loin de beaucoup de gens qui m'entourent, parce qu'ils s'expriment davantage par la « pratique » que par le « spéculatif ». Mon éducation est certes le legs du Maroc, mais aussi son dépassement. La musique *klezmer*, nous nous la sommes également appropriée. Tout comme je reste persuadé que Freud et Spinoza sont de lointains cousins de mes ancêtres marocains.

Entretien du 22 mai 2007

Claude Riveline

Né en 1936, à Paris
Polytechnicien, professeur à l'École des Mines de Paris
Auteur de nombreux ouvrages, dont le Petit traité pour expliquer le judaïsme aux non-Juifs (Torah et société, 1981) et La gestion et les rites (Annales des Mines, 1993)

*

Miraculé

Issu de gens qui ont raté le bateau pour l'Amérique, je suis né en France en 1936, ce qui vaut

surtout parce que j'avais six ans en 1942. Et quand j'ai eu l'âge de raison, c'était pour découvrir deux choses :

– la première, que j'étais juif ;

– la seconde, que j'étais condamné à mort.

Depuis, je suis un survivant, un miraculé. Mon destin normal était de mourir.

Cette affirmation tragique est tempérée par deux considérations :

– dès la Libération, j'ai découvert les merveilles de la vie rituelle. À Clermont-Ferrand, j'allais à la synagogue. Mes parents, bien que peu religieux, m'ont envoyé au Talmud Torah ;

– puis à Paris, j'ai fréquenté des maîtres merveilleux : Manitou, Théo Dreyfus, Emmanuel Lévinas, le rabbin Gottlieb, le rabbin Eisenberg. Et je me suis gorgé de savoir.

Placé devant cette évidence de ma condamnation à mort, j'avais un choix. Ou bien me résigner et faire disparaître en moi ce qui me menace ; ou bien je décide qu'entre Hitler et moi, celui qui a tort est Hitler. C'est à ce deuxième choix auquel je me suis arrêté, sous l'effet de la piété de ma famille et grâce à mes maîtres.

De plus en plus pratiquant, je me suis marié avec la petite-fille du directeur de l'École rabbinique, elle-même nièce de Grand rabbin.

Donc, entre l'École polytechnique et ma vie juive, j'avais réalisé le compromis impossible.

J'ai ainsi été rempli d'une joie de l'existence qui a réparé ce sentiment de condamnation à mort qui avait caractérisé mon enfance.

Transmettre par les rites familiaux

À Paris, le *Seder* était toujours très attendu chez l'oncle patriarche de la famille.

Le judaïsme était vécu essentiellement par les rites, ces choses qui arrivent dans la semaine, dans l'année. Pour ce qui est des idées... On ne parlait pas tellement d'idées à la maison. Approche plus rituelle que problématique.

Le rite est au cœur de ma vie religieuse... et professionnelle. Le texte fondamental de mes études scientifiques est un article intitulé « La gestion et les rites ».

Mon appartenance au peuple juif a toujours été une évidence : biologique et historique au départ ; puis est devenue de l'odre du spirituel.

Quand mon fils aîné avait atteint l'âge de six mois, j'avais demandé à mon cousin pédopsychiatre comment me comporter en tant que père. Il me répondit : « Ne te casse pas la tête quant à ce que tu dois lui dire ! Il n'est pas à l'écoute de ce que tu lui dis. Il est à l'écoute de ce que tu es. L'éducation se mesure en heures. »

L'essentiel de la transmission s'est fait par les rites familiaux, et par un enseignement que je leur ai délivré moi-même. Tous les soirs, mes trois fils étudiaient avec moi, mais séparément.

J'avais adapté le contenu de ces études à leurs attentes, à leur curiosité. Au début, les passages narratifs de la Torah, avec Rachi ; puis la *Mishna* ; et enfin la *Guémara*. Au Talmud Torah, ils n'apprirent pas grand-chose, mais se firent de nombreux copains, qu'ils voient encore.

À propos de la transmission, je voudrais citer ce mot de Shimon Pérès : « Pour les rabbins, un Juif est le fils d'une Juive. Pour moi, un Juif est le père d'un Juif. »

Ce qui se transmet le mieux, c'est le geste, l'événement, la fête.

Le philosophe Alain disait : « Qu'est-ce qu'une fête ? C'est ce que l'on attend. »

On évacue l'agressivité par les voies de la sainteté

La place du mariage dans la transmission est dramatique. Je vois souvent des parents désespérés parce que leur fils ou leur fille fréquentent un non-Juif ou une non-Juive. C'est l'aboutissement de vingt ans de négligence. Qu'y puis-je ?

Pour mes fils, la question ne s'est jamais posée. Il était évident que chacun fonderait un foyer qui reproduirait ce qui s'est passé dans le foyer de ses parents.

Le fils pourrait se révolter contre le caractère inéluctable de ce destin. Mais la révolte est très bien gérée chez les Juifs ! Emmanuel Lévinas avait une formule : « Quand le Livre est ouvert, tout est permis. » C'est une expérience que j'ai souvent vécue.

Quand l'un de mes fils me disait : « Tu n'as rien compris ! Ce passage ne signifie pas cela.

Voila ce que dit Rachi... », j'avais à ce moment-là un grand respect pour ce fils, car il s'appuyait sur le texte.

On évacue l'agressivité par les voies de la sainteté. Parmi les quatre fils de la *Haggadah* de Pessah, il y a le Sage qui demande : « Que sont ces décrets que l'Éternel, notre Dieu, vous a ordonnés ? » Il est écrit : « *Vous* a ordonnés... » Pas à moi. À chacun d'entre nous.

La revendication d'autonomie est demandée au petit Juif. C'est le début de l'âge adulte.

Dans l'éducation d'un petit catholique, l'un des premiers concepts qui apparaît très vite, c'est le mystère ! Quelque chose qu'il ne faut pas chercher à comprendre. Chez le petit Juif, l'impératif est contraire : « Demande. »

Est-ce que Dieu existe ? Pourquoi faut-il manger casher ? C'est quoi, le péché ?

L'insolence est à cet égard une vertu.

Tout l'art de la transmission consiste, comme au judo, à utiliser l'énergie de la révolte de l'adolescent, à son profit, dans le sens de la tradition. Au lieu de la laisser se disperser.

L'étude avec mes fils ne prit fin que lorsqu'ils eurent trouvé un autre maître.

Les enfants donnent vie à nos parties cachées

La première fois que je suis allé au *Kottel*, à Jérusalem, ce fut un choc émotionnel.

Arnold Mandel nommait cela l'« icéité ». C'est ici ! Il n'y a pas de lieu plus vrai, d'endroit qui soit plus à moi. Ou plutôt à qui j'appartienne davantage.

Du judaïsme, Arthur Koestler disait : « Ce n'est ni une ethnie, ni une religion, ni une philosophie. C'est la condition humaine poussée à son degré extrême. »

Mon métier consiste à étudier le fonctionnement des organisations – l'homme en société, l'homme en groupe, l'homme en association, l'homme dans la cité.

Or, je m'aperçois que toutes les questions que les hommes se posent sont dans le Talmud.

Tous les aspects de la condition humaine qui font problème à l'homme sont discutés dans le Talmud, qui fait le tour des relations de l'homme avec les autres hommes, avec lui-même, avec Dieu.

Autrui, ma personne et le cosmos. Et il les étudie de façon instrumentale, concrète, pratique.

Alain disait : « La pensée n'est pas une rêverie. La pensée commence quand l'outil heurte la pierre. » Ne vous demandez pas comment y aller. Allez-y. C'est en marchant que vous saurez où vous allez. Mais le judaïsme n'est pas à titre principal une métaphysique.

Emmanuel Lévinas disait : « Je m'étonne de tous ces gens qui parlent de Dieu comme s'ils l'avaient rencontré ! »

La philosophie est née chez des gens qui ne travaillaient pas. Ils se posaient surtout des questions sur l'être. Heidegger disait : « Il n'y a qu'une philosophie, c'est celle des Grecs anciens. »

Très bien. Seulement, ils avaient un vêtement drapé, donc un bras pris, ce qui rend difficile le travail. Ce sont donc des hommes du verbe. Les philosophes sont de grands poètes. Seulement, la vie est faite d'autres choses : de chocs, de rencontres.

Avant d'avoir des enfants, j'avais trois théories sur leur éducation. Après, j'ai eu trois enfants, et plus de théorie.

Une condition humaine

Singularité de la religion juive : considérons le philosophe, le chrétien, le Juif.

Le premier se demande : Quel sens a tout cela ? Qu'est-ce qui existe ?

Le second : Comment me sauver du péché, mériter la miséricorde divine ? Autrement dit, comment sanctifier mon animalité ?

Le troisième : Chez quel boucher vais-je acheter ma viande ?

Dans le judaïsme, il n'y a pas de prêtre, pas de temple, pas de sacrement, et n'importe qui peut faire une circoncision s'il sait le faire. Le rabbin est un homme instruit qui enseigne la Loi aux autres. Mais on en a fait une sorte de curé. Or, chaque Juif possède tout le judaïsme. Qui n'est pas une religion, mais une condition pleinement humaine.

On a inventé au XIXe siècle une religion considérée comme une affaire privée, secrète, séparée du reste de la vie.

Certes, il y a des affaires qui relèvent des tribunaux civils, et heureusement. Ce n'est pas parce que le judaïsme a vocation à étendre son emprise, qu'il serait pour autant pertinent aujourd'hui que le droit talmudique s'applique à tous les domaines.

On ne convertit pas un non-Juif. On constate qu'il était juif sans le savoir. C'est pour cela que l'on demande tant d'efforts.

Il doit apporter la preuve qu'il l'a toujours été. La conversion n'est pas une naturalisation.

Ainsi le mariage mixte crée des situations insolubles. Mais il existe des aventures singulières...

Cela étant, on préfère un bon *goy* à un mauvais Juif.

Je ne suis que le reflet du livre

La distinction Ashkénazes/Séfarades est ici éclairante. Si la transmission n'était qu'une transmission de traditions, les rapprochements entre Ashkénazes et Séfarades seraient difficiles.

On ne prononce pas l'hébreu de la même façon, les rituels des cultes synagogales diffèrent, etc.

Or, la force extraordinaire du judaïsme par rapport à d'autres traditions proprement tribales, c'est que plus on est près du texte, moins il y a de différences ! La Torah est exactement la même. Pas une lettre d'écart ! Idem pour le Talmud.

Des talmudistes russes et polonais ont rencontré des talmudistes yéménites : ces derniers chantaient le texte de la *Guémara* sur les mêmes airs ! C'est la même cantillation depuis 1 500 ans ; alors que c'est un texte non ponctué. Ce n'est pas de la philosophie. C'est un texte vécu.

Lorsque j'étudie une page du Talmud, c'est comme si je me reflétais dans un miroir. À ceci près que, lorsque je me regarde dans le miroir, il n'y a qu'un reflet. Alors qu'avec le Talmud, c'est le contraire. Le vrai visage est dans le livre. Je ne suis que le reflet du livre.

Les Juifs n'ont pas d'histoire. Ils ont une mémoire.

Demandez à un jeune enfant, au sortir du Talmud Torah : qui est Abraham ? Qui est Ben Gourion ? Il connaîtra la vie d'Abraham par le menu. Il n'aura que des idées très vagues sur Ben Gourion.

Entretien du 8 janvier 2008

Lisette Rosenberg

Née en 1940, à Tunis
Secrétaire juridique

*

À la fabrique de chocolat, qui importait également du thé, mon père recevait des lettres du monde entier, dont il me rapportait régulièrement les timbres. Ainsi je suis philatéliste depuis mon enfance.

En 1989, à l'occasion du Bicentenaire de la Révolution française, visitant le Salon du timbre qui commémorait cet événement, je suis véritablement retombée amoureuse de ces petites vignettes. J'ai alors collectionné les timbres du monde entier qui traitaient de ce thème.

Mais le moment où je suis devenue « Judaïca », c'est lors de l'émission du timbre relatif aux 50 ans de relations diplomatiques entre la France et Israël. J'ai acquis le timbre avec cachet « premier jour » et, surtout, j'ai fait la connaissance de l'Amicale philatélique France-Israël, dont je suis toujours adhérente.

Le timbre, un véritable vecteur de transmission de l'histoire

Je me suis mise alors avec passion à collectionner des timbres « Judaïca », c'est-à-dire qui ont un rapport avec l'histoire et le monde juifs. C'est ainsi que l'on découvre de nombreuses reproductions de personnages, de synagogues, de lieux, d'objets du culte. La mémoire de la Shoah est aussi présente dans les timbres.

La philatélie permet un enrichissement des connaissances.

Consulter un catalogue de timbres en apprend plus sur un pays qu'en consultant un livre de géopolitique. Par le timbre, on peut connaître la position politique d'un pays et son évolution idéologique dans le temps, suivant le choix de mettre en valeur tels ou tels événements ou personnages.

Je collectionne également les cartes postales « Judaïca ». C'est ainsi que j'ai réalisé des expositions à la synagogue de la rue de la Victoire, l'une sur l'Affaire Dreyfus, l'autre sur les synagogues du monde. Cette passion m'a fait prendre conscience que tous les pays d'Europe tiennent aujourd'hui à rappeler qu'ils ont eu des synagogues sur leur territoire !

Depuis quelques années, la recherche de documents à caractère juif est telle qu'une carte postale représentant une synagogue vaudra infiniment plus cher qu'une autre, de la même époque et du même photographe, représentant une cathédrale...

Le judaïsme deviendrait-il à la mode ?

Une autre passion, le sionisme

Le passage Grammont à Tunis a été le lieu privilégié de mon enfance. Avec tous les autres locataires de l'immeuble, nous formions une grande famille. Ainsi par exemple, nous ne construisions qu'une seule *soukka* pour tous les habitants.

Mon père, un Cohen, était chef comptable à la chocolaterie Allal et à l'Huilerie franco-tunisienne. Ma mère était couturière avant son mariage. Tous deux étaient traditionalistes (*cashrout*, respect du Shabbat et des fêtes).

Une cousine me fit un jour découvrir le *Dror*, mouvement de jeunesse axé sur le sionisme.

Depuis, mon amour pour Israël n'a jamais faibli. J'ai suivi la formation des *madrihim* (moniteurs).

Mon engagement au *Dror* était si total que mes études en ont été compromises.

Lors de l'indépendance de la Tunisie, en 1956, alors que mon père avait un logement et un travail assurés à Marseille, j'ai convaincu toute la famille d'émigrer en Israël.

Les débuts furent difficiles. Il fallait repartir à zéro, mais nous étions heureux malgré les difficultés financières, dont nous savions qu'elles prendraient fin. Mon père, après avoir appris l'hébreu, a travaillé (toujours comme chef comptable) à la municipalité de Kiriat Gat et dans une fabrique de vêtements.

Pour vivre pleinement comme les Israéliennes, j'ai fait l'armée.

Israël, une histoire à ne pas manquer !

De mon enfance, du passage Grammont et de sa vie quasi communautaire, des premiers échos des souffrances juives de la guerre, j'ai senti que le peuple juif vivait, avec la création de l'État d'Israël, quelque chose d'unique, qu'il ne fallait pas manquer !

Pendant ma période de *Tsahal*, j'étais dessinatrice industrielle. Puis je me suis mariée et j'ai travaillé à l'Agence juive à Beer Shéva.

Alors que nous étions cinq frères et sœur (tous parfaitement intégrés à la société israélienne), je suis la seule à vivre aujourd'hui en France *(paradoxe, si l'on songe que c'est moi qui ai entraîné toute la famille en Israël !)*. Mais la vie est parfois faite d'imprévu...

En effet, lors de vacances à Paris en 1964, la famille de mon ex-mari nous a convaincus de rester en France, quitte à retourner plus tard en Israël. J'ai alors travaillé à la RTF en qualité de secrétaire.

Mais, pour « *boucler la boucle* », ma fille et mon fils, qui ont été élevés en France, vivent en Israël où ils ont fondé une famille...

Si, pendant cette dernière période, le judaïsme n'était plus la seule priorité, il n'en demeure pas moins que j'ai transmis à mes enfants l'amour d'Israël, un amour inconditionnel, bien que non dénué d'esprit critique.

J'ai vécu dans ma chair les différentes guerres, notamment parce que mes trois frères ont combattu, tant pendant celle des Six Jours qu'en 1973. Et puis, les jeunes soldats d'Israël ne sont-ils pas tous nos propres enfants ?

À chacun « sa » voie pour transmettre

Je me considère comme une Française juive et sioniste vivant en France.

Remariée, nous formons avec mon époux et tous nos enfants et petits-enfants des deux côtés, une famille très unie ; et ce, bien que nous ne partagions pas tous le même judaïsme, certains étant israéliens, d'autres juifs français, d'autres plus français que juifs…

Il existe bien sûr plusieurs façons de transmettre son judaïsme. Chacun trouve sa voie la meilleure. Mais cela dépend aussi des enfants, du vécu de chacun.

On peut vivre son judaïsme comme une richesse… ou comme un poids.

Ce serait parfois tellement plus facile de n'être pas juif ; mais tout mon être refuse cette hypothèse.

Le judaïsme est pour nous une véritable richesse. Lorsque nous partageons ensemble les fêtes juives, je sens que nous participons à ce qui a été vécu par les personnages bibliques qui nous ont précédés. Cela me parle. Je le « vis ». C'est peut-être cela être juif, tout simplement.

Entretien du 5 décembre 2008

Fernand Sebban

Né en 1951, à Alger
Ingénieur
Directeur à la RATP

*

Je garde le souvenir des nombreuses fins d'après-midi du samedi, passées avec ma grand-mère paternelle Simha (nom qui signifie la joie). Alors qu'il faisait presque nuit, je voulais allumer la lumière. Mais à chaque fois que je me dirigeais vers un interrupteur, elle courait et se plaçait juste devant pour m'empêcher de transgresser le Shabbat...

Son mari, Makhlouf, originaire du sud de l'Algérie, exerçait à la fois les activités de commerçant et de rabbin, sans toutefois être en charge d'une communauté. Mon père avait en lui un immense respect : quelqu'un d'austère et d'exigeant.

Deux anecdotes témoignent bien de l'homme qu'il était.

La première rapporte que chaque vendredi, à treize heures précises, il passait chez les commerçants en tapant avec sa canne sur les rideaux de fer pour annoncer le Shabbat.

Selon la seconde, lors de l'annonce d'un danger pour sa communauté, il avait jeûné une semaine entière. Les témoins indiquent que, lors de sa sortie du *mikvé*, une sorte de nuage l'entourait, le faisant apparaître tel un ange...

Il a lutté sans relâche contre la superstition qui avait une fâcheuse tendance à se substituer aux lois rabbiniques : il a transmis cette mission à mon père ; ce dernier m'a également enseigné la différence entre superstition et le « mauvais œil » (*aïn ara*)...

Des années difficiles

Mon père, entraîné par son propre père, avait fait des études à Ets Haïm (école à mi-chemin entre la *yeshiva* et l'école rabbinique). Et, pour devenir rabbin, il aurait dû venir en France, ce que refusa sa mère. Aussi devint-il commerçant, puis industriel.

Très actif dans la communauté, notamment au Talmud Torah, responsable d'un organisme de bienfaisance, il était également *hazan* : sa voix amenait donnait à la prière un caractère sublime : des chants de joie du Hallel, à la lecture de la Torah, aux chants de Yom Kippour, toute la synagogue se trouvait dans une rare harmonie.

Pendant la Seconde Guerre mondiale, il avait transformé une ferme en école pour les enfants juifs auxquels le régime de Pétain interdisait l'instruction.

Lors de la guerre d'Algérie, hésitation quant à la destination : Israël, le Canada, la France… ? Lors de la décision, en 1961, le Grand rabbin de France, Jacob Kaplan, lui proposa d'être ministre du culte à Lunéville, communauté ashkénaze dans l'est de la France. Ce fut le passage du soleil de l'Afrique du Nord au gel de l'Est ! Là il découvrit le rite ashkénaze en même temps qu'il se mit, à l'âge de cinquante ans, à apprendre la musique, notamment avec un homme exceptionnel, André Stora et sous le contrôle attentif et permanent du mélomane liturgique, attaché aux rythmes et durées des offices : André Kahn…

Sa rencontre avec sa nouvelle communauté composée de Juifs lorrains, polonais, allemands, ainsi qu'avec son président, Sam Job, fut difficile : différences des rites et des rythmes, des relations avec Israël, petits « arrangements » avec la *Halakhah*…

Mon père a assumé la délicate rencontre entre Ashkénazes et Séfarades. Il préconisait le *nakhat rouakh* (la sérénité de l'esprit) et, constituant l'une des rares exceptions en France, a instauré une double liturgie pour l'ensemble de la communauté : elle existe encore à ce jour…

Fondamentalement, tout en étant lui-même dans le strict respect de la *Halakhah*, il était très libéral pour les autres : jamais dans le jugement, ni a fortiori dans la remontrance. Il m'a transmis l'importance de la Loi, du respect d'autrui, de la *tsedaka*.

La table familiale (shabbat, fêtes) revêtait à elle seule une place essentielle : célébration religieuse, mais aussi l'occasion du regroupement familial, de joies, mais aussi de discussions familiales passionnées (quels qu'en soient les sujets) et parfois difficiles : temps d'expression des identités de chacun, de coupure et de reconquête du temps. Sans le rite, cela est-il possible ?

Partage des rôles

Benjamin d'une famille de sept enfants (trois sœurs et quatre frères), j'ai été celui qui, à Lunéville, était le plus présent avec mon père à la synagogue. C'est ainsi qu'il m'a appris le « métier » de rabbin, à animer l'office, à célébrer les fêtes. Et aussi à gérer les conflits de tous ordres : y compris pour décider, sans vexation, qui doit et quand monter à la Torah !

Pendant des années, j'ai tapé à la machine ses sermons destinés à la synagogue, textes toujours très travaillés avec ma mère.

Mon père m'a enseigné la liturgie que j'ai pu pratiquer comme *hazan* lors des offices de Rosh Hashanah et de Kippour à Dieuze, dans une communauté de Moselle.

Il me confiait des missions d'animation du Talmud Torah dont, et simultanément, l'envie de transmettre.

Lors de la bénédiction des *Cohanim*, être béni par le rabbin qui est votre propre père permet une proximité quasi charnelle, inoubliable. Tout cela constitua une transmission très forte, intense.

Mon père était porteur de la parole de son propre père, qu'il m'a vraiment transmise. Je me sens porteur d'un héritage, d'une lignée, d'une lumière à transmettre.

Il m'a transmis plus une attitude qu'un réel enseignement de la Torah ou du Talmud.

C'est davantage ma mère qui, finalement, apportait la dimension quotidienne du judaïsme. J'ai hérité d'elle les règles et valeurs de la vie juive : l'organisation de la maison ; la référence aux symboles religieux ; le tempo des fêtes. Ce rythme, cette notion du temps, c'est elle qui le faisait en permanence entrer dans la maison.

Elle était pour sa part issue d'une lignée Cherqui, et avait un grand-père, Isaac Hanoune, homme pieux et ouvert à la culture française, qui fut *Dayan* (président du tribunal rabbinique) et Grand rabbin d'Alger. Femme cultivée, elle était beaucoup plus laïque que mon père.

Une éducation de la transmission

En héritage, j'ai reçu de mon père plusieurs leçons : le respect tant des Juifs religieux que des non-pratiquants, ainsi que des *goyim* ; le souci de l'écoute de l'autre et de la recherche du compromis (ce qui m'a beaucoup aidé dans ma vie professionnelle) ; l'importance de l'accompagnement des gens en souffrance ; le sens du *minian*, c'est-à-dire l'esprit du collectif (un Juif, seul, n'a pas grande signification : le collectif d'individus même très différents, mais présents simultanément en un même lieu, pour un témoignage commun, quel symbole !).

Je compare souvent la musique et la vie. Les notes et les sons disparaissent après avoir été joués, laissant parfois une partition. Il en va de même pour l'homme, qui disparaît après sa mort, sa partition étant réduite à la mémoire de ce qu'il a accompli.

Suite à cette éducation, j'ai très tôt ressenti le désir d'être rabbin. Mais mon passage à la *yeshiva* d'Aix-les-Bains, fortement empreinte à cette époque de superstitions et de rigidités dogmatiques fut décevant.

À l'École des Mines de Saint-Étienne, Jacques Lévy, un professeur de l'école qui s'inquiétait de mes résultats, m'invita chez lui un Shabbat. Il avait, outre une importante culture juive, une patience, un don de soi envers la communauté qui était étonnant. Il m'a appris, comme mon père, la force de la Loi, le sens du devoir, la référence à l'écrit, avec la nécessité de l'interpellation et de l'autodérision. C'est ce qui distingue le peuple juif d'autres peuples.

Quasi seul élève juif de l'école pendant deux ans, arrive un Cohen dont j'épouserai la sœur quelques années plus tard, et nous fûmes mariés par mon père !

Ma femme, d'origine juive marocaine, vient d'une famille à la fois traditionaliste sur le plan religieux, et ouverte vers les autres cultures. En nous mariant, nous avons décidé de manger casher et de fonder un foyer juif, ouvert. Tous nos enfants ont suivi les cours du Talmud Torah, ont fait leur bar et bat mitsvah, et ont été aux EEI (Éclaireuses et Eclaireurs israélites de France). Et tous ont été à l'école laïque républicaine.

Dans le même temps nous avons affirmé la centralité de la famille, ainsi que la sanctuarisation de la maison, avec une large place accordée aux rythmes religieux, et où le shabbat et le repas du vendredi soir ont toujours compté.

Je pense avoir transmis le respect de l'autre ; ainsi que l'importance de la notion de famille.

Je pense également avoir transmis à mes enfants la signification de la célébration de rites (*brit mila*, shabbat, Pessah) qui sont des moments essentiels de respiration, de césure et de coupures qui rythment la vie.

Je dois cependant admettre ma difficulté à transmettre ma relation à Dieu. Est-ce d'ailleurs transmissible ? Et le concept de Dieu n'a pas toujours une place centrale dans mon judaïsme.

Mais transmettre mérite méthode. Il faut à la fois la parole (la Torah et l'histoire du peuple juif) et le geste (les rites familiaux).

Une religion révolutionnaire

Il m'est difficile de faire la différence entre judaïsme et religion juive. Car la religion c'est la Loi, les rapports entre les individus, la justice.

Lorsqu'un homme comparaît devant le Grand *Sanhédrin*, et qu'aucun des soixante et onze juges ne lui trouve de circonstance atténuante, qu'il est condamné à mort à l'unanimité, le Talmud prescrit sa libération immédiate. Cette unanimité prouve en effet que la décision n'a pas été équitable. Ce type de préceptes m'apparaît toujours révolutionnaire.

Un autre exemple : avec Abraham et Isaac, pour la première fois, le sacrifice humain était évité. La relation exceptionnelle entre Dieu et Abraham a ainsi écarté l'humanité de sa fascination et de sa soumission au culte de *Moloch*.

Les lois et préceptes du judaïsme sont essentiellement des constructions éthiques, issues de longues et fréquentes interpellations ; elles n'ont de valeur collective que si elles sont connues. D'où l'importance de la transmission... Un Juif est un passeur qui ne cesse jamais de transmettre.

Entretien du 19 juin 2007

Shelomo Selinger

Né en 1928, à Szczakowa, en Pologne
Sculpteur
Chevalier des Arts et des Lettres, Officier de la Légion d'honneur

*

C'est très difficile de savoir comment se passent les choses.

Il existe différents chemins pour transmettre, et d'autant pour comprendre la façon dont s'opère l'essentiel de cette transmission.

Pour illustrer ce propos, voici une petite anecdote. Il y a quelques années, après avoir réalisé

La liste de Schindler, Spielberg a utilisé une partie de l'argent pour recueillir des témoignages des rescapés de la Shoah. C'est ainsi que j'ai passé une journée avec l'une de ses équipes. Nous sommes allés à Drancy, où je leur ai montré le Mémorial que j'avais sculpté quelques années auparavant, puis, nous nous sommes rendus à mon atelier, où je leur ai montré mes sculptures et mes dessins. J'ai aussi beaucoup raconté.

Le soir, le responsable de l'interview a rassemblé chez moi toute ma famille, afin que chacun s'exprime sur mon histoire. Mon petit-fils Élie, qui n'avait alors que quatre ans, interrogé à son tour à propos de ce qu'il savait de son grand-père, a répondu : « Mon grand-père était esclave en Égypte. »

Il a tout compris de l'histoire juive. Je suis encore ému de cette sagesse.

Vois-tu comment s'est faite la transmission… ? Pas comme on pense !

Mon père est resté trois mois avec moi dans le même camp, jusqu'au jour où on le transféra dans un camp dit de « convalescence », où il fut assassiné au moyen d'un tuyau d'arrosage, introduit dans sa bouche jusqu'à l'éclatement des viscères. Dans les camps en Allemagne, on assassinait de façon artisanale, un à un, pas comme en Pologne.

Mon père, qui était un homme à la fois croyant et moderne, m'avait dit avant de partir :

« Si tu t'en sors, j'aimerais que tu portes les *téfilin.* » Je ne les ai jamais portés, sauf pour la bar mitsvah de mon petit Elie. En revanche, il m'arrive de les mettre sur les bras des personnages, hommes et femmes, que je sculpte et dessine.

L'exemplarité comme enseignement

Avant la guerre, je ne connaissais pas bien mon père. Chaque matin, très tôt, il quittait notre ville de Szczakowa, pour rejoindre ses affaires installées à Katowice.

Le samedi matin, nous allions ensemble à la synagogue et, dans l'après-midi, il contrôlait ce que j'avais appris durant la semaine au *heder.* Dans cette école pour enfants très jeunes j'apprenais à lire la Torah en hébreu, pour la traduire en yiddish, une langue que je ne pratiquais pas... Je craignais beaucoup ce moment, car mon père était exigeant et moi, mauvais élève.

Au camp, les conditions étaient faites pour nous déshumaniser et nous transformer en bêtes sauvages. Beaucoup de pères et de fils se battaient pour un petit morceau de pain. Ce qui signifiait : pour un petit morceau de vie.

À l'encontre de ceux-là, à chaque fois que l'on distribuait du pain, mon père s'arrangeait pour que je reçoive un morceau plus grand que le sien. Je suivis son exemple, lui demandant qu'il garde pour lui le morceau le plus grand. Son exemple et sa dignité m'ont servi de leçon de vie.

Avec un regard juif

J'ai reçu un enseignement fait d'humanité et de dignité. Est-ce que cela est juif ? Ou simplement humain ? Lorsque l'on me demande si je suis un artiste juif, je réponds que j'en suis un, car mes parents juifs m'ont inculqué une éducation et une culture juive. Elles sont l'assise de mon être. Je ne peux scruter le monde et créer qu'avec mon regard de Juif.

À la fin de la guerre, je fus repéré par un médecin juif, officier de l'armée soviétique, couché sur un tas de cadavres au camp de Térézin. Il avait décelé en moi un souffle de vie. Il m'a hospitalisé, soigné et m'a rendu la vie, il m'a restitué à la vie.

En mars 1946, je suis arrivé en Palestine, sur un bateau clandestin, et j'ai commencé une nouvelle vie.

J'ai participé à la construction d'un kibboutz au bord de la mer Morte. Les jeunes, natifs du pays, ne pratiquaient pas la religion. Dans cette ambiance laïque, les fêtes religieuses, devenues nationales, étaient célébrées d'une manière différente de la façon traditionnelle. Néanmoins, la transmission était là et se faisait.

Je regarde aujourd'hui cette époque de création du *kibboutz* et me vois en miroir : sa naissance coïncide avec ma propre renaissance.

La terre était aride, avec une teneur en sel de 17 %. Nous lavions cette terre avec l'eau du Jourdain et nous l'avons rendue devenue fertile. Nous la faisions revivre. Quant à moi, revenu à la vie, je suis resté amnésique pendant sept ans. Homme sans souvenirs, sans passé, je me suis instruit, me suis construit sur mon désert intérieur. J'ai absorbé de la connaissance en langue hébraïque, en mathématiques, littérature, poésie et autre. J'ai pratiqué la natation dans le Jourdain, j'ai travaillé... Bref, je me suis réveillé à la vie, à la joie, à la jeunesse.

Lorsque j'ai rencontré Ruthy, la mémoire me revint avec grande brutalité par d'épouvantables cauchemars. C'est à cette période que j'ai commencé à sculpter. La nature m'a donné l'oubli en repos et la création pour atténuer mes angoisses et me permettre de continuer à vivre. La sculpture est devenue ma langue et mon moyen d'expression. À travers elle, je peux transmettre aux autres, mes sentiments et mon histoire d'un Juif déporté et assassiné.

Dureté et durée

En 1955, j'obtiens le Prix « America-Israël de la jeune sculpture » et j'arrivai à Paris pour étudier à l'École nationale supérieure des Beaux-Arts, dans l'atelier de Marcel Gimond. J'y suis resté quelques années. Plus âgé, ayant derrière moi un lourd passé, j'étais différent des autres étudiants aux Beaux-Arts. L'enseignement classique ne me suffisait pas. Il me fallait travailler la matière et continuer ma création personnelle, commencée jadis en Israël.

En cherchant des matériaux dans une décharge publique, j'ai trouvé le granit. Cette pierre est très dure, mais capte la lumière d'une façon extraordinaire. Je me suis attaché à cette pierre et à sa dureté. Elle est en contraste avec la fragilité de l'homme et lui survivra. Peut-être qu'inconsciemment, j'essaie de lui emprunter sa force et sa durée. Elles conviennent à mon mode d'expression.

Se mettre à disposition

Celui-ci est de nature plastique, et demande de sentir plutôt que de dire.

Le travail me plonge dans une forte émotion. Mon ego se rétracte et ce retrait me permet de repousser plus les limites. Pour être artiste, il faut être subjectif. Si l'on arrive à pousser le subjectif le plus loin possible, on a des chances d'atteindre à une vérité universelle. Les choses s'expriment alors à travers moi et non pas par moi. C'est une transmission et non pas une expression volontaire du « moi » de l'artiste. L'objectif en création artistique n'est qu'un petit mensonge.

La transmission se fait souvent à l'insu du sculpteur. Pour que cette chose arrive, il lui faut mettre son esprit à la disposition de quelque chose qui dépasse sa propre conscience, toute en se laissant guider par la matière et la lumière.

Moi, Juif non pratiquant de religion, cette façon-là de travailler est ma manière à moi de prier.

Parmi mes sculptures figurent de nombreux mémoriaux. Parmi d'autres, le Mémorial aux Déportés du camp de Drancy en granit rose ; Le « Requiem aux Juifs d'Allemagne » à Bosen en Allemagne, en grès et le Monument aux Justes parmi les Nations à Yad Vashem, à Jérusalem, en Israël, lui aussi en granit rose.

Quand je travaillais sur la maquette des Déportés à Drancy, je fus étonné et fasciné à chaque séance de travail, par l'apparition de nouvelles formes porteuses de significations. Elles surgissaient sans aucune préméditation de ma part.

De même, des effigies de membres de ma famille assassinés par les nazis sont apparues elles aussi dans mes mémoriaux : le visage de ma mère au mémorial de Drancy, celui de mon cousin, au mémorial de la Résistance... Cette transmission a pu passer à travers moi que parce que je suis un artiste de culture juive, imprégné par l'atavisme, l'histoire et le destin de mon peuple, qui lui cédait le passage.

Transmettant par la pierre la tragédie de mon peuple, chercherais-je à faire revivre mes morts ? L'amour de mes proches assassinés m'accompagne. J'y puise mon énergie créatrice et l'énergie de ma vie.

Un jour, mon fils Rami m'a décrit ainsi : « Il est l'homme qui a tout oublié, et qui fait des mémoriaux ! »

Rites et symboles

Même sans pratiquer la religion, la transmission du judaïsme s'effectue néanmoins naturellement.

La langue maternelle de nos trois enfants, Rami, Vered et Hana, était l'hébreu. Ils ont passé trois ans, chacun d'eux, au jardin d'enfants hébraïque de Rachel Gordin. La plupart de nos petits-enfants parlent eux aussi l'hébreu. Nous passons ensemble les fêtes.

La culture, qu'elle soit juive ou autre, est créée et transmise par l'homme.

Autrefois, les limites entre la part religieuse de la vie juive et la part laïque n'existaient pas.

À toute question philosophique ou morale, ainsi qu'à celles qui concerne les affaires civiles - naissance, mariage, divorce ou mort - c'est la religion qui devait donner la réponse. Notre culture laïque, qui a tué Dieu, est toujours pleine de Dieu...

Juif par tous temps

Le judaïsme pour moi est humanisme. Le judaïsme aspire à la justice envers tout être humain. Pour moi, être juif signifie être solidaire avec l'exclu, le sans défense et l'éreinté. Ils sont mes frères de malheur.

Entretien du 24 juillet 2007

Philippe Soussan

Né en 1962, à Aulnay-sous-Bois (Seine-Saint-Denis)
Libraire

*

Le fait est que je me sens juif.

Sans doute grâce aux quelques pratiques de ma famille ; ainsi que par leurs choix alimentaires, par notre vie quotidienne. Mais je n'ai reçu aucun enseignement approfondi de la Torah, excepté lors de la préparation de ma bar mitsvah.

Je me suis toujours senti juif.

Ce n'est pas du domaine du religieux, mais plutôt d'ordre culturel. Je me sens porteur de quelque chose de différent quant à ma façon d'appréhender le monde, avec un certain recul.

Je me sens porteur, sans prétention aucune, de questionnements qui ont agité une bonne partie de ceux qui ont transmis le judaïsme au cours des siècles. Je me sens un peu leur héritier.

Origines

De parents nés l'un et l'autre en Algérie, je suis l'aîné d'une famille de trois enfants.

Mon père, arrivé en France en juin 1962, jeune marié, fut hébergé dans la maison de Villemomble de ses beaux-parents qui vivaient encore en Algérie. Il entreprit de créer sa propre affaire, un pressing.

Nous avons eu une éducation assez libre et sans contraintes apparentes.

Ce qui comptait avant tout pour mes parents, c'était notre avenir professionnel. Pour eux, je devais être médecin, ou pharmacien comme l'est devenu mon frère. Quant à ma sœur, elle a travaillé avec eux et les a suivis dans le sud de la France.

Mon grand-père maternel avait un magasin de jouets à Oran. Puis rapatrié en France, il a tenu une cordonnerie. Passionné par la marche et la lecture, il avait une licence de lettres.

D'où sans doute mon virus du livre.

Mes grands-parents paternels avaient six garçons (dont mon père) et une fille. Je n'ai pas connu mon grand-père paternel. Mais récemment, j'ai recueilli bon nombre d'informations le concernant. Après Oran, il s'était installé à Drancy, et mourut en 1965 en France - alors que j'ai longtemps cru qu'il était décédé en Algérie !

Se situer

Jeune adolescent, j'étais parti avec le Carrefour de la jeunesse juive (CJJ). Puis suivirent de nombreux séjours en Israël, notamment au *kibboutz*, et un passage à l'Université hébraïque de Jérusalem, où j'ai partagé ma chambre avec un non-Juif qui faisait une enquête sociologique sur le judaïsme. Ce qui fut l'occasion d'échanges tout à fait formateurs.

Parmi tous ceux qui ont contribué à ma formation et à mon éveil intellectuel, je dois citer le frère cadet de ma mère avec qui j'ai toujours entretenu une relation forte. Je l'ai admiré étant jeune, car ses idées m'attiraient. Tout comme moi aujourd'hui, il aimait les gens, l'homme. Il avait une aversion pour toute intolérance, quelle qu'elle soit. Marié avec une non-Juive, il était plutôt du genre contestataire.

Mais ce sont davantage les lectures qui ont guidé mes pas. Par exemple, *Le livre des égarés* de Maïmonide, *L'étoile de la rédemption* de Rosenzweig, *La barbarie à visage humain* de Bernard-Henri Lévy, et de nombreux ouvrages de Pascal Bruckner.

Et puis je ne peux manquer de citer un homme, modèle d'intégrité, dont les engagements me furent des leçons, à savoir Pierre Mendès-France.

Marié avec une femme qui avait reçu une éducation catholique, j'ai eu la chance que sa grande tolérance autorise une véritable osmose avec ma propre famille.

Ensemble, nous avons toujours veillé à ne rien imposer à nos enfants du point de vue de la religion. Telle était d'ailleurs déjà mon intention bien avant mon mariage. Mais si mon fils n'est pas circoncis, il porte néanmoins les prénoms de mon grand-père et de mon père.

S'il est une chose cependant que je regrette de ne pas avoir réussi à faire perdurer, c'est le respect de la fête de Yom Kippour. Car c'était un moment fort, intense de mon enfance et de mon adolescence. Mon père allait ce jour-là à pied à la synagogue car il était, tout comme ses frères, très religieux.

Ce retrait du monde pendant une journée, avec le jeûne, le « bilan », revêtait une grande importance. Il procurait l'opportunité de pouvoir se situer, de savoir qui et où l'on était.

L'absence d'électricité, de nourriture, nous obligeait à nous reconnaître dans la communauté et à toucher de plus près en quoi nous étions différents. En me promenant ce jour-là, j'avais le sentiment d'être véritablement avec les gens que je croisais, de vivre autre chose.

Ces moments sont des souvenirs toujours vivaces, davantage peut-être que le Seder, le repas traditionnel de Pessah, la Pâque juive, partagé traditionnellement avec mes grands-parents.

Ce sont des moments de transmission.

Retrouver les traces

Mes enfants ont reçu quelques notions de judaïsme. Mais ceci s'est fait au cours de voyages dans les pays du pourtour méditerranéen ou bien à l'occasion d'événements familiaux tels que les mariages de cousins.

Mon approche est plus pédagogique que rituelle. Que vont-ils en garder ? Je ne sais.

Mais la continuité, de mes grands-parents à mes enfants, ne me taraude que depuis peu. Et depuis trois ans, cela devient de plus en plus fort. Il faut que je transmette. Cela m'est devenu vital.

Ce qui explique sans doute que nous ayons effectué récemment un voyage en Algérie.

L'idée en est venue alors que j'étais peu à l'aise professionnellement. De septembre à décembre 2004, j'ai été accompagné par un livre : *Une histoire d'amour et de ténèbres* d'Amos Oz. À sa lecture j'ai compris que je devais faire quelque chose pour que ces liens familiaux perdurent. C'est alors que j'ai eu l'idée de partir en Algérie.

Pendant deux ans, j'ai creusé mon histoire familiale. J'ai fait un questionnaire que j'ai demandé à mes parents et à mes oncles paternels de remplir. Je les ai interrogés sur l'histoire, la langue, la vie de l'époque. Puis j'ai commencé d'écrire un texte qui pourrait être un livre dans l'esprit de l'œuvre précitée d'Amos Oz !

En même temps, je préparais très activement ce voyage d'une semaine sur les traces de mes origines. Mes parents devaient venir, mais, ma mère étant malade, ils ne purent nous accompagner.

Nous sommes nous sommes rendus à Alger, puis à Oran où j'ai fait des rencontres fortes. Notamment celle qui m'offrit la chance d'échanger avec un homme arabe, qui alors tenait encore la boutique de cuirs et peaux de mon grand-père. Il avait gardé tous les documents de l'époque, qu'il m'a ouverts et présentés.

Nous étions hébergés dans un hôtel où se tenait autrefois le Café Riche, café où mon grand-père se rendait chaque jour ! Notre interlocuteur m'a dit de mon grand-père : « C'était un Juif tout à fait respectable. »

Ceci m'a montré, malgré le fait que les Juifs d'Oran vivaient en vase clos, qu'il y avait une grande proximité, y compris affective, avec les non-Juifs, et en particulier avec les Arabes.

C'est cela que je voulais transmettre à mes enfants ; à la fois qu'ils sachent d'où ils venaient, et que mon fils et ma fille vivent désormais avec cette perception des relations entre les hommes.

Une deuxième rencontre se fit au lycée de ma mère, le lycée Stéphane Gsell, où avait été organisée une réception par tout le personnel de l'établissement. Nous avons notamment visité la bibliothèque, où l'on conservait le registre d'infirmerie, avec bien sûr tous les noms des élèves de l'époque !

La meilleure façon de transmettre…

À notre retour, nous avons raconté ce voyage à mes parents, photos à l'appui. Mais les sentiments provoqués par ces souvenirs semblaient chez eux très ambivalents. Ce devait être encore très douloureux pour eux. Ma femme a trouvé enrichissant ce voyage qu'elle avait préparé activement avec moi. Elle fut à la fois le moteur et l'élément de tempérance dans cette « aventure ».

Voyage fait autant pour mes enfants que pour mes parents. Pour mon frère, ce voyage fut une péripétie.

Pour ma part, il est indéniable que ce voyage a modifié profondément ma vision idéalisée de mon passé. Ce fut un choc, qui a amplifié mes sentiments. Cela m'a changé.

Retrouver sur place, quarante-cinq ans après les traces de ce passé encore si vivace, les témoins, les anecdotes, c'était comme si tout s'était un petit peu arrêté.

Une autre histoire s'est construite depuis, qui se juxtapose à l'ancienne. La persistance de ce « double monde » ne m'a pas quitté, et perdure encore aujourd'hui.

J'en retire plusieurs leçons, dont l'idée que la meilleure façon de transmettre est double : à la fois parce que l'on est et ce que l'on dit ; mais également par le fait de mettre en situation les personnes à qui l'on veut faire passer le message.

Pour que la personnalité se forge et fonctionne de manière autonome, il faut ouvrir des pistes : une lecture, un voyage, une conversation… Toujours de façon concrète et impliquante.

Ce voyage a comblé un vide qui existait entre moi et mes enfants. Ce voyage les a rendus différents. Ils savent qu'il ne faut pas oublier le passé.

Ma femme étant originaire de la Creuse, ils veulent maintenant effectuer le déplacement dans cette région !

Ma vision du judaïsme s'est affirmée comme une manière de penser le monde à partir de pratiques et d'expériences accumulées au cours des siècles.

Suis-je athée ? Ma relation avec Dieu est ténue ! Mais en même temps, je ne suis pas matérialiste.

Je vis avec un doute très présent. En tout cas, non pratiquant, je ne me sens pas suffisamment armé pour transmettre via la religion. Mais je crois intensément à la force de « relier ».

Le fait d'être français ne m'a jamais ému. Alors que le fait d'être juif me transporte.

Entretien du 20 novembre 2007

Claudine Soussen

Née en 1934, à Paris
Médecin gynécologue

*

Héritière d'une grande tradition qui ne doit pas se perdre, je crois à l'obligation morale de la transmettre.

Mon père, issu d'une famille de paysans de Moldavie, était d'origine roumaine. Des sept ou huit enfants de sa fratrie, une jeune sœur fut tuée en 1903, l'année du pogrom de Kichinev.

Après son service militaire et la Première Guerre mondiale, il partit en Palestine rejoindre un cousin germain qui travaillait dans un *kibboutz*, où il resta deux ans. Puis il vint à Paris pour ses études. Mais c'est à ce moment-là que ses parents quittèrent la Roumanie avec d'autres membres de la famille, dont un petit-fils orphelin de mère. Aussi il dut entretenir les nouveaux arrivants, et donc travailler en même temps qu'il poursuivait ses études.

Docteur en droit (sa thèse, intitulée *Les Juifs de France et l'égalité des droits civiques*, fut publiée en 1933 chez Charles Petit), il travailla à l'Aéropostale puis à Air Afrique, et termina sa carrière à Air France.

C'est cet homme, d'une grande culture juive, qui finit par obtenir son doctorat de droit et qui se maria en 1933 avec ma mère.

Elle était pour sa part d'origine juive alsacienne. Son père était venu en France à l'âge de quinze ans, afin de ne pas être allemand.

Ingénieur diplômé de l'École centrale, il fut envoyé en Algérie pour y créer le chemin de fer d'Oran ; puis au Pérou comme ingénieur en canne à sucre !

En 1910, il envoya toute sa famille à Paris pour étudier, dont ma mère qui obtint le brevet puis géra quelques années un magasin de chaussures au cœur de Paris.

Juif alsacien traditionnel, son père savait lire l'hébreu, respectait le Shabbat, allait à la synagogue les jours de fête.

Les Dix commandements

Mes parents se sont mariés religieusement à la synagogue de la rue de la Victoire à Paris (pour ceux qui connaissent, dans ce que l'on nomme « la petite salle »).

Mon père ne mangeait ni porc ni crustacés ; mais parfois le dimanche, il nous achetait des huîtres ! Signe manifeste d'une grande tolérance !

J'ai fait ma bat mitsvah en 1948 à la synagogue rue de Nazareth, en quasi robe de communiante, après avoir suivi des cours d'éducation religieuse sous l'égide du Grand rabbin Jaïs. Mon frère, quelque temps plus tard, prépara également sa bar mitsvah avec ce même rabbin. Puis il suivit le cursus de l'école des cadres *Gilbert-Bloch* des EI à Orsay, où il eut la chance de recevoir l'enseignement de Manitou.

Pour ma part, il m'importe de transmettre nos racines. Comme je l'ai dit en préambule, je me sens l'héritière d'une tradition, d'une grande tradition qu'il nous faut perpétuer. Et ce qui doit être transmis, c'est essentiellement les Dix commandements, les principes moraux et l'histoire juive.

Un judaïsme laïque

C'est d'ailleurs ce à quoi nous nous sommes appliqués avec mon mari, que j'ai épousé religieusement. Originaire de Blida (Algérie), son père y était commerçant et sa mère institutrice. Comme chez la plupart des Juifs séfarades, la religion occupait une place importante, et tout particulièrement les rites.

Je me définis comme une Juive laïque. Comprendre avant de transmettre.

Et si je n'appartiens à aucune communauté, c'est pour ne pas subir l'influence des rabbins.

Je ne suis pas sûre de croire en Dieu, mais les fêtes me sont essentielles, et en particulier parce qu'elles permettent de transmettre à nos enfants.

Si je vais à la synagogue pour Yom Kippour, c'est pour partager un sentiment d'appartenance avec tous ceux qui dans le monde s'y retrouvent le même jour. Y retrouver ma fille est également une grande joie.

Car la question de la croyance n'est pas centrale. Et je n'accorde qu'une faible place à la prière, car je suis incapable de faire un marchandage quelconque avec Dieu.

À la fin d'un formidable petit livre de Zvi Kolitz intitulé *Yossel Rakover s'adresse à Dieu* (éditions Maren Sell/Calmann-Lévy), Emmanuel Lévinas propose un court texte dont le titre « Aimer la Torah plus que Dieu » est une approche du judaïsme que je fais volontiers mienne.

Transmettre une appartenance

Je me sens juive dans un continuum. Mon père tient une place considérable dans la continuation de mon judaïsme. Débattant beaucoup avec lui, il m'a conseillé dans mes lectures. J'ai fait de même avec mes enfants.

Transmettre une appartenance est l'essentiel.

La transmission passe selon moi par le mariage. Il ne peut y avoir de transmission sans mariage juif. Crainte de voir la chaîne se rompre. Crainte, voire plus, que nous avions avec mon mari. C'est pourquoi nous avons clairement et honnêtement manifesté à nos enfants notre inquiétude à ce sujet.

Transmettre est premier par rapport à l'amour (qui n'est pas forcément éternel), par rapport à la nationalité (qui peut t'être retirée).

Alors quelle est la meilleure façon de transmettre ? Il est difficile de répondre. La communauté est-elle indispensable ? Peut-être, mais ce n'est pas si sûr ! Mais par contre la famille, c'est certain.

La transmission du judaïsme, ce sont aussi les récits, la manière de vivre, et le fait de s'occuper des autres par l'intermédiaire de la *tsédaka* (mot hébreu signifiant justice, droiture ; mais surtout désignant l'aide que l'on doit apporter aux plus démunis de la communauté).

Diaspora et Israël

Il y eut une telle volonté d'assimilation chez les Juifs alsaciens que l'on a beaucoup perdu en route ! Certes la Shoah a rappelé à certains qu'ils étaient juifs ; ils furent ainsi ramenés à leur origine, ce qui est essentiel pour disposer de racines, elles-mêmes indispensables à la transmission. Mais comment construire si l'on ne sait pas d'où l'on vient ? On connaît les difficultés des enfants adoptés qui souffrent de l'absence de racines, même si elles ne sont que mythiques.

J'avais demandé à mon père un livre pour comprendre la Shoah. Il m'avait alors indiqué *La muraille*, de John Hersey, (éditions nrf/Gallimard, avec une préface de Joseph Kessel). Ce fut pour moi une révélation, tant à propos des Juifs de Pologne que de la vie des ghettos.

Cette éducation m'a évidemment conduite à me sentir très concernée par la création de l'État d'Israël. Fille d'un sioniste militant, j'ai été élevée dans l'amour d'Israël. Jusqu'en 1967 ce fut sans problème. C'est devenu plus compliqué après.

Mais ce qui m'irrite ici particulièrement, c'est l'inféodation de toutes les organisations juives à Israël. Toute critique y est bannie. Cela dit, la disparition d'Israël serait une catastrophe. L'histoire nous montre que de tous temps ont existé deux communautés, l'une en Terre sainte et l'autre en Diaspora ; chacune ayant sa fonction.

Aujourd'hui, j'apprécie l'étude du judaïsme ; davantage sous l'angle historique que philosophique.

C'est pourquoi j'assiste régulièrement à un cours d'Ariane Bendavid, maître de conférences à Paris IV et directrice de Talmud Torah à la synagogue de la rue Copernic. Cours qui traite des grands moments de la Bible, de la création à la révélation.

Entretien du 6 mai 2008

Claire Soussen-Max

Née en 1972, à Paris
Agrégée et docteur en histoire

*

Comment expliquer la pérennité du judaïsme ? Les réponses sont sans doute multiples, mais comment ne pas voir que la dispersion – cette « punition » – aura finalement été une chance, parce qu'une garantie de renouvellement et d'adaptation.

La spécificité juive tient au fait que le judaïsme est un tout. Avec des règles sociales et morales, qui paraissent aujourd'hui si évidentes que l'on en oublie qu'elles ont une origine juive.

Cette universalité est l'une des raisons de la préservation du judaïsme. Mais ces valeurs ne sont pas naturelles, au sens philosophique du terme. La nature humaine conduit « naturellement » davantage à un comportement condamné par la morale. Par exemple, le « Tu ne tueras point » a été édicté. C'est bien parce que ces règles ne sont pas naturelles qu'elles ont dû être édictées.

Nous avons besoin de ce moule, culturel et non pas naturel, pour vivre en société !

Cela dit, j'ai l'impression d'avoir toujours eu la foi. Une foi ambivalente. Dieu existe, et pourtant cela ne me rassure pas ! Parce que j'ai peur de mourir, et que je ne crois pas à la résurrection des morts, ni au paradis. J'aimerais bien y croire !

La vraie question n'est pas celle de l'âme, mais celle de la conscience. C'est pourquoi je vis mon judaïsme comme un continuum.

Racines

Il ne me semble pas que l'on « devienne » juif, car le judaïsme est un passé, une histoire.

On ne peut s'approprier quelque chose qui ne nous appartient pas. Il ne s'agit évidemment pas ici de l'interdire. Mais cela n'a pas de sens de « devenir » juif. À l'exception, bien sûr, des enfants issus d'un mariage mixte, et qui par ailleurs se voient souvent contraints de se convertir, le judaïsme n'a de sens que s'il est un héritage et une transmission. Cette dimension manquera toujours au converti. Cela s'appelle les racines.

On naît avec un capital que l'on possède, et qui ne relève pas du culturel au sens habituel du terme ; mais plutôt de la « Kultur » qui implique quant à elle la notion de civilisation.

On peut parler d'héritage. Cela passe par la naissance, par le charnel. Ce n'est pas un hasard si le rite d'entrée dans le judaïsme passe par la *brit mila*, qui est un marquage du corps.

Il faut « cultiver » son judaïsme

Avec chacun une approche différente, mes parents se sont rejoints sur l'essentiel : le judaïsme est quelque chose qu'il faut garder et transmettre.

Je me vis comme le maillon d'une chaîne, qui mesurerait des milliers de kilomètres venus du passé. Ce qui n'est pas pour autant une dépendance, une aliénation.

On se transmet une histoire, un capital, une richesse. Une « distinction ». Quelle chance !

Je conçois ce qu'il peut y avoir de choquant dans cette façon de penser, qui pourrait conduire à l'idée d'élection. En fait, il existe ici un malentendu, car est souvent dénoncée l'affirmation d'un élitisme. Or, il faut rétablir le véritable sens de l'élection : ce n'est pas Dieu qui a choisi Israël, mais Israël qui a choisi Dieu.

L'idée de la transmission est bien là. Le judaïsme doit être préservé, et pour cela il faut le travailler, le cultiver. Cela se mérite.

Une éducation juive

Deux fois par semaine, nous avons, avec mon frère, suivi les cours du Talmud Torah. Nous y avons appris l'hébreu, l'héritage juif, les bases d'une culture. Ce qui fait que nous savons qui nous sommes. Libre à nous d'en faire par la suite ce que nous souhaitons.

Mais la transmission passait aussi par le *kiddoush* du vendredi soir, du déjeuner du samedi midi chez ma grand-mère paternelle où je retrouvais oncles, tantes et cousins. Aujourd'hui encore, je m'y rends régulièrement, mais désormais avec mon mari et mon jeune fils.

La célébration des grandes fêtes a également contribué à nous donner les points de repère indispensables, structurants.

Et puis, bien sûr, j'ai eu la chance, grâce à ma formation d'historienne et mon travail de thèse de doctorat (qui traite de la « relation entre Juifs et chrétiens dans les territoires aragonais entre le XIIIe siècle et la première moitié du XVIe siècle »), de découvrir des auteurs juifs, de lire des commentaires bibliques, des textes polémiques, des travaux d'exégèse juive et chrétienne qui m'ont permis d'approfondir ma connaissance de la Bible et du Talmud.

Une commune appartenance

La transmission est essentielle pour les Juifs. Mais la foi, c'est autre chose.

L'une de mes premières interrogations survint lorsque mon père me fit comprendre qu'à ses yeux la Bible était constituée de légendes ! Ce fut un choc énorme : comment pouvait-on nous envoyer au Talmud Torah, dans des colonies de vacances juives, pour nous dire ensuite : ceci n'est pas la réalité vraie ! Cela me parut incroyable.

Dès lors le doute s'insinua et me conduisit à l'interroger : « Explique-moi la logique de tout cela. » Il me répondit que le judaïsme est autre chose qu'une religion. C'est une affaire de racines. Savoir d'où l'on vient, qui l'on est. Se construire d'une certaine façon, par rapport à des références précises.

Compte tenu de cette conception du judaïsme, il devenait inimaginable pour mon père - et ma mère - que mon frère ou moi épousions un non-Juif. Non pas pour des raisons de religion stricto sensu, mais d'appartenance commune. Confrontée à ce choix difficile, j'ai opté pour la voie de la tradition. Il me fallait transmettre le judaïsme.

Diaspora...

Et Israël dans tout cela ? À chaque fois que j'y vais, je me dis : J'y reste ! Ce que je ne fais pas. La question palestinienne me pose problème. Mais il est vrai qu'à chaque voyage sur cette terre d'Israël je ressens une foule d'émotions. Si je devais vivre ailleurs qu'en France, cela n'aurait de sens qu'en Israël. Mais la dispersion est aussi une richesse. Argument qui tient, mais qui, avouons-le, permet de conforter mes choix.

Entretien du 19 décembre 2007

Moché Taïeb

Né en 1968, à Paris
Directeur de Talmud Torah, et coordonnateur général de la communauté de Neuilly (92)
Aumônier militaire à Bordeaux (pour la zone de défense Sud-Ouest)

*

Avec l'arrêt de la conscription, les effectifs juifs de l'armée ont diminué et les missions se sont modifiées. Néanmoins nombreux sont encore les militaires de carrière, parfois originaires de mariages mixtes, de même que les civils qui travaillent au ministère de la Défense.

En qualité d'aumônier militaire, je vis donc avec ces personnels et suis à leur service en fonction de leurs propres demandes. Nos relations sont d'autant plus facilitées que nous sommes militaires et vivons parmi eux. Comme tout aumônier, j'ai le grade de celui à qui je parle, ce qui facilite le dialogue, l'approche et les relations avec l'ensemble de la communauté militaire.

En opérations extérieures, sur les « théâtres » où intervient la France, notre rôle est essentiel pour soutenir le moral des soldats, quelle que soit leur confession religieuse.

Bien entendu, nous intervenons également sur le terrain. C'est ainsi que l'un d'entre nous est parti au Kosovo, et qu'un autre partira prochainement en Côte-d'Ivoire. Les militaires changent d'opinion sur leur aumônier à partir du moment où il est avec eux en opération extérieure, sur le terrain.

Nous avons aussi de temps de temps des missions originales, visant à faire connaître notre culture, et à faire entendre la voix du judaïsme. Ceci vise également à renforcer le lien « Armée-Nation » Ainsi, j'ai récemment organisé pour l'état-major de Bordeaux une visite de la synagogue de la ville. De même j'ai assisté des familles de soldats en deuil.

« Chaque moment est une occasion de transmettre »

Issu d'une famille juive tunisienne, mes parents vivaient leur judaïsme à partir de traditions familiales, avec beaucoup de monde autour de la table.

Mon grand-père paternel, originaire de Nabeul, était très pratiquant. Référence locale, il était conseiller du *Beth Din*. Quant à mon grand-père maternel, s'il n'était pas très érudit, il était cependant très attaché aux fêtes.

Lorsque j'étais encore un gamin, mon père ouvrait le magasin le samedi, mais ma mère ne cuisinait pas le jour de Shabbat. Et nous respections la *cashrout*.

Ainsi avec mes deux sœurs, nous avons été élevés dans un judaïsme traditionaliste et convivial.

« Quand tu feras ta communion, tu devras aller au Talmud Torah. » C'est-à-dire connaître tout ce qu'un bon Juif doit savoir faire.

C'est comme cela que j'ai « atterri » au Talmud Torah de Neuilly, à l'âge de sept ans.

J'ai fait là une rencontre déterminante, celle du rabbin Jérôme Cahen et de son épouse Michèle. Il était le disciple du rabbin Schilli, qui avait déjà développé, à Besançon puis à Nancy, de nombreuses activités pour les jeunes. Ce qu'il a renouvelé à Neuilly, en faisant du porte-à-porte pour remplir le Talmud Torah, et en créant des activités (par exemple du théâtre ou des colonies de vacances) pour ces jeunes, activités où systématiquement régnait la joie.

Sa démarche consistait à ce que chaque moment soit une occasion de transmettre par le vécu. Alors qu'il est décédé en 1987, j'ai poursuivi son action dans le même esprit, avec Mme Cahen : nous avons organisé des sorties, des centres aérés, des colonies de vacances, des dîners shabbatiques.

Nous transmettions par l'exemple. Nous montrions aux enfants que l'on peut faire du sport, des excursions, s'amuser, sans pour autant être en contradiction avec le fait de mener une vie juive. Il faut avouer que cette pratique a du mal à perdurer.

Multiplier

Depuis l'âge de seize ans, j'assure les cours du Talmud Torah et prépare les jeunes aux bat et bar mitsvah. Au décès du rabbin Cahen, notre Talmud Torah comptait déjà 350 enfants. Et nous en sommes à ce jour à plus de 400. Nous tenons à respecter une attitude ouverte vis-à-vis de tous ceux qui viennent nous voir, notamment par notre conception de la cérémonie des bat mitsvah.

La communauté a toutefois beaucoup changé ces dernières années : déplacements de familles des XIXe, XXe arrondissements, et de la banlieue vers le XVIe, le XVIIe et Neuilly.

Voici une trentaine d'années existaient essentiellement les communautés de Montevideo, de Neuilly et de Copernic. Depuis, elles ont toutes développé une vie sociale importante.

Aujourd'hui Montevideo s'est multiplié par deux ; et d'autres communautés sont apparues, telles celles de la rue Bayen, de la rue Galvani, etc. Autant de nouveaux Talmud Torah qui se sont créés, en même temps que se sont ouvertes de nombreuses écoles juives.

Neuilly est aujourd'hui le plus important Talmud Torah de France.

Donner du sens

Lorsque quelqu'un vient à la synagogue, que ce soit pour un office du matin ou à l'occasion d'un deuil, il est en droit d'y recevoir quelque chose en plus, c'est-à-dire quelque chose qui apporte du sens à ce qu'il vient vivre. Ainsi, pour les fêtes ou le jour de Yom Kippour, l'office est accompagné de commentaires qui viennent éclairer ce qui se passe. C'est pourquoi j'interviens de nombreuses fois pour expliciter l'événement.

La transmission se fait seulement si elle est vécue de façon heureuse, et qu'en même temps nous y apportons du sens. Car que retient l'enfant lors de la préparation à la bar mitsvah ? Pour parvenir à ce qu'il en tire un vrai bénéfice, il faut lui montrer qu'il doit vivre cet événement dans la joie. Moment de tension, où la joie ne doit pas être absente. L'enfant ne doit pas être un singe savant, mais un participant actif.

Mais l'environnement familial compte pour beaucoup. À titre d'exemple, la façon dont la mère regarde son enfant pendant la cérémonie est un révélateur puissant. Cela va de la préoccupation incessante de la toilette à la tension la plus extrême, avec un regard qui ne se détache pas de son fils ou de sa fille. Aussi j'invite l'enfant à se détendre et à profiter de l'instant. Il s'agit certes d'un rite de passage, mais non d'une punition ! Être juif, ce n'est pas aller à l'école.

Depuis quelques années, dans le cadre de la préparation à la bar et bat mitsvah, nous organisons des activités telles que la visite du Paris juif, la visite du Musée d'art et d'histoire du judaïsme.

Nous essayons au maximum de vivre les fêtes avec les enfants, de créer un vécu commun et partagé. La communauté a pour fonction de créer du lien social et de partager une histoire, une destinée, des joies, des peines. Aussi nous organisons le vendredi soir, un office particulier pour les nombreux jeunes présents, et où tout le monde participe.

La réussite de la transmission, ce n'est pas le jour de la bar ou de la bat mitsvah ; mais quelques années plus tard, lorsque nous célébrons un mariage juif.

Le fidèle est certes important. Mais peut-être que celui qui m'intéresse encore davantage est celui qui vient occasionnellement, ou qui est « dehors ». C'est lui qu'il faut, sinon fidéliser, du moins à qui il faut transmettre par priorité. Car il pourra lui aussi prendre un jour le relais. Nous sommes tous des « transmetteurs » en puissance.

Un passeur

Parallèlement à des études de droit, j'ai fait cinq ans de séminaire rue Vauquelin. Mon travail est certainement une vocation. Parfois un apostolat, notamment lorsqu'il s'agit de gérer des conflits humains, des conflits d'intérêts ! Ce qui nécessite de dépasser le quotidien, de se bâtir une cohérence interne, une cohérence par rapport à son propre projet.

Pour transmettre, il faut inscrire son discours dans un projet.

Pour transmettre, il faut savoir ce que l'on veut transmettre.

Quoi transmettre ? Le message de la Torah.

Hillel répondait à Chammaï : « Aime ton prochain comme toi-même, dit le Lévitique. Tout le reste n'est que commentaires. » Aussi faut-il des cadres pour la communauté de la diaspora afin d'enseigner cette leçon morale.

Et parallèlement, nous devons transmettre la connaissance. Il y a peu de choses que l'on transmette sans les perdre. L'une d'entre elles est la connaissance. C'est un don qui n'appauvrit pas ! Mieux, on s'enrichit. Et à partir d'une flamme, je peux en allumer à l'infini.

Finalement, je crois que je suis un véritable Hébreu : un passeur.

Entretien du 19 décembre 2007

Anna Vangel

Née en 1936, à Alger
Enseignante

*

Comment alors transmettre ce que l'on a soi-même reçu de façon conflictuelle ?

Mes deux parents étaient on ne peut plus contrastés !

Mon père, Juif français, appartenait à la petite-bourgeoisie française assimilée. Étudiant brillant à Paris, il suivait par ailleurs les cours de Talmud à l'école rabbinique, s'intéressait au sionisme, et devint un militant convaincu. Pour lui, judaïsme et sionisme étaient indissociables. Nommé à Alger, il y rencontra ma mère qui appartenait à une famille non religieuse, tournée vers la France et sa culture qu'elle admirait.

Un mariage d'amour ne parvient pas cependant à effacer les différences de mentalité et à éviter un clash quasi immédiat entre cet homme, intellectuel, rationaliste, qui sans être vraiment religieux est très rigoriste sur certains points du judaïsme, et cette femme, plus émotionnelle, pour qui être juive va de soi et n'a pas à être réaffirmé.

À récit linéaire, histoires complexes

La traversée de la guerre ne fera qu'exacerber la situation. Pour ma part, j'acquiers très tôt, et très fortement, la conscience d'être juive, et en tant que telle d'être victime d'ostracisme.

Mon père est renvoyé de la fonction publique. Il nous dit alors, avec une certaine solennité en nous réunissant dans le salon, des mots qui me secouent encore aujourd'hui : « Je dois vous dire aujourd'hui que je suis renvoyé parce que je suis juif. Ne l'oubliez jamais. » Mon frère, à son tour, est renvoyé du lycée parce que juif, ce qui fut pour lui une terrible humiliation. Depuis, je n'ai jamais oublié ; et en bien des circonstances je mets en avant cette revendication constante, première : celle d'être juive !

Mon père m'emmenait parfois à la synagogue, mais les seules pratiques qui nous rattachaient à la religion étaient les interdits alimentaires, Yom Kippour et la fête de Pessah. Ma mère, de plus en plus critique vis-à-vis des pratiques religieuses, s'intéresse au bouddhisme et cherche à m'entraîner dans cette voie.

Compte tenu du contexte, bien qu'ils ne s'entendent plus, mes parents ne se séparent pas, mais la séparation s'établit de fait : mon père et mon frère d'un côté, ma mère et moi de l'autre. Ils ne se parlent pas. Ne voulant renoncer ni à l'un ni à l'autre, encore moins prendre parti, je fais l'intermédiaire entre l'un et l'autre.

Pendant cette même période, mes grands-parents paternels et ma tante, en France, sont arrêtés et déportés. Mon grand-père avait 85 ans !

Au retour d'un voyage en Égypte et en Palestine, en 1944, mon père découvre dans son courrier, renvoyée à l'expéditeur, une cartelette, seul mode d'échange épistolaire autorisé entre la France et l'Algérie, entre sa famille et lui, sur laquelle sont écrits ces mots : « Maison fermée - scellés posés ». Pour la première fois de ma vie, je vois mon père s'effondrer, en larmes.

Chacun, à sa façon, a dû se sentir très coupable de ne pas avoir sauvé mes grands-parents.

J'ai récemment perçu une somme du gouvernement français à titre de réparation pour les biens de mes grands-parents et de ma tante tués à Auschwitz. Je n'ai pu la garder et en ai donné l'intégralité au Musée d'art et d'histoire du judaïsme à la mémoire de ma famille déportée.

J'ai eu l'impression, à partir de ce moment-là, que cet acte me délivrait d'un trop lourd héritage.

« J'ai trouvé une famille »

En 1945, mes parents divorcent. Mon père fait procéder à un divorce religieux, auquel j'assiste, enfant. J'ai vécu là des moments qui me laissent des images fortes et surtout très douloureuses, la répudiation d'une femme, ma mère, par son mari.

Quand ma mère décède, je ne suis pas encore majeure et suis obligée d'aller vivre en France chez mon père, remarié avec une femme non juive, à qui il a demandé de se convertir au judaïsme. En deuil de ma mère, paradoxalement, je vais à la synagogue tous les vendredis soir, pour honorer sa mémoire !

J'y vais toujours seule. Mon père ne m'y accompagne, pas parce qu'il est fâché avec le rabbin de sa communauté, qu'il rend responsable de l'arrestation des siens, survenue en représailles après la fuite du rabbin.

C'est aussi le moment où, en quête de ce qui pour moi représente la famille juive idéale, je me rapproche d'une famille réfugiée à Alger pendant la guerre et dont les enfants ont mon âge.

Une famille juive qui m'accueille avec chaleur, qui m'« adopte », pourrait-on dire.

Et puis, je crée ma propre famille.

J'épouse un homme né d'un père juif qui ne voulait pas dire qu'il l'était et d'une mère non juive, qui tous deux l'élèvent dans la religion catholique. À l'adolescence, il s'interroge sur ses origines, et, en me rencontrant, revient au judaïsme. Nous nous marions à la synagogue, sans la présence de ses parents.

Nous faisons circoncire notre fils, décidons de faire dire une bénédiction à la naissance de notre fille. Mais l'évolution philosophique et politique de mon mari complique quelque peu les liens avec le judaïsme. Israël, en 1967, est un sujet de controverse. Puis 1968. Les enfants ne reçoivent aucune éducation juive.

À la naissance du troisième enfant, nous vivons un moment étrange : l'infirmière qui la première prend l'enfant dans ses bras se révèle avoir été, par hasard, la garde de nuit – la nuit de sa mort – de l'arrière-grand-mère paternelle de l'enfant, grand-mère paternelle de mon mari, la seule ancêtre

de ce côté-là à avoir toujours affirmé son identité juive, à avoir voulu que ses petits-fils soient circoncis.

Deux ans plus tard, mon mari nous quitte et j'élève seule les trois enfants. Alors que mon fils ne souhaite pas faire sa *bar mitzva*, quelques années plus tard, ma plus jeune fille choisit de faire sa *bat mitzva*, chez les libéraux.

Israël

À cette époque, je me lie avec un homme qui avait fait son *aliya* depuis de très nombreuses années en Israël. Cette « rencontre juive » me rend très heureuse pendant de nombreuses années et nous fait revenir à la célébration des fêtes en famille.

Mais après bien des années de vie commune, il me faut choisir : aller vivre en Israël ou la séparation.

Je reste en France. Être juive n'est pas un choix. Être française non plus. Mais, aller vivre en Israël en était un. Or, j'étais politiquement très critique à l'égard de ce pays et je pense que je n'aurais pas pu m'y adapter.

Peut-être ma position vis-à-vis d'Israël répète paradoxalement la position difficile à comprendre de mon père, sioniste révisionniste convaincu, qui aurait pu, après son divorce, s'installer dans ce pays. Il ne l'a pas fait, apparemment pour des raisons politiques de droite. Pour moi, mon choix particulièrement déchirant, s'est fait pour des raisons politiques de gauche ! À moins que chacun de nous, mon père et moi n'ayons eu d'autres motivations, peu claires à définir. Peut-être que, pour moi, tout engagement contient en soi un abandon potentiel et que la peur de la désillusion n'est jamais loin.

« Tu fais Hannoukah ? »

L'aînée de mes filles s'est mariée à l'église, Si j'assiste bien sûr au mariage à la mairie, je refuse d'aller à l'église. C'eût été pour moi un reniement insupportable de moi-même et de mon histoire. Ce fut une période difficile, même si je peux comprendre pour ma fille la recherche d'un milieu protecteur.

Ses enfants sont élevés dans un catholicisme traditionnel, bien qu'elle-même ne soit pas convertie, et longtemps je n'ai pas eu idée de ce qu'ils savaient de nous. Jusqu'au jour où je joue aux dominos avec l'une de mes petites-filles, âgée de sept ans, qui à mon grand étonnement, me demande avec insistance, tout en continuant de jouer : « Tu fais *Hannoukah* ? » Je ne réponds pas tout de suite, et elle reprend : « Mais, grand-mère, je sais bien que tu es juive. » Je lui demande de qui elle tient cela. Elle me répond : « De Maman. » Elle poursuit alors son interrogation : « Et Grand-père, il est juif ? » « Oui. » « Et mon oncle ?... et ma tante ?... » « Oui. » Souhaitant éviter tout conflit avec ma fille, je n'ajoute rien de plus, mais je me sens soulagée.

Ma plus jeune fille à son tour s'interroge : « Que vais-je transmettre ? » Pas même un nom de famille juif puisque son mari n'est pas juif. Ils ont décidé de faire circoncire leur fils.

De l'histoire d'un taleth

Mon fils affirme son judaïsme à travers ses enfants, dont la mère n'est pas juive : une petite fille qui a reçu une bénédiction et un petit garçon qu'il a fait circoncire.

Les cérémonies étaient pour moi particulièrement émouvantes, puisqu'à ces deux occasions le châle de prière qui a été utilisé était celui que mon père, l'arrière-grand-père des enfants, avait offert à mon ex-mari pour notre mariage.

Transmission émouvante, d'autant plus que mon ex-mari a souhaité le reprendre pour, dit-il, le jour venu comme le veut la tradition, l'utiliser comme linceul.

Paradoxes

Mon frère m'a dit récemment : « Avant de mourir, mon plus gros souci est celui de la transmission du judaïsme à mes petits-enfants. »

S'il est vrai que mon frère reproche à mon père de lui avoir rien transmis de l'étude des textes, il semblerait que seules pour nous la douleur et la culpabilité dominent et demeurent vivaces.

Comment ne pas craindre de s'y enfoncer ? Comment en éviter, en contourner le poids ?

Ainsi, de mon père à mon frère et aux petits-enfants, de quelle transmission parler ?

Se fait-elle par les hommes qui doivent étudier les textes et transmettre un enseignement ?

Par les femmes, comme le veut la Loi juive, qui transmettent les traditions ?

Sans doute une femme ne peut transmettre seule. Il lui faut vivre son judaïsme dans le cadre

d'une cohésion familiale. Je n'ai pas été élevée dans cet esprit, d'où mes allers-retours, mes temps de rapprochement et d'éloignement... et d'interrogation.

Pourquoi même aurais-je une mission de transmission ?

Et que dire des conversions au judaïsme ? Autant de situations paradoxales dans un parcours de vie !

Il semble que la transmission s'effectue par des retours, des résurgences, des sursauts...

Mais reste tenace en moi le désir de l'affirmation de l'identité juive, et ce jusqu'à la fin, jusqu'à mon enterrement où je souhaite, pour cette seule raison, la présence d'un rabbin.

Si une analyse a certainement contribué à réconcilier ce que j'ai longtemps vécu comme conflictuel et inquiétant, j'ai aussi appris, ne serait-ce qu'avec l'évolution de mes enfants, que chacun fait sa vie comme il l'entend, comme il le peut.

Entretien du 21 janvier 2008

Jean-Jacques Wahl

Né en 1947, à Metz
Directeur général de l'Alliance israélite universelle (AIU)

*

Le thème de la transmission est l'un des thèmes essentiels de ma vie personnelle et professionnelle, puisqu'à la sortie de l'université j'ai choisi la « carrière » communautaire du Centre des jeunes de Strasbourg, à l'Alliance israélite universelle en passant par Genève.

L'environnement familial a été bien sûr déterminant. Ce qui est confirmé par le fait que mes deux frères et moi sommes impliqués de façons différentes au sein du judaïsme.

Mon grand-père paternel, directeur en Alsace d'une petite école juive de campagne, considérait la vie juive comme centrale, tout en la complétant par une forte culture allemande, alliée à un intense patriotisme français !

Sans la Shoah, j'aurais sûrement été encore davantage imprégné de culture allemande. Pour illustrer cette prégnance, je citerai parmi les héros dont me parlait mon père dans mon enfance la figure de Wintou, personnage romanesque des livres pour enfants de Karl May, puis plus tard les légendes de la vallée du Rhin.

Mon père était issu d'une tradition typique de Juif alsacien, pour qui la vie juive était centrale, très attachée à la tradition mais vécue dans une pratique parfois laxiste.

Du côté de ma mère, si les origines sont les mêmes, le choix de quitter l'Alsace après 1870, pour s'installer à « l'intérieur », à Chalons-sur-Saône, a fait des membres de sa famille de véritables marranes ! Ils se savaient d'origine juive, mais le judaïsme ne représentait rien au quotidien. Demeuraient seulement l'idée diluée de l'origine, des recettes de cuisine, et cet élément étrange que l'on changeait la nappe le samedi, et non pas le dimanche comme chez leurs voisins.

Compte tenu de ces différences d'éducation entre celle de mon père et celle de ma mère, leur foyer était obligatoirement une véritable école de tolérance !

L'influence la plus forte me vient, tout comme pour mon jeune frère, demeuré pratiquant, sans doute du côté de mon père, ancien grand résistant par ailleurs. Le troisième membre de la fratrie, qui a épousé une Juive d'origine marocaine, a fait quant à lui son *aliya*.

Pour ma part je n'ai jamais eu de crise de retour vers le religieux, plutôt une évolution tranquille vers plus de pratique ! Et j'ai assez naturellement épousé une Juive d'origine polonaise.

Les EI

Ce qui a certainement eu le plus d'influence dans mon choix, ce furent les Éclaireurs israélites de France (EIF). Mon père a fait partie (juste après les créateurs, Castor, Chameau, et de ce mouvement dont il fut l'un des responsables pendant la guerre, puis a repris à Metz la responsabilité du groupe local. Je suis né au milieu des EI.

Il faut se rappeler que Metz fait partie des trois départements concordataires, où les écoles juives étaient prises en charge par l'État. Existait donc dans cette ville une petite école juive, qui s'est reformée après guerre avec une classe unique. Le contenu juif de l'enseignement était peu important, mais on vivait avec le calendrier juif ; et surtout on était dans un environnement social juif. Ceci a forgé une forte identité juive pour tous ceux qui sont passés par cette école.

J'y ai rencontré celui qui est encore aujourd'hui mon ami le plus proche, et qui a fait depuis son *aliya*. Il est professeur d'économie à l'université de Bar Ilan.

Moments fondateurs/formateurs

Par rapport au judaïsme les choses allaient donc de soi, et mon cursus reflète mon environnement familial uni et libéral.

J'ai fait des études à l'université de Strasbourg. On pouvait trouver là, à l'intérieur du monde juif et de ses institutions, suffisamment de diversité pour s'y sentir bien.

Étudiant en Lettres, j'ai été confronté à l'obligation d'étudier une deuxième langue vivante, ce que je ne possédais pas. C'est ainsi que j'ai décidé d'apprendre l'hébreu. Et je suis parti un an en Israël, (en 1966-67 ! une année particulière), au moment où pour la première fois l'Union mondiale des étudiants juifs organisait un séjour d'étude à l'Université hébraïque de Jérusalem destinée aux étudiants européens.

Un moment fondateur pour notre génération fut la guerre des Six Jours : notre position par rapport à Israël s'est alors posée de façon intense et déterminante.

Mes parents avaient été en Israël en 1964. Très engagé dans le sionisme (ce qu'on nommait alors « l'aide à Israël », mon père eut à son retour cette réflexion : « Je n'imaginais pas qu'on puisse respirer différemment ailleurs. En Israël, je respirais mieux. Mais on ne change pas de vie uniquement parce qu'on respire mieux. » Ce qui m'a amené à m'interroger sur une éventuelle *aliya*.

1968 fut un autre moment formateur. Étudiant en Lettres et Histoire de l'art, j'ai vécu à cette époque une expérience intéressante en dehors du cadre juif. C'était passionnant de pouvoir partager avec des amis non juifs. Mais les positions anti-sionistes exprimées par beaucoup de ceux qui militaient à l'extrême gauche ont renforcé mon implication juive. Nous avons découvert, avant les autres, que ces milieux avaient des penchants anti-sionistes incontestables.

1968, ce fut aussi la découverte de la petitesse de beaucoup de gens. Et aussi comment s'organise la manipulation des foules. Ce qui a certainement joué un rôle quand à ma conception de l'enseignement et de la transmission.

Culture et religion

La transmission doit être personnalisée, et non se faire via des gourous ou des rabbins miraculeux.

Je garde, depuis, une distance viv-à-vis de l'admiration béate portée aux personnages charismatiques.

Outre celle de mes parents, j'ai bien entendu été le bénéficiaire d'influences, mais toujours avec une certaine distanciation, un esprit critique. Il y eut Manitou bien sûr ; ou le rabbin Roger Kahn, à Metz, qui était un rabbin qui se posait des questions, pour qui l'éthique comptait plus que le rite.

La transmission est souvent un phénomène collectif ; et l'influence des amis, des copains du mouvement de jeunesse, de ceux dont on se sent proche est primordiale.

J'accorde une grande valeur à ce que l'on nomme « culture » : les arts, la littérature, la philosophie, etc.

Le Juif de diaspora a le privilège rare de pouvoir posséder une double, voire une triple culture, comme par exemple George Steiner. Cette chance – être à la fois français et juif – m'a séduit. Avoir une culture, c'est la connaître et s'y impliquer. C'est le point de départ de ma démarche.

Si on peut ici, en France, transmettre assez facilement la culture française, de façon séculière

pour ce qui est de la culture juive, on peut occulter le lien très fort entre culture et religion.

Toute culture occidentale a une forte part religieuse (cf. ses références au calendrier, aux églises et autres bâtiments religieux à la littérature), même si la sécularisation a joué un rôle déterminant.

Or, pour le Juif, l'équilibre entre religieux et culture n'est pas, en tout cas aujourd'hui, tout à fait le même. La culture est un héritage collectif. La dimension religieuse qu'il convient d'y mettre (ou non) dépend de chacun.

Dieu et le judaïsme

J'aurais plutôt tendance à être croyant, au sens où croyant signifierait admettre l'existence d'une transcendance. Penser qu'existe au-dessus de l'être humain « autre chose » procure quand même la meilleure réponse que l'on ait trouvée à notre ego et à notre orgueil !

Il me semble que tout n'est pas dû au hasard. Autrement dit, j'aurais tendance à croire à une certaine forme de divinité. Mais non pas à celle que veulent nous transmettre un grand nombre de rabbins. Je repense à cette très belle phrase de Paul Valéry : « Certains théologiens parviendraient à nous faire croire que Dieu est… bête ! » Je ressens une certaine répulsion pour ceux qui prétendent interpréter ce que pense Dieu, qui s'expriment à sa place. Je crois plus en Dieu, au judaïsme, qu'à une certaine forme de « Dieu du judaïsme ».

Si Dieu existe, et qu'il joue un rôle dans la vie de chacun de nous, alors je dirais qu'on ne naît pas juif par hasard. Et donc prendre comme option programmatique d'assumer ce que l'on est ne me paraît pas un mauvais choix.

C'est ce que j'ai essayé, avec ma femme, de transmettre à mes enfants : la richesse de la culture juive et non juive. Le fait que l'on pouvait s'épanouir à travers le judaïsme, mais en acceptant le pluralisme : il n'existe pas une seule façon d'être juif.

L'éducation passe davantage par des exemples, des expériences vécues, que par le discours qui n'est qu'un renforcement. Souvent en écoutant les conversations de leurs parents, entre eux ou avec des tiers, les enfants comprennent ce que leur père et leur mère pensent véritablement. Ce qui compte, c'est l'être.

Optimisme

Mes enfants ont reçu une éducation juive et israélienne. En 1983, je suis parti en Israël pour trois ans, grâce à une bourse universitaire, avec ma femme, et mes deux enfants encore en bas âge. Ils vivent aujourd'hui tous deux en Israël. J'y vois pour l'heure le bon choix.

Je me sens très redevable à l'État d'Israël, qui offre à un jeune l'occasion de participer à l'une des plus belles aventures du monde contemporain.

Je refuse l'idée d'un judaïsme qui ne se transforme pas.

Le monde se transforme à toute vitesse, le judaïsme fait de même. Même un orthodoxe ne vit pas le même judaïsme que son grand-père. Parmi les signes de ces évolutions : le rôle de la femme, la façon d'interpréter les textes... et l'existence de l'État d'Israël.

Cla est encore plus visible dans la communauté juive de France, très proche d'Israël ; proximités géographique et familiale, qui font que ces deux mondes interfèrent, et que le judaïsme français contemporain est très différent de ce qu'il était au siècle passé.

J'ajouterai que l'une des questions essentielles pour l'avenir du judaïsme et d'Israël, c'est de savoir qu'elle sera la place de la culture juive dans ce pays.

Je pense à ce livre d'André Neher, *Ouve'hol zot (Et malgré tout)*, qui fut son seul ouvrage écrit en hébreu et je suis aussi optimiste. Car en dépit de tous les obstacles, nous avons, je crois, toutes les raisons d'être optimistes quant à l'avenir du peuple juif.

On oublie trop qu'il existait, il y a un peu plus de soixante ans, un plan pour effacer le Juif et le judaïsme de la planète. Et quand on regarde soixante ans plus tard, tant la diaspora qu'Israël, on n'a pas de raison d'être mécontent de la vitalité du judaïsme.

Entretien du 7 février 2008

Claude Wainstain

Né en 1947, à Paris
Médecin
Auteur de Judéopostale - timbres, lettres, courrier (Biro éditeur, 2007)
Chroniqueur de la rubrique philatélique à L'Arche

*

Collectionneur de timbres depuis mon enfance, j'ai cherché à créer, vers les années 1975, un petit album à partir de thèmes et de personnages juifs du monde entier.

Je me suis alors aperçu que presque tous étaient postérieurs au XVIIIe siècle. Comme si aucun Juif de l'époque médiévale - en dehors de Maïmonide - ou même d'avant la Révolution française, n'avait le moindre intérêt pour les peuples au sein desquels ils vivaient.

À l'époque, il n'existait aucun catalogue, ce qui me conduisit à un véritable travail de détective. Il fallait être à l'affût, mener de véritables enquêtes. Mais ce fut aussi l'occasion de nombreux échanges épistolaires, toujours exaltants, avec d'autres collectionneurs, spécialistes ou non du thème juif.

Passionné par cette thématique «Judaïca», j'ai transformé ce qui n'était qu'un simple hobby en un véritable champ d'investigations historiques et journalistiques ; depuis 1980, j'ai écrit plus de deux cents articles sur ce thème, accumulant une bibliographie considérable sur des sujets souvent méconnus.

Si bien qu'en 2007, après des années de gestation, j'ai publié mon livre, intitulé *Judéopostale*, un livre qui présente non seulement des timbres, mais aussi des enveloppes et des lettres anciennes, le tout magnifiquement mis en page par une jeune artiste exceptionnelle, Julie Cohen.

« Les timbres aussi, dit l'introduction, comme Alice, traversent les miroirs, et rapportent leur part de rêve du pays des Merveilles. »

Comme je l'expliquais en décembre dernier au journal *Information juive*, « pour une diaspora, communiquer n'est pas un acte anodin. Depuis toujours les lettres étaient transportées de communauté en communauté par les quêteurs, les commerçants, les voyageurs et les rabbins, et elles maintenaient le lien entre les Juifs du monde entier (...). Elles préservaient aussi l'hébreu, langue sacrée et garante des échanges, à une époque où, d'une région à l'autre, ni l'idiome, ni la monnaie, ni les poids et mesures n'étaient les mêmes ».

Deux exemples tirés de Judéopostale

À propos du yiddish : un timbre polonais de 1988, émis clandestinement par Solidarnosc, est accompagné du texte suivant (p. 49) : « Fondé en 1897, le Bund est un mouvement marxiste révolutionnaire juif qui contribue activement au développement des luttes ouvrières dans la Russie tsariste. (...) Antireligieux et antisioniste, le Bund privilégie l'usage du yiddish par souci d'efficacité autant que pour des raisons doctrinales, et aujourd'hui encore, les vieux *bundistes* enseignent cette langue dans leurs locaux parisiens. Deux dirigeants du *Bund* polonais, Henryk Erlich et Victor Alter, fusillés par Staline, figurent sur cet étonnant timbre (...). Leur nom, comme il se doit, y est inscrit en yiddish. »

Et à propos du magnifique timbre français « synagogue Victoire » (p. 221) : « Dans le judaïsme, où la possibilité de représenter un Dieu inaccessible est interdite, l'accès au divin s'est opéré à partir du texte, devenu sacré. La graphie même des lettres est reliée à Dieu – la mystique juive a développé à ce sujet une symbolique complexe -, faisant de chaque consonne un élément de la création du monde. Pour le timbre consacré à la synagogue de la Victoire, à Paris, le peintre Moretti, dont toute la vie et l'œuvre témoignent d'une affection chaleureuse et fidèle envers le peuple juif, a réalisé cette colombe faite de lettres entrelacées, dans l'ancienne tradition de l'enluminure hébraïque, démontrant combien l'alphabet hébreu se prête admirablement au jeu des métamorphoses et des calligrammes. »

Ne pas oublier nos pères

Ce livre est bien pour moi un acte de transmission.

Parler du judaïsme, des communautés, des événements, répond à la volonté de montrer ce que les destins évoqués dans ce livre avaient de positif, de prometteur ; combien ils manquent aujourd'hui au progrès du monde. Je le fais par tendresse et aussi pour l'humanité tout entière, qui a détruit une part d'elle-même en détruisant les communautés juives.

Je le fais sans doute par « devoir de mémoire », comme l'on dit aujourd'hui.

« Ahavat Israël », l'amour de son peuple. Il s'exprime par une familiarité inattendue des Juifs entre eux ; il est quasi charnel. Il est ce quelque chose qui nous relie, d'inexprimable.

L'amour du peuple juif impose aussi à faire en sorte qu'on n'oublie pas les gens ; ceux qui ont lutté, travaillé pour le bien commun, etc. Et la matière à souvenirs ne manque pas...

J'aime ressusciter des personnages, comme j'ai la chance de le faire régulièrement dans *L'Arche*. *Judéopostale* ressemble à l'histoire d'une grande famille, des histoires de pères et de fils, avec des personnages qui, d'une page à l'autre, coïncidences incroyables, se répondent entre eux.

Le peuple juif repose sur le trépied « Shoah - Israël - Religion ». Par les thèmes qu'elle développe et les recherches qu'elle nécessite, la philatélie est un bon outil pour relier ces trois composantes.

Héritage et hasard

Originaire de Pologne, mon père a été déporté à Auschwitz.

Je suis né un an après son retour, dans un milieu de Juifs traumatisés.

Il avait eu le temps, avant sa mort, de voir dans la maquette du livre la lettre très émouvante qu'il avait adressée, à peine libéré du camp par les Russes, à sa fiancée - ma mère.

Ce qui fait que mes fils considèrent ce livre avant tout comme celui où figure la lettre de leur Papy, qui avait été, avant la guerre, scout puis membre de l'Hanoar Hatzioni.

J'ai donc grandi dans une famille sioniste, mais non religieuse. Mes parents ne célébraient pas les fêtes juives. Seule ma grand-mère les respectait, préparait la carpe farcie, allumait les bougies, allait à la synagogue.

Mes parents furent très surpris lorsque je leur ai demandé de faire ma bar mitsvah.

Éclaireur israélite moi aussi, j'ai ensuite fait un court passage à l'*Hashomer Hatsaïr,* qui fonctionnait comme une quasi-secte !

Je voulais être journaliste mais mes parents m'ont poussé vers la médecine.

En 1967 – j'étais en seconde année – guerre des Six Jours ! Je suis parti en août au *kibboutz* où vivait mon grand-oncle. Il m'a présenté un volontaire, lui aussi étudiant en médecine à Paris, qui était accompagné de sa petite sœur, étudiante en pharmacie. Elle est aujourd'hui ma femme.

Quatre ans plus tard, j'ai terminé mes études de médecine à Haïfa, mon épouse profitant de cette opportunité pour suivre les cours d'un *oulpan* (structure d'apprentissage de la langue hébraïque) et travailler en qualité de pharmacienne.

On ne peut m'enlever mon judaïsme

Avec ma femme, Séfarade du Maroc, nous célébrons les fêtes juives au sein de sa grande famille, qui a su garder ses traditions festives et joyeuses.

Pour Yom Kippour je vais dans une synagogue de rite marocain andalou, dont je trouve l'atmosphère très chaleureuse ; là, au moins, tout le monde chante et connaît les prières. Ce rite, qui est celui de mes beaux-parents, est d'ailleurs le seul que j'ai véritablement pratiqué !

À ma grande surprise, mon fils aîné m'a dit un jour : « La seule chose que je retienne du judaïsme c'est la Shoah. » J'ai du mal à le croire. Sa femme est professeur d'histoire. Elle n'est pas juive, mais elle élève ses deux garçons en Juifs.

Mon fils cadet a épousé une jeune femme catholique qui a souhaité se convertir. Elle l'a fait avec le rabbin Farhi.

Je suis né dans une famille juive. Elle *est* mon judaïsme ; on ne peut me l'enlever !

J'ai rencontré des personnalités qui, après m'avoir longuement raconté les persécutions, les pogromes, le nazisme, m'ont déclaré qu'ils n'avaient plus rien à voir avec le judaïsme.

Je crois pourtant qu'on ne peut renier l'histoire, son histoire. Et que les circonstances font que parfois le « retour » peut toujours se produire.

Disparition du peuple juif de France ?

Nous vivons en diaspora un véritable drame.

Parce qu'on nous a fait bénéficier des droits civiques, nous sommes devenus des Juifs assimilés, avec le risque de disparaître en tant que Juifs.

On ne va évidemment pas revenir en arrière. Mais si le siècle des Lumières, qui nous a apporté cette citoyenneté, a été un énorme progrès, le prix payé aura été très lourd : la dissolution du judaïsme au sein de son environnement.

Par exemple, aucun des descendants des 70 notables du Sanhédrin réuni par Napoléon en 1807 n'est aujourd'hui juif !

L'assimilation était déjà très avancée en France avant les événements terribles des années 40.

La Seconde Guerre mondiale a bouleversé le contexte, mais la situation d'aujourd'hui est tout aussi alarmante.

Peut-être faut-il se tourner vers les États-Unis, où le judaïsme libéral admet sans problème les enfants des couples mixtes, pour empêcher cette disparition démographiquement programmée.

Le Livre

Nous, Juifs, possédons un « plus », du fait que nous sommes les héritiers d'une histoire à la fois chaotique et riche. Un « plus » qu'on retrouve aussi de manière diverse chez tous les Français issus de l'immigration.

En tant que Juifs, nous portons un poids d'histoire spécifique, qu'Alain Finkielkraut explique bien dans son livre intitulé *Le Juif imaginaire* (Seuil, 1980).

Avec la Torah, nous portons également un « livre » incomparable.

Et ce Livre, nous l'avons recopié de génération en génération, sans en changer une lettre.

Il contient une histoire, des légendes, une sagesse, le tout condensé dans un même ouvrage... Son succès a été tel qu'il a donné naissance à deux autres religions !

Ce Livre trouve son prolongement inconscient dans toutes nos activités et pensées. Y compris en philatélie.

Prenons par exemple le timbre de Monaco de 1995 qui montre un *mêm*, treizième lettre de l'alphabet hébraïque. On sait que le *mêm* s'écrit sous sa forme ouverte lorsqu'il est au milieu d'un mot, et sous sa forme fermée, le *mêm final*, lorsqu'il est à la fin.

Or, il existe dans Isaïe 9-6 le cas unique d'un *mêm final* qui se trouve au milieu d'un mot !

Ce n'est pas une étourderie de copiste, puisque le Talmud enseigne que « pas un mot, pas une syllabe, pas une lettre de la Torah ne sont là par hasard ».

Quel est le message caché sous cette anomalie ?

Bar Kappara, dans Sanhédrin 149, y voit un signe messianique, mais Blaise Pascal en nie la signification symbolique : « Je ne pense pas que le *mem* d'Isaïe soit mystérieux », écrit-il dans ses *Pensées*. Rabbi Hisda, lui, constate simplement que « la lettre *mêm* ne tient debout que par miracle ».

Et à la réflexion, n'est-ce pas là notre lot à tous ?

Entretien du 16 janvier 2008

Charles Wasersztajn

Né en 1940, à Paris
Commerçant

*

Aborder le thème de la transmission, ce peut être aussi se poser la question de savoir comment on peut rester juif dans la société française.

Sans-papiers, mes parents étaient originaires de Pologne. Mon père est arrivé en France en 1934, et ma mère en 1939. Elle fut recueillie par sa sœur qui avait trois enfants, ce qui l'obligea à se loger dans de petits hôtels meublés. Ma mère vivait de petits métiers. Quant à mon père, il était tailleur. Vivant tous deux à Paris, c'est là qu'ils se rencontrèrent. Mais mon père délaissa assez vite ma mère.

À ma naissance, ma mère, totalement démunie, me confia à l'Assistance publique. Mais au lieu de m'y confier à titre provisoire, elle le fit par erreur à titre définitif ! Ce qui ne l'empêcha pas, quelque temps plus tard, de vouloir me récupérer, comme elle le souhaitait alors. Mais elle ne remplissait pas les conditions requises par l'administration de l'Assistance publique, bien qu'elle poussa ses démarches jusqu'à faire appel à mon père pour qu'il me reconnaisse ; ce qu'il fit.

L'Assistance publique engagea alors une enquête pour restitution ; elle était prête à me rendre à ma mère, mais la procédure ne put aboutir...

Ma mère fut « raflée » fin 1942, alors qu'elle était soignée à l'hôpital de l'Hôtel-Dieu. Elle fut transférée à Drancy, et mourut probablement en route pour Auschwitz (par le convoi n° 39).

Mon père, qui m'avait donc reconnu en octobre 1940, fut « ramassé » par le « billet vert » (première rafle organisée par la police française, qui le fut à l'encontre de 3 700 Juifs étrangers de la région parisienne), puis envoyé à Pithiviers et enfin à Auschwitz (avec le convoi n° 4), où il est décédé.

Ayant fait une demande de renseignements à l'Assistance publique, celle-ci m'a envoyé un dossier complet. Je n'ai eu connaissance de tous ces détails qu'en 2001 !

Ma tante maternelle avait une cousine qui était la secrétaire de Léon Blum, dont elle sollicita en juillet 1947 l'intervention pour pouvoir me recueillir. Celui-ci était à l'époque directeur du journal *Le Populaire*. Léon Blum fit écrire une lettre au directeur général de l'AP qui diligenta une enquête sur la famille Goldfarb.

Six mois après, j'étais chez ma tante. Dès lors, à partir de l'âge de sept ans et demi, je fus élevé par elle et son mari, fabriquant de chaussures à Belleville.

La famille de ma mère, les Goldfarb, était d'origine ouvrière ; après la guerre ils sont devenus des petits commerçants aisés. Quasiment pas religieux, l'éducation était très ouverte et le goût de la liberté très développé. La langue principale parlée à la maison était le yiddish, un peu le polonais ; et, avec un fort accent, le français les enfants. Je ne reçus aucune éducation religieuse ; la tradition avait remplacé la religion.

Lorsque ma mère m'avait déposé à l'Assistance publique, elle me déclara de confession catholique. Je devins ainsi, pendant mon passage dans cette institution, enfant de chœur !
Les responsables de l'Assistance publique étaient certainement lucides, car ils connaissaient parfaitement l'identité de ma mère. Ont-ils voulu me protéger ? Des documents l'attestent. C'est pourquoi je me dis « sauvé par l'AP ».

La continuité

Mon premier vrai contact avec le judaïsme s'est produit lorsque ma mère adoptive m'emmena prier pour mes parents un jour de Yom Kippour, à la synagogue orthodoxe de la rue Pavée, à Paris.

Quel contraste avec l'église où règne le silence ! Là, tout le monde parlait au milieu d'un brouhaha indescriptible ! J'en repartis très vite.

Sans éducation religieuse – tout particulièrement dans la religion juive – il est très difficile de donner du sens aux rites auxquels on te convie.

À partir de huit ans, j'ai commencé à reconstituer mon histoire personnelle, à partir à la rencontre de mes origines. Lectures et recherches devinrent essentielles. L'École de la République a fait de moi un humaniste ; elle m'a aidé à comprendre l'histoire des peuples, leurs croyances et aussi leurs dérives.

Mais si mon identité juive me semblait tout à fait naturelle, elle ne passait pas par la religion.

Mes parents ayant été déportés parce que juifs, je voulais savoir ce que cela voulait dire "être juif".

De retour du service militaire, j'ai épousé une jeune femme originaire d'une famille catholique observante. Ma mère adoptive désirait un mariage religieux en mémoire de sa sœur. Ma femme se convertit à la synagogue libérale de la rue Copernic, où le mariage se fit. À l'époque, nous ne faisions aucune différence entre rite libéral et rite orthodoxe dépendant du Consistoire.

À la naissance de notre fils, j'ai souhaité le faire circoncire, car j'y voyais une continuité. Ce n'était pas religieux, mais une transmission évidente du judaïsme, de génération en génération.

Si je n'ai jamais parlé religion avec mes enfants, la guerre et la disparition de mes parents ont été constamment évoquées. Enfant de la Shoah, je voulais que mes propres enfants (un fils puis une fille) sachent ces événements. Ils ont donc eu connaissance de la Shoah, mais qu'ils reçurent comme un désastre, et en furent terriblement marqués. Je leur ai certainement transmis mes peurs et mes angoisses.

Au point que pour eux, le judaïsme commence d'abord avec la Shoah.

Ils ont fréquenté la communauté juive, et sont partis en colonies de vacances juives.

Alors que nous habitions un immeuble où vivaient essentiellement des Juifs séfarades pratiquants, cette fréquentation a conduit mon fils vers la religion. Pour lui, être juif, cela veut dire pratiquer. Quant à ma fille, elle devint directrice de ces mêmes colonies de vacances juives.

Mais tous deux ont rencontré un problème majeur : ils se sentaient juifs mais ne pouvaient à l'époque revendiquer leur judaïsme, car rejetés, en particulier par le *Consistoire*, leur mère n'étant pas convertie au rite orthodoxe ; ils n'étaient pas considérés dans la communauté religieuse comme des Juifs.

Aussi mon fils n'eut de cesse de se convertir, ce qu'il a fini par réaliser. Il est devenu très religieux.

Ma fille s'est également convertie, et a fait son *aliya* (« montée en Israël »), car c'est pour elle la façon la plus simple de vivre son judaïsme.

Je pense que l'affirmation de mon judaïsme, transmis par ma famille, ainsi que mes recherches, ont été déterminantes pour intégrer mon identité juive.

Pour mes enfants, la Shoah a sans doute déterminé leurs choix. Et fut certainement le déclencheur de leur judaïsme religieux.

Résilience

Bien qu'adopté chaleureusement, je n'arrivais pas à intégrer ma nouvelle famille, je me sentais toujours orphelin. Je me sentais en même temps comme ingrat vis-à-vis de mes parents nourriciers. Et puis j'ai failli perdre ma mère adoptive.

À la suite de cet événement, j'ai véritablement commencé de faire le deuil de mes parents,

aidé plus tard en cela par un véritable travail sur moi.

Ce fut libératoire ; mais pour mes enfants, il était trop tard car ils avaient déjà reçu le fardeau.

À l'âge de la retraite, j'ai souhaité intégrer une association où je puisse être au service de la communauté juive, mais dans un cadre où la religion ne serait pas première. Je voulais être en compagnie de gens avec qui je partage un même « mental ». C'est ainsi que j'ai adhéré de façon active au B'naï B'rith de France.

Ma fille, aujourd'hui psychologue, m'a dit que j'ai eu cette faculté de rebondir face à l'adversité, de sortir plus fort de l'épreuve, faculté que l'on nomme la résilience.

Bilan

En lisant le livre du psychanalyste Didier Dumas, *La Bible et ses fantômes* (éditions Desclée de Brouwer), j'ai eu la révélation de l'important manque de mes enfants. L'auteur y explique notamment que, pour être équilibré, un enfant a besoin d'avoir en perspective les trois générations : grands-parents, parents, enfant.

Cet ensemble permet l'équilibre, car l'identification passe par ce mouvement de trois.

N'ayant pas voulu transmettre la culture religieuse de mes pères, mes enfants n'ont pu s'identifier avec leurs grands-parents. Et en dehors de ce qu'un père enseigne ordinairement, j'ai surtout mis l'accent sur la notion de liberté. Finalement, il leur a manqué un élément primordial, un maillon de la chaîne, c'est-à-dire de vraies racines. Une véritable transmission de notre culture juive.

Je me sentais français et juif, un point c'est tout.

Je pensais que cela suffisait ; mais j'avais omis un point important : mes enfants n'avaient pas eu la même trajectoire de vie que la mienne ! Ils n'ont pas subi les mêmes conséquences du passé ; le présent ne leur semblait pas à la hauteur de leurs espérances.

Pour eux, l'avenir ne pouvait être radieux qu'en retournant aux sources.

Je devrais être ravi de leurs conversions. Après tout, ils ont perpétué la religion de mes pères.

Dans cette histoire, j'ai joué le rôle du passeur : car si je n'ai pas voulu leur transmettre cette religion, j'ai tout fait inconsciemment pour qu'ils y retournent.

Par mon attitude de père, souvent angoissé, la transmission s'est faite contre moi et à cause de moi !

Entretien du 23 avril 2008

Isabelle Wekstein-Steg

Née à Paris
Avocate

*

Avec mon mari Gabriel, nous participions à un groupe de réflexion pour agir auprès des médias dans le but d'améliorer l'image d'Israël. Ainsi nous avons conduit différentes actions, travaillé plusieurs fois avec le CRIF sur ces questions. Gabriel a publié dans ce cadre un important article dans *Le Figaro* pour réagir contre le boycott scientifique et économique organisé à l'encontre d'Israël.

Nous avions également participé à l'organisation d'un colloque sur le bioterrorisme.

Et puis j'ai pensé, suite notamment à des contacts noués par Gabriel avec des médecins arabes désireux d'organiser des rencontres, et en raison aussi des relations que j'avais personnellement avec des membres de plusieurs autres communautés, qu'il fallait tisser des liens entre nous. Qu'il fallait échanger notamment sur la façon dont nous tous, Français juifs et arabes, pouvions ensemble lutter contre les préjugés.

Transmettre, c'est aussi faire changer les mentalités

En échangeant au sein d'un groupe de personnes, juives, arabes, catholiques, athées, m'est venue l'idée, je dirais la nécessité, d'intervenir en milieu scolaire pour la travailler sur la question des préjugés.

Avec mon amie Souâd Belhaddad nous sommes ainsi intervenues dans un certain nombre d'établissements depuis 2005 en faisant réagir les élèves sur les questions de racisme et d'antisémitisme autour des thèmes du tabou du verbe et du repère de la Loi.

La méthode consiste dans l'intervention d'un binôme juif/arabe (en l'occurrence Souâd et moi-même) qui fait faire des jeux de rôles aux élèves, leur explique le repère de la Loi et l'idée selon laquelle être victime de discrimination n'exonère pas de la responsabilité parfois pénale que l'on encourt en étant l'auteur de paroles ou d'actes racistes ou antisémites.

Très attachée à mon identité juive et sioniste, je continue d'affirmer sans difficulté les deux et entendre « sale Arabe », c'est pareil pour moi que d'entendre « sale Juif » ! Peu de gens, y compris ceux de notre communauté juive, se rendent compte des discriminations quotidiennes subies en France par les Arabes et les Noirs.

Travailler avec les jeunes peut faire évoluer les mentalités car leurs idées ne sont pas figées et nous avons le sentiment, lorsque nous les rencontrons, qu'ils sont prêts à écouter.

Mon optimisme demeure cependant tempéré. En effet, si mon expérience dans les classes m'a montré qu'une fois déclinés, les préjugés communément répandus disparaissent, systématiquement le Juif demeure riche et radin !

Soyons honnêtes : les préjugés sont partout, y compris dans les écoles juives. Là, cependant, on rencontre souvent de la peur fondée sur un vécu traumatisant, et parfois aussi du fantasme à l'égard de l'autre.

Transmettre, c'est s'interroger

Nos trois enfants reçoivent de ce point de vue une éducation d'ouverture et de tolérance.

Ce qui se combine avec l'affirmation de leur appartenance au peuple juif, ainsi qu'à des liens affirmés avec Israël. Les deux aînés ont fait leur bar et bat mitsvah. Mais notre désir de transmettre notre judéité n'implique pas pour autant une pratique religieuse.

J'avoue bien volontiers que j'aimerais que chaque vendredi soir nous organisions un repas de Shabbat, avec un *kiddoush* et une réunion familiale.

Ce serait un moment privilégié où nous serions tous ensemble, un moment dont les enfants se souviendraient. Mon mari souhaite également le renouvellement du respect de cette tradition que nous avons abandonnée.

Mais faut-il nécessairement pratiquer pour transmettre ? C'est évidemment plus complexe que cela. Se poser la question de ce que l'on veut transmettre, c'est s'interroger sur ce qu'est le judaïsme. Une histoire, un peuple, une religion, une appartenance, une identité. Tout cela à la fois, bien sûr.

La transmission du judaïsme est, dans notre société, difficile. Et je reconnais ne pas toujours savoir ni quoi ni comment transmettre. Comment transmettre ce que l'on ignore ?

Et pourtant bien des sentiments, des connaissances, une forte appartenance à un peuple et des idées passent d'une génération à l'autre, souvent sans notre intervention directe, active.

La transmission est une alchimie.

Sommes-nous véritablement libres de choisir notre identité ? C'est un leurre de croire que les enfants seront « libres » de choisir. L'éducation, par définition, influence, détermine.

Par ailleurs, dans le cas fréquent aujourd'hui, où l'un des parents est juif et l'autre non, je crois sincèrement qu'il est moins perturbant pour l'enfant de lui transmettre une religion - quitte à ce qu'il s'en détache ultérieurement - que de ne rien lui transmettre, et de le laisser soi-disant choisir.

Un environnement judaïsé

Mes grands-parents sont tous nés, soit en Pologne, soit en Russie. Quant à mes parents, tous deux médecins, ils sont nés en France ; mais ont dû se cacher pendant la guerre, au cours de laquelle ma mère a réussi à sauver sa propre mère de Drancy.

Tout en se sentant très juive, la famille était peu religieuse. Ainsi pour Yom Kippour, on mangeait « léger » ! Les fêtes de Rosh Hashanah et de Pessah se passaient chez mes grands-parents, mais il s'agissait de simples repas.

Le judaïsme ne s'exprimait pas par une pratique religieuse, mais par un environnement judaïsé, notamment par nos lectures, notre réseau d'amis, notre attachement concret à Israël, la transmission de la Shoah par nos parents et nos grands-parents.

Mon mariage témoigne de ma volonté de faire vivre ce lien. Mon mari, s'il est non pratiquant, est cependant érudit en la matière. Bien éduqué sans doute par son père, l'actuel président de l'Alliance israélite universelle (AIU).

Nos enfants sont donc régulièrement immergés dans une atmosphère juive, où ils rencontrent des amis de toutes provenances.

Israël, où nous avons acquis une maison, demeure central dans notre vie. Là les enfants apprennent l'hébreu. Je fais de même. Et si nous nous y rendons en effet plusieurs fois par an, c'est sans être pour autant dans une logique d'*aliya*.

Entretien du 3 juillet 2007

Jacqueline Zouary

Née en 1947, à Paris
Comédienne et metteur en scène

*

Après des études de droit, je suis devenue ce que je voulais être depuis toujours : comédienne.

J'ai eu la chance de jouer des auteurs importants. Puis, en 1990, j'ai créé une compagnie et l'ai appelée : « Les Réminiscences ». La mémoire est omniprésente au théâtre. Un comédien doit pouvoir faire surgir en soi des émotions oubliées et les transmettre au spectateur. Il n'y avait pas dans mon esprit de lien avec le judaïsme, seulement avec moi-même.

Le théâtre est affaire de mémoire

La compagnie travaille donc sur « Mémoire et théâtre ». Qui dit mémoire dit implicitement transmission. La transmission ne se fait pas seulement en direction de la descendance ; et il n'y a pas que les Juifs qui transmettent, le processus est universel.

J'ai des élèves de douze à quinze ans dans le cadre d'un atelier théâtre. Le sujet de leur premier spectacle portait sur la mémoire de leur ville. Nous sommes allés interviewer des personnes âgées et nous avons créé le spectacle à partir de cette récolte d'anecdotes et de souvenirs. Les adolescents se sont littéralement emparés de cette mémoire dans laquelle les seniors parlaient beaucoup de la guerre.

Je n'ai jamais eu la moindre volonté de prosélytisme, mais plutôt une démarche artistique affirmée. Je fais des choix en fonction de ce que j'aime et de ce que je suis. Je sélectionne des textes parce qu'ils sont beaux, intenses, riches. Un comédien doit avant tout faire entendre les auteurs. Et si ces auteurs donnent des pistes de réflexion, s'ils peuvent élargir l'horizon de certains, tant mieux.

L'un de nos spectacles récents a pour titre *Eyn shôn Mayse Bukh* (« Un beau livre d'histoire »). Il est tiré d'un fleuron de la littérature yiddish ancienne écrit à Bâle en 1602. Il témoigne de ce processus de questionnement, de prise de conscience, de partage et donc de transmission. Ce spectacle, comme tous ceux que nous créons avec mon partenaire, qui n'est pas juif, n'est pas réservé à un public particulier. Nos spectateurs viennent de tous les horizons, toutes cultures mêlées, et certains ont peut-être des préjugés sur les Juifs, sur le judaïsme. Mais le spectacle est léger, plein d'humour et l'auditoire découvre une culture qu'il ne connaissait pas. L'air de rien, il s'agit de transmission.

Une autre création *Enfances !* relève de cette même démarche et de ce même souci de mémoire. Le socle de cette lecture spectacle est le livre de Nancy Huston *Lignes de faille*. Quatre personnes d'une même famille, quatre générations différentes, mais toutes traumatisées par les guerres, s'expriment à l'âge de six ans et parlent de transmissions : physiques et psychologiques. Les extraits que nous avons choisis ne parlent pas de leur judéité, mais ils sont forts, émouvants, étonnants. Et, partout où nous avons joué, les bibliothécaires nous ont confié quelque temps plus tard que, depuis le spectacle, le livre de Nancy Huston est demandé beaucoup plus souvent en bibliothèque. Voila bien encore de la transmission !

Importance du verbe

Cela dit, comme tout le monde, j'ai plusieurs façons de transmettre.

« Consciemment et volontairement. » Je veux que les gens autour de moi entendent un certain nombre de choses.

« L'air de rien ! » Je transmets, à travers mes spectacles, mes propres interrogations qui, je crois, concernent tout un chacun.

Et aussi « à mon insu » !

Ainsi à l'occasion de l'anniversaire des 60 ans de mariage de mes parents, nous avons fait venir des amis musiciens, férus de chants traditionnels juifs. Tout le monde tapait en rythme dans ses mains. Le lendemain, alors que je m'occupais de ma petite-fille âgée d'un an, je me suis mise à fredonner un de ces airs entendu la veille. Spontanément elle s'est mise à taper des mains, en rythme - ce qu'elle ne faisait pas d'ordinaire, selon les dires de ma belle-fille ! Les enfants entendent et enregistrent beaucoup plus qu'on ne le croit.

Mais quelle que soit la manière de transmettre, il faut être vigilant. Inutile de transmettre des sentiments négatifs ou angoissants.

« Le judaïsme, ce n'est pas que la religion. »

Mes grands-parents maternels n'étaient pas religieux. Du côté de mon père, la famille était plus croyante, plus traditionaliste. Ils étaient tous nés en Pologne. Les parents de ma mère étaient de Lask et de Lodz (ville de Roman Polanski !). Ils ont quitté la Pologne en 1923 et ma mère est née en France, à Reims en 1924.

Les parents de mon père étaient de Lublin et de Varsovie. Mon père, lui, est né à Varsovie. Il avait deux ans quand il est arrivé en France en 1923.

Tous mes grands-parents parlaient, lisaient et écrivaient couramment le yiddish. Mon père et ma mère le parlent encore un peu, et moi, je le saisis par intuition. Cependant, mes parents ont été élevés en France, et sont donc de culture française.

Enfant, à l'époque où mon frère préparait sa bar mitsvah à la synagogue de la rue Copernic, mon père nous apprenait le *Shema* et nous le faisait réciter. Comme il rentrait tard le soir, il venait dans notre chambre et nous chantions tous les trois. Comme s'il était venu nous endormir avec une chanson. Le *Shema* est pour moi plus qu'une prière. C'est la voix de mon père.

Mes parents ont toujours été très investis dans des associations juives. Ils sont enracinés dans le judaïsme. Ils vont à la synagogue pour les fêtes. Mon père est croyant, même s'il n'est pas très pratiquant.

Le judaïsme, ce n'est pas que la religion !

L'important pour mon père est la famille, et la transmission des valeurs auquel il tient. Il est très attaché à ce que les jeunes connaissent notre culture, nos racines.

Il commence toujours les repas de fête par un discours. Et ces discours sont empreints de solennité, pleins de générosité et de tolérance.

Ils sont dits avec le souci que la famille prenne au sérieux sa judéité. Les fêtes, Rosh Hashanah, *Hanoukkah*, Pessah, sont vécues comme un devoir de mémoire.

Dans notre famille, certains se sont mariés avec des non-Juifs. Et le discours de mon père les associe totalement. Il tient compte des personnes nouvelles qui ont intégré la famille et du contexte (familial, national, international, politique). Son souci : qu'on n'oublie jamais ce qui nous unit, que l'on soit heureux d'être ensemble et que l'on se souvienne des disparus.

Mes beaux-parents sont aujourd'hui décédés. Mais auparavant, les deux familles se réunissaient pour les fêtes, ce qui était l'occasion de très grandes et belles tablées. Mon père (ashkénaze) faisait déjà son discours au début du repas, après les prières faites par mon beau-père d'origine tunisienne (séfarade) et élevé de façon traditionnelle.

La mixité est une richesse

J'ai appris de ma mère et de ma belle-mère la cuisine de chacune des deux cultures : je fais en sorte qu'elles se marient.

Nous avons coutume à Pessah de poursuivre ce qui se pratiquait dans ma belle-famille. Ma belle mère faisait tourner le plateau de Pessah au-dessus de la tête de chacun des convives. C'était sa façon de nous bénir. J'ai tenu à perpétuer ce rite, que d'ailleurs aujourd'hui tout le monde réclame dans la famille. Nous connaissons tous le chant qui accompagne cette tradition, mais seul mon mari en connaît les paroles !

Toutes ces fêtes sont très joyeuses. C'est formidablement riche lorsque deux cultures se rencontrent. Les discours de mon père prennent toute leur valeur : rencontre, ouverture, tolérance, plaisir de la découverte...

Avec la femme de mon frère, nous faisons les mêmes plats, elle avec les recettes de sa mère, moi avec celles de la mienne. Mon judaïsme passe aussi par la cuisine. Celle de mes grands-mères, de ma mère et de ma belle-mère. J'ai fait quelques recherches dans des livres spécialisés, mais en fait j'ai instinctivement la notion des saveurs et des quantités ! Voilà une transmission concrète et authentique.

La nourriture occupe une place importante dans la transmission : c'est par les cornichons à la russe et la poutargue que nos souvenirs remontent !

Si je suis héritière de ces deux cultures, je me sens aussi très française. Les discours de mon père sont en français. Nous sommes une famille qui vit en France, famille pour partie séfarade, pour partie ashkénaze et pour partie non juive. Cette mixité me plaît.

Je ne cherche pas à transmettre ce qu'on ne veut pas prendre

Ma petite-fille de quinze mois me réclame souvent son disque de musique traditionnelle. Cela amuse ma belle-fille, qui n'est pas juive, mais qui apprécie ces mélodies.

Ma transmission n'est pas religieuse, mais de pensée, de culture et d'histoire. Et je ne cherche pas à transmettre ce qu'on ne veut pas prendre. Je rejette tout ce qui est de l'ordre du durcissement, je suis pour l'ouverture.

Je ne peux pas transmettre ce que je ne connais pas ou ce en quoi je ne crois pas. J'ai foi dans le souvenir, la mémoire, la tolérance. Pas dans le reste. Mais je ne renie rien, et je suis attachée au fait d'être juive. Ma transmission est une transmission personnelle.

Il en est de même pour mon mari. Nos deux fils ont fait leur bar mitsvah, l'un place des Vosges, l'autre rue Copernic. Lorsque notre premier fils a fait la sienne, mon mari a été voir le rabbin et lui a demandé de ne pas faire jurer à notre enfant quelque chose qu'il ne pourrait pas tenir. Que sa promesse soit d'être toute sa vie un homme bien, et non pas un homme religieux. Afin qu'il ne se sente jamais parjure.
Cela traduit bien notre philosophie.

« Pour certains, il ne peut y avoir de judaïsme sans religion. Pour moi, si ! »

Même si mes petits-enfants n'étaient pas élevés dans le judaïsme, moi qui suis de par mon métier une « passeuse » de mots, d'idées, une conteuse, je leur chanterais pour les endormir ce que j'ai appris : une chanson juive, en yiddish. Le judaïsme, c'est une chaleur !

Je me sens profondément française. Mais mon judaïsme, qui est mon héritage, est inscrit en moi, il se juxtapose. C'est mon histoire, que je le veuille ou non.

Si j'étais la dernière flamme ? J'en ferais un peu plus. Mais pas trop ! Je n'aime pas le trop. Si c'était à refaire, je ferais de même.

De ce point de vue, la Shoah est centrale dans la transmission. De même que le droit à l'existence d'Israël. Ce pays doit vivre. Mon idéal d'Israël ressemble plus à celui du *kibboutz* d'hier qu'à l'Israël d'aujourd'hui, mais je n'y vis pas, donc que vaut mon avis ? Cependant j'ai terriblement mal au cœur de voir tout ce qui s'y passe.

Finalement, à qui je transmets ?

À mes enfants et petits-enfants, à mes nièces et mes neveux, mais aussi à ma belle-fille et à mon beau-frère qui ne sont pas juifs. Et paradoxalement à mes parents. La transmission se fait aussi dans le sens ascendant : mes parents, ashkénazes, ont reçu via mon mariage la culture séfarade !

Je suis contre une transmission pétrifiante et pour une transmission créatrice et féconde.

Comme pour la carpe farcie, pas trop de sel, pas trop de sucre ! La juste proportion.

Les générations à venir doivent absolument savoir ce qu'a été la Shoah. Mais attention à la façon de la transmettre. Ma génération a été traumatisée. Nous avons été immergés dans cette terrible angoisse, et tout ce que nous faisons en est teinté. D'ailleurs ma gorge se serre en l'évoquant. Cela dit, peut-être n'en ai-je pas assez parlé à mes fils. Mais je fais avec mes moyens, avec ce que je ressens.

Avec le temps je comprends mieux ce que j'ai reçu, et me sens plus à même de le transmettre.

Post-propos

Comme beaucoup de gens, je vis la question de la transmission avec un certain désarroi.

La tradition rabbinique a sa cohérence, mais elle peine à s'adapter à la société moderne.

Et même à l'époque où elle parvenait encore à rassembler et unir les communautés juives, il y a deux siècles, c'était en vue de leur conservation plus que de leur renouvellement et de leur ouverture. La transmission de l'héritage du prophétisme biblique y existait, mais de manière marginale, souvent empêchée par les malheurs de l'exil et de la dispersion.

Quant à l'émancipation des Juifs dans la société ouverte de notre temps, elle a fait naître beaucoup d'espoir, mais a suscité aussi des impasses radicales.

Une étude exaltante mais difficile

D'accès difficile, la tradition juive recèle pourtant, selon l'expression de Jean Zacklad, « une extraordinaire puissance d'éclairement tant sur la vie immédiate que pour une mise en perspective des présences culturelles » (*Pour une éthique: de Dieu,* éditions Verdier, 1979). C'est que celle-ci se définit comme l'héritière directe de l'éblouissant prophétisme biblique.

Prenons-en deux exemples. Tout d'abord, la vision de la « résurrection des morts » d'*Ezéchiel 30,* qui fixe en quelques lignes la représentation pérenne de la capacité d'un peuple détruit par la force à renaître par l'esprit. Cette vision révèle une visée anthropique saisissante de la liberté humaine, qui rompt avec les mythologies des cycles cosmiques de mort et de renaissance, comme celle de l'oiseau Phénix, qui invitent à la soumission aux forces naturelles. La Pâque chrétienne en provient sans doute tout entière. Entrant un jour en passant à Notre-Dame-de-Paris, j'ai eu l'émotion d'y entendre chanter Ezéchiel.

Autre exemple : la prophétie d'*Isaïe 2*, qui annonce la paix mondiale à venir. Dans le jardin de l'ONU, à Manhattan, se dresse une statue d'Isaïe brisant des épées pour en faire des socs de charrue, œuvre d'un sculpteur russe des années 50. Les Russes aiment sans doute trop les statues. Mais c'est un signe impressionnant de la pertinence actuelle des anticipations prophétiques antiques. Et, là encore, la visée d'Isaïe est tout autre que celle de l'éloge d'Hésiode du caractère pacifique de la vie agricole. Car la sagesse de son œuvre *Les travaux et les jours* paraît mièvre à côté de la projection dans l'avenir, de l'horizon d'une humanité réconciliée. La hauteur de vue des prophètes ne se détourne pas du temps, mais le traverse. Le jeune David (*I Samuel 17*) projette, selon un commentaire de Jean Zacklad, le caillou de sa fronde au travers des millénaires. Il atteint Goliath au front, son point faible, qui n'est autre que l'absence de perspective lointaine de la force brute.

Les Juifs sont une minorité. Aujourd'hui, dans le monde, un homme sur cinq cents environ s'identifie comme Juif. Et ce statut minoritaire est très ancien. « Vous êtes le plus petit des peuples », remarque le *Deutéronome*. Selon les archéologues (voir par exemple André Lemaire, *Naissance du monothéisme*, Paris, Bayard, 2003), sur une population juive d'environ quinze mille personnes dans la Jérusalem de Josias au VIe siècle avant notre ère, mille peut-être étaient alphabétisés (*aleph-bethisés !*), au moment de la rédaction de l'essentiel des textes bibliques. Mais le rayonnement de ces textes atteint aujourd'hui, par la médiation des religions bibliques et du droit moderne, l'ensemble de l'humanité. La culture du sens de l'universel suppose l'approfondissement paradoxal d'une étroite singularité.

Temps et efforts

La réception de la tradition directe du prophétisme biblique est donc une activité exaltante grâce à l'universalité de sa signification, mais exigeante à cause de ses particularités. Elle implique un vaste programme. Elle exige de se familiariser avec :

1- l'archéologie biblique, qui donne accès au contexte de son avènement, il y a trois mille ans ;

2- l'univers livresque et l'oralité du judaïsme rabbinique, qui a conservé et continué dans sa liturgie et ses écoles, l'œuvre des prophètes hébreux ;

3- la philosophie juive, ancienne et moderne, qui s'attache à expliciter cette pensée traditionnelle, dans sa permanence et ses renouvellements ;

4- les multiples aspects de l'histoire juive, une et diasporique ;

5- les diverses cultures juives, anciennes et modernes ;

6- les multiples persécutions subies par les Juifs, et la singularité de la Shoah ;

7- les difficultés et les réussites du sionisme politique.

Tout cela suppose évidemment pas mal de culture générale et d'ouverture d'esprit. Cela demande aussi étude et lecture, travail de groupe, transdisciplinarité, concertation et dialogue avec d'autres traditions. C'est une vraie joie, mais cela demande du temps et des efforts. Il est vrai que, selon Goethe, celui qui ne vit pas avec la conscience des trois mille ans écoulés, vit au jour le jour.

Des héritiers perplexes

Comment maintenir à la fois la conscience et la culture de la hauteur de vue de cet héritage prophétique, et vivre son temps ? La transmission d'un héritage n'est pas sa répétition, mais sa continuation. Elle suppose sa réception, son appropriation, son actualisation. Elle demande de comprendre le temps présent, de renouveler le saint pour sanctifier le nouveau, selon la devise du Rav Kook.

Comme nous le rappelle Henri Meschonnic à la suite de Samson Raphaël Hirsch (1882), le fameux verset de *Psaumes 22,21* que Jésus cite dans *Mathieu 27,46*, doit être lu comme suit :

« Mon dieu mon dieu à quoi (*lamà*) m'as-tu abandonné », et non « pourquoi ? », si l'on tient compte des indications massorétiques de cantilation (voir *Gloires*, Paris, Desclée de Brouwer, 2001, p. 389).

Ce n'est pas le monde à venir qui pose problème, mais ce monde-ci, dit un adage hassidique, cette terre encore chaotique en attente de correspondance au « Royaume des cieux ». S'il y a un « trésor dans le jardin », il ne peut apparaître qu'à force de labeur, en retournant la terre, comme le souligne magistralement la fable de La Fontaine « *Le Laboureur et ses enfants* ». Le *Candide* de Voltaire y fait allusion, et l'un et l'autre prennent tout leur sens à la relecture de *Genèse 2,15*.

D'où la nécessité d'effectuer un travail sur le monde et sur soi, entre les deux impasses de la platitude d'une vie sans exigences, et du repli sur la vie intérieure. La tâche consiste à délivrer la tradition du passé, sans céder à un quelconque obscurantisme, radicalement opposé à la tradition de la Lumière. La véritable imitation des Anciens est d'inventer, comme ils le firent à leur époque, une nouvelle conjonction entre l'esprit prophétique et les exigences précises du temps présent.

Nous avons besoin d'une affirmation identitaire actualisée, qui doit vaincre deux résistances, deux fortes tentations d'irresponsabilité : celle de l'oubli, et celle du repli.

L'oubli s'explique par la violence traumatisante et la persistance intimidante des persécutions, mais aussi par l'attirance des multiples sirènes de l'assimilation, et enfin par l'apparente inactualité, sinon stérilité, de la tradition. Le repli correspond à la recherche d'un refuge contre l'adversité, qui devient l'alibi d'une fuite devant ses responsabilités.

Les prophètes de la fin de l'époque des Rois avaient déjà bien décrit cette crise, cette double tendance : évaporation du royaume d'Israël, absorbé par les grands courants de la circulation commerciale et culturelle, étroitesse et provincialisme du royaume de Juda, stérilement confiné dans ses collines désertiques.

Nous devons trouver ensemble le ton et le style justes d'une modération délivrée de l'insignifiance des excès, mais pourtant sans tiédeur ni compromis, un juste chemin de crête entre oubli et repli, combinant ouverture et intransigeance.

Entre amis et ennemis

La transmission à usage externe s'adresse à des gens qui ne sont pas à première vue directement partie prenante de l'aventure juive, mais à qui elle importe pour diverses raisons. C'est ainsi que l'on rencontre souvent des gens de bonne volonté plus conscients et motivés que de nombreux Juifs, conformément au profond adage de *Proverbes 26* : « Mieux vaut un voisin proche qu'un frère lointain. »

Lors d'une récente rencontre interreligieuse, un prêtre catholique, citant l'*Évangile*, rappelait les deux préceptes essentiels de Jésus : « Tu aimeras ton prochain comme toi-même », et « Tu aimeras l'Éternel ton Dieu de tout ton cœur. » Ce ne sont pas ces préceptes, conçus, transmis, rédigés et enseignés avec toutes leurs difficultés théorétiques et pratiques au moins six cents ans avant la rédaction des *Évangiles*, qui séparent Juifs et chrétiens !

Ce ne sont donc pas les principes de la morale chrétienne, ou musulmane, ni ceux des religions orientales, qui peuvent contrarier une transmission juive, à condition qu'ils respectent le principe prophétique biblique de la « subordination des pratiques religieuses à l'éthique », qui définit, selon Emmanuel Lévinas, l'anticipation juive de la laïcité (« *La laïcité* », dans *Les imprévus de l'histoire*, Paris, Fata Morgana, nouvelle édition 1994).

Par contre, l'effort de transmission met les Juifs en position « d'adversaires désignés » (selon l'expression éclairante de Gilles Bernheim), pour tous ceux qui, à des titres divers, sont animés par un ressentiment contre l'exigence éthique et un désir païen de domination. L'hostilité au judaïsme et envers les Juifs est, comme on sait, particulièrement acharnée !

On peut distinguer trois formes d'hostilité envers les Juifs : métaphysique, pratique, et politique.

Le mot antisémitisme désigne à l'origine, à la fin du XIXe siècle, un préjugé naturaliste, hygiéniste et raciste, né à la faveur de la sécularisation des sociétés industrielles, et hostile aux Juifs en tant que biologiquement « syriens ». En réalité, il s'agit d'une nouvelle résurgence de l'ancienne hostilité de la volonté de domination à l'égard de l'esprit et de la conscience morale juives : la haine de l'interdit du meurtre. Cette passion est donc d'abord d'allure idéologique ou même métaphysique, et se nourrit de toutes les calomnies possibles.

Mais elle conduit aussi concrètement à un anti-judaïsme pratique meurtrier qui vise les Juifs existant eux-mêmes, communautés et individus, en tant que témoins de la Loi de Moïse, et de son projet de fraternité universelle.

Enfin l'antisionisme se présente comme une hostilité envers l'indépendance politique juive.

Mais elle est en réalité une hostilité d'esprit impérial à toute velléité d'indépendance politique quelle qu'elle soit, la forme radicale de la dénégation du droit des peuples à disposer d'eux-mêmes.

Car le sionisme n'est pas seulement une aspiration nationale particulière, mais celle du seul peuple qui, dès l'époque antique, a promu et défendu ce principe contre les empires, parce que ce principe relève de l'anticipation biblique de l'égalité de tous les peuples devant un Dieu unique.

La cité antique grecque ou romaine n'avait pas cet esprit d'universalité. Et les philosophes antiques ne l'ont acquis qu'en le dépolitisant. L'exigence juive d'indépendance, maintes fois réitérée depuis trois mille ans, est donc le premier témoin historique du modèle transhistorique universel biblique de la construction et de la libération nationale. Mieux qu'avec le sacre à Reims des rois de France ou la circoncision des rois d'Angleterre, Shlomo Pinès le montre notamment à propos de la lutte des Macchabées (*La liberté de philosopher*, Paris, Desclée de Brouwer, 1997).

Et ce sont ce modèle et cet exemple qui ont de fait inspiré, par la médiation de ses dérivations chrétiennes, islamiques et modernes, les efforts divers et les réalisations partielles de la soumission du pouvoir au droit, en vue de ce que le protestant libéral Hegel appelle une attestation politique de l'effectivité morale.

L'alternative se situe entre deux positions : soit renoncer à transmettre selon deux formes de mort, l'assimilation ou le passéisme ; soit réaffirmer les anticipations bibliques dans le contexte contemporain, en prenant en compte ses acquis, au risque de s'attirer de nouvelles hostilités.

Pour soi, pour les siens, et pour les autres, il faut avoir le courage d'être juif.

« Je n'ai pas peur des masses de peuple qui autour se sont mis sur moi [1]. »

Claude Birman

Ancien élève à l'École normale supérieure

Professeur de chaire supérieure de philosophie en classes préparatoires aux grandes écoles

Ancien directeur de programme au Collège international de philosophie

Maître de conférence à l'Institut d'études politiques de Paris

Professeur au Collège d'études juives et au Séminaire d'études juives de l'Alliance israélite universelle

Coauteur de « Caïn et Abel », Paris, Grasset, 1980

1 *Psaumes* 3,7, traduction d'Henri Meschonnic, *Gloires*, Desclée de Brouwer, 2001.

Passeurs d'aujourd'hui[1]

« Pour autant que le passé est transmis comme tradition, il fait autorité. Pour autant que l'autorité se présente historiquement, elle devient tradition. »

Hannah Arendt, « Walter Benjamin », Vies politiques, Gallimard (Tel), 1986, p. 291.

La génération qui entre en terre de Canaan est une nouvelle génération.

Elle a reçu de la précédente son héritage : la Torah. Mais avec le devoir de développer son propre projet. La transmission s'opère ici par un passage de témoin pour un nouveau dessein.

Mais qu'allais-je donc faire en Canaan ! De mes parents, j'ai reçu une histoire et une appartenance. Ce dont je leur suis très reconnaissant. Mais je n'ai eu de cesse depuis mon enfance – de façon obsessionnelle, diront certains – de me demander ce que je devais faire de cet héritage. Je me sentais à la fois dedans et dehors.

Né israélite, je suis devenu juif. Mon histoire personnelle, qui témoigne aussi d'une époque et d'un lieu, explique donc sans doute pour une large part cette interrogation, et ce livre.

---

1 Les Hébreux seraient les descendants de Eber, petit-fils de Chem, fils de Noé (dont descend Abraham). Une autre explication, la plus fréquemment avancée, soutient que le nom d'« hébreu » viendrait du mot ever (d'où *ivrit*), qui désigne « celui qui est de l'autre côté du fleuve ». Les Hébreux étant « passés » de l'autre côté pour quitter Ur (en Chaldée) et gagner la terre de Canaan, ils sont des passeurs. D'abord au sens propre, puis au sens figuré. De passer à transmettre,... (Cf. *Le petit Retz du judaïsme*, de V. et S. Malka, 1989).

Ma route a croisé celle de nombreuses personnes qui m'étaient des énigmes. Cela généra quelques interrogations, comme celle exprimée clairement par Hannah Arendt (citée par Martine Leibovici) : « (...) le fait est que beaucoup de Juifs sont comme moi totalement indépendants du judaïsme et sont pourtant Juifs[2]. » De fait, le phénomène de sécularisation des deux derniers siècles produisit des bouleversements qui ont contraint de nombreux Juifs à se poser différemment la question « qui suis-je ? ».

Volonté pour certains, parfois si incompréhensible, de vouloir se dire Juif ; tout au contraire, pour d'autres, nécessité absolue de retirer cette « peau » qui identifie malgré soi, et/ou recherche à tout prix de l'assimilation. Autant de comportements, avec toutes les nuances intermédiaires, qui m'ont toujours interrogé.

Et que penser, à la découverte du marranisme, qui n'était pas une simple conversion forcée au christianisme, suivie de l'observance dans la clandestinité des rites du judaïsme ; mais qui présentait la caractéristique que ces rites aient été transmis de génération en génération ?

Il me fallait tenter de comprendre les fondements et la validité de tous ces choix.

Après quelques dizaines d'années d'approche, de réflexion et d'étude, mes convictions en la matière s'établirent progressivement, mais quasi définitivement lors de mon mariage et de la naissance de mes filles. Ce qui, j'en conviens, n'est pas un hasard !

La communauté juive de France est aujourd'hui bien différente de celle des années 50, où quasiment personne n'écoutait les rescapés de la Shoah, où l'on avait comme préoccupation quotidienne de travailler pour sortir de la pauvreté, de faire en sorte que ses enfants deviennent, par l'instruction, des Français comme l'avaient rêvé ses propres parents ou grands-parents. Bien différente également cette communauté des années 1960, avec l'arrivée des Séfarades, contraints de quitter les pays qui les avaient vus naître, et qui apportaient dans leurs bagages un judaïsme plus extraverti, fièrement affirmé.

---

2 Martine Leibovici, *Hannah Arendt et la tradition juive*, Labor et Fides, 2003, p. 9.

Aujourd'hui, le tableau sociologique est encore bien plus complexe. En France, « en Israël comme ailleurs, les vraies questions d'actualité touchent à l'intégration et à la transmission des valeurs dans une société de liberté[3] ». Aussi, plutôt que de mettre en avant, comme une profession de foi, mon intérêt et mes convictions à propos de la transmission du judaïsme, il m'a semblé plus riche de demander à mon « prochain », ce qu'il en pensait ; mieux, comment il avait ou comptait résoudre l'équation à plusieurs inconnues, parmi lesquelles, selon les cas : la foi, la religion et sa pratique, la laïcité, la judéité, la citoyenneté, la nationalité, l'existence d'Israël, etc. Puis d'énoncer le mode de transmission de l'équation.

Un Israélien religieux me dit un jour : « Parmi les quatre enfants qui posent des questions lors de la lecture de la Haggadah de Pessah, ce n'est pas le racha (le méchant) qui présente le cas plus dramatique. C'est le cinquième fils, absent, celui qui n'est même pas venu à la table du Seder. Car c'est lui qui est le plus en danger. »

Certains peuvent partager cette préoccupation. D'autres non, et pour toutes sortes de raisons, ne serait-ce parce que croyants et pratiquants, la question de la transmission est d'emblée résolue pour eux. Bien davantage encore s'ils sont orthodoxes, et fréquentent ce que le professeur Yesha'yahou Leibowitz, cité par Théo Klein, a appelé « la bulle », sorte de substitut du Temple, en fait cette « place » fréquentée quotidiennement, « où l'information circule, (...) où le rabbin rappelle que le service de Dieu est un service continu qui doit s'inscrire dans la continuité de la tradition[4]. » Mais pour les autres, tous les autres...

Pour apprécier les conditions de la transmission du judaïsme, j'aurais pu engager un travail chiffré, plus scientifique. Mais comme le dit joliment François Caviglioli, « les statistiques doivent être complétées par des confidences[5]. » Voilà donc ce que j'ai souhaité recueillir, puis proposer à la lecture : le point de vue des uns et des autres. En leur donnant la parole.

---

3 Ivan Levaï, *Israël, mon amour*, Seuil, 2006, p. 151.

4 Théo Klein, *Une manière d'être juif*, Fayard, 2007, p. 21.

5 François Caviglioli, in article du *Nouvel Observateur* n° 2261 de mars 2008, intitulé « À quoi rêve la nouvelle Ève ».

Celui, ou celle, qui attendait de ces témoignages – qui sont d'abord des rencontres – une vérité univoque, qu'ils me pardonnent, car leur déception doit être grande ! En effet, ces récits, à la fois si personnels et si divers, confirment bien la multiplicité des opinions, des choix (et des non-choix), des solutions. L'émotion que suscite l'authenticité vaut bien en la matière la certitude du calcul.

L'objet de ces lignes qui suivent n'est évidemment pas de porter un jugement quelconque sur ces choix, engagements, partis pris, expériences, vécus, passions ou regrets. Mais de partager – sur cette question de la transmission du judaïsme – quelques réflexions suggérées par tous ces témoignages.

Constats

Premier constat : la place de la famille

Parmi tous les phénomènes remarquables, la famille occupe sans conteste le premier rang. J'avoue que j'en avais sous-estimé la prépondérance. Non pas, bien sûr, que j'en ignore la fonction et le rôle dans le judaïsme, comme dans bien d'autres cultures. Mais cette place prépondérante m'apparaît véritablement centrale. Elle est, à la fois, un mètre-étalon et un vecteur sur lequel la plupart se reposent pour assurer la transmission.

Permanence, fiabilité, intégrité, les critères qui justifient cette voie sont légion. Les rites, religieux et/ou familiaux sont très prégnants et constituent un ciment inaltérable. La transmission du judaïsme est ici indéniablement bénéficiaire.

Mais en même temps, on ne peut s'empêcher de penser que cette voie limite mécaniquement ce qui est transmis. On est alors davantage dans la « réplication » que dans l'ouverture et la découverte – ce qui au demeurant a quelques vertus. Si le contenu (au choix : religion, étude critique des textes, coutumes, arts, cuisine, etc.) est dense, conséquent, alors la partie est bien engagée. Dans le cas contraire, à terme, le risque de frustration est grand.

La façon dont on célèbre les fêtes – si essentielles dans la vie juive – est signifiante du judaïsme de la famille. Les traditions familiales semblent l'emporter fréquemment sur toute liturgie. Et la signification profonde du rite est/paraît généralement ignorée.

Cela dit, si la famille est indéniablement le creuset privilégié de la transmission du judaïsme, il faut bien admettre que le phénomène est plus complexe. « D'une génération à l'autre, la transmission opère en double hélice. D'une part, elle agit de manière intergénérationnelle en favorisant une transformation de l'héritage. D'autre part, elle opère comme une répétition en privilégiant une dynamique transgénérationnelle. Ainsi, le passage entre les générations est alimenté d'objets qui, tantôt, sont admis au changement et, tantôt, sont hérités tels quels[6]. »

Les parents auraient donc tort de prétendre être les seuls agents de la transmission.

Ma fille aînée me fit un jour remarquer, non sans une certaine fierté tout à fait justifiée, que sa sœur et elle-même avaient contribué de façon déterminante à leur propre éducation juive. D'abord, en ayant spontanément choisi elles-mêmes pour amis de classe – mais heureusement sans exclusivité – bon nombre d'enfants juifs, et ce tout en étant à l'école publique. Ensuite, parce qu'une grande partie des amis de ses parents (ma femme et moi en l'occurrence) sont, pour une large part, les parents de ses propres amis !

Deuxième constat : l'importance des bar et bat mitsvot

La célébration de la majorité religieuse occupe une place prépondérante parmi les pratiques de la communauté juive d'aujourd'hui. Cette cérémonie, précédée d'une éducation religieuse, semble devenue incontournable.

Si la bar mitsvah constitue un rite ancestral, et au final largement respecté même chez des Juifs aux pratiques religieuses minimes, l'étonnement vient plutôt, d'une part du crédit porté à cette tradition (source parfois de quelques excès financiers hors de propos, pouvant altérer la portée du rite) ; d'autre part, du développement récent (une cinquan-

6 W. Lahaye, J.-P. Pourtois, H. Desmet, *Transmettre - D'une génération à l'autre*, PUF, 2007, p. 336.

taine d'années) de la pratique de la bat mitsvah, qui manifeste une volonté accentuée d'égalité entre les deux sexes.

Événements fondateurs, les bar et bat mitsvot témoignent d'une volonté parentale forte de transmission. Cette fonction de « rite de passage » paraît donc toujours essentielle, naturellement au religieux, mais également à beaucoup de traditionalistes et de libéraux. En un mot, au Juif d'aujourd'hui. Sans doute parce que, comme tout rite, bar et bat mitsvot sont à la fois répétition et nouveauté ; et que, comme tout rite juif, elles sont d'abord édification et prévention. C'est-à-dire conçues par et pour l'homme.

Troisième constat : l'exemplarité est un mode opératoire affirmé

Après tout, on ne transmet que ce que l'on est. Cette exemplarité se manifeste de multiples manières et en maintes occasions. Et la plupart des Juifs rencontrés estiment que la transmission du judaïsme – de leur judaïsme – transite de la meilleure façon par l'exemple ; qu'il en est le meilleur vecteur. Sans doute n'ont-ils pas tort, car il s'agit d'une pédagogie efficace, maintes fois prouvée en bien des domaines. Rien ne remplace une vérité qui, plutôt que d'être exposée par de longs discours, est tout simplement vécue. Ce mode opératoire, certainement plus efficacement que tout autre, engage celui qui observe ou entend, à se laisser instruire, éduquer, transformer. Cela dit, j'ajouterai non sans cynisme, que cette « méthode » permet aussi de se dédouaner à peu de frais d'une action réfléchie, élaborée et volontaire. Mais dont acte.

L'exemplarité est un message. Qui peut, non seulement susciter un certain mimétisme, mais aussi provoquer une interrogation. Le Grand rabbin Gilles Bernheim explique : « La pratique religieuse qui est l'une des dimensions caractéristiques de l'identité juive est un particularisme. On ne peut pas dire qu'elle s'inscrive directement dans l'universel. En revanche, à partir de mon particularisme, je peux donner à penser à celui qui ne le partage pas. Je peux lui donner à penser qu'en mangeant casher ou en observant le Shabbath, j'interpelle le monde. C'est-à-dire que dans le fait de manger casher, il y a une vision d'une société qui partage la nourriture. Dans le fait d'observer le Shabbath, il y a une vision de la société qui non seulement respecte des rythmes intérieurs, mais qui s'interroge sur la question du partage du travail, du chômage, etc. À moi de savoir donner à penser, c'est-à-dire à former ces lois dans le langage de l'universel[7]. »

Lorsque le récit se combine avec l'exemple, la mémoire devient leçon. Il est indiscutable que chaque nouvelle génération sait recevoir le douloureux passé de sa famille et de son peuple. Et qu'elle sait en tirer enseignement. Ma fille aînée (déjà citée, qu'elle m'en excuse) m'a dit récemment combien ses grands-parents maternels lui avaient transmis, à la fois, de tristesse et de joie. Que tous, maternels et paternels, par les récits de la Shoah, du Goulag et de la Résistance, l'ont certes instruite, mais surtout éduquée par leur exemple, lui montrant l'importance d'avoir courage, force de caractère et honnêteté intellectuelle.

S'il n'est évidemment pas question d'y voir ici une singularité juive, j'y trouve cependant la preuve, non seulement que son combat intérieur pour la pérennité de ces valeurs est vivace, mais également que ces exemples et références lui sont indispensables, comme elle me le fit remarquer, dans un temps où il n'est pas toujours facile d'être juive, n'y de maintenir cette tradition.

Quatrième constat : la foi ne semble pas être une question centrale

Comment ne pas s'attarder un instant sur cette singularité ? Non pas qu'elle soit ignorée, refusée, mais cette notion semble indépendante des rites, et n'est que rarement mise en avant. Même de la part de plusieurs religieux. Elle est par contre toujours très respectée. On dirait seulement qu'une certaine retenue, une pudeur, a freiné mes interlocuteurs. C'est véritablement une affaire très personnelle. Et sans doute n'est-elle pas toujours considérée comme indispensable pour se définir comme Juif.

Les Treize articles de la foi formulés par Maïmonide, qui représentent les croyances fondamentales du judaïsme, ne sont guère évoqués. Sait-on même qu'ils figurent généralement dans le *sidour* ?

Un test est signifiant : il est quasiment impossible de trouver le mot « foi » dans un quelconque lexique traitant du judaïsme !

---

7 Gilles Bernheim, *Réponses juives aux défis d'aujourd'hui*, Textuel, 2003, p. 25.

On ne saurait toutefois sous-estimer la portée de cette attitude, qui marginalise ce concept. Car, à y bien réfléchir, elle est tout à fait en correspondance avec l'esprit de ce que propose et réclame le judaïsme, c'est-à-dire de se soucier d'abord de la notion de responsabilité : affirmer avant tout une attitude et un comportement responsables. Que chacun se préoccupe de la Justice et se sente responsable de l'injustice. Devant soi et les hommes ; et pour le croyant, devant Dieu. Ce qui alors ne regarde qu'eux deux. Ici, être juif, consiste à poser, *a minima*, ce principe comme premier et intangible. On parle aujourd'hui, à la moindre occasion, de valeurs, sans jamais les définir avec rigueur. Le judaïsme, quant à lui, en propose clairement depuis deux mille ans (dont un certain nombre semblent d'une grande actualité ; mieux, elles ont même connu quelque succès universel). Ce qui revient à dire que le judaïsme est essentiellement une éthique. Et que là est peut-être le contenu fondamental que les « passeurs d'aujourd'hui », comme ceux d'hier, entendent transmettre par priorité.

Cinquième constat : il est difficile d'être juif sans pratiquer

Comme me le faisait remarquer ma fille cadette : « A fortiori lorsque l'on n'est pas croyante ! Pratiquer, non pas exclusivement au sens de prier, mais d'effectuer les rites. » André Neher écrivait que « sans doute le rite a-t-il aussi une valeur symbolique, mais il est avant tout réalité. (...) Le rite, c'est ce qui remet chaque chose à sa place, ce qui ordonne, ce qui oriente[8]. » Manière efficace de s'impliquer, alors que l'on se sait, que l'on se sent et que l'on veut être juif.

Il ne faudrait pas évacuer trop rapidement ces difficultés, rencontrées par tous ceux qui ne demandent qu'à vivre un judaïsme authentique, sans pour autant adhérer à l'affirmation et au culte d'une transcendance. Car, que ce soit dans les textes ou dans les rites, faire la part entre ce qui traduit une foi, et ce qui a pour fonction de tisser le lien, de « relier », de proposer une éthique, n'est pas toujours chose aisée.

Il ne convient pas non plus d'ignorer les réserves pertinentes de ceux qui souhaitent simplement être instruits sans être endoctrinés. Cette crainte ne devrait pourtant pas être de mise, pas plus que d'être la victime de la confusion entre le père et le maître, comme l'Occident

8 André Neher, *Clefs pour le judaïsme*, *Seghers*, 1977, p. 132 et 133.

le pratique souvent. Ainsi précise Henri Atlan, commentant la célèbre expression talmudique « Fais-toi un maître » : « Le peuple juif de culture s'est bien gardé de cette régression dissociant l'origine de l'enseignement (Moïse notre Maître) des origines des filiations (Abraham, Ytzhak, Yaakov, nos pères)[9]. »

Malheureusement, les parents ne savent, ou ne peuvent pas tout et toujours. Et bien trop rares sont les responsables spirituels qui savent ou se veulent être à l'écoute, proposent une voie adéquate, compréhensible et motivante. Et pourtant, toute nouvelle démarche est susceptible de devenir le premier pas d'un riche avenir...

Sixième constat : l'étude est une pratique mineure

Hormis ceux pour qui elle fait par définition partie intégrante de leur judéité, tels certains religieux, ou encore quelques intellectuels, il faut bien reconnaître que le Livre n'est pas souvent ouvert ! Pire – au risque de choquer – il est largement méconnu.

Pourtant, j'ai ressenti plusieurs fois que le manque et le regret pointaient fort.

Pourtant, et les bons pédagogues le savent bien, l'effort sollicité par l'apprentissage est toujours récompensé par le plaisir intrinsèque qu'il procure, qui devient lui-même le moteur de la tension nécessaire et de la recherche de la récompense.

Pourtant, cette « étude », aux modes et entrées multiples, que propose-t-elle, si ce n'est de réfléchir à partir de textes (principalement la Torah, le Talmud, les Midrashim) qui parlent non pas tant de Dieu que quasi exclusivement de l'humanité et de ses faiblesses, de nous les hommes et les femmes ? Quelle meilleure opportunité que cette démarche pour découvrir la nature humaine, la comprendre, pour donner du sens à ses actes, à son action, à sa vie ? Ce qui ne contraint nullement à oblitérer de son champ de savoirs, ni la science ni les autres cultures.

À chacun de prendre le temps de rechercher sa réponse, après une véritable approche du judaïsme et une introspection authentique, à la question posée par : « Dites-moi ce qui est important et précieux dans

9 Henri Atlan, *Entre le cristal et la fumée*, Seuil, coll. Points n° S 51, p. 268.

votre propre vie au point de vouloir le transmettre à la génération qui suit [10]. »

Septième constat : l'ambivalence des sentiments.

Appartenir, me disait encore ma fille cadette, c'est ne jamais être seule. Elle ajouta : « Le judaïsme offre non seulement une approche spirituelle du monde, mais permet aussi et surtout de partager entre personnes qui d'emblée se "re-connaissent". »

Une seconde approche du sentiment d'appartenance mérite réflexion. Vieux débat bien connu, mais tellement d'actualité : certains se disent juifs et français, d'autres français et juifs. Par-delà ce questionnement et cette hiérarchisation se profile la question de la double appartenance. Plus profonde encore, celle de l'identité. Et finalement, celle de la fidélité. À son peuple, à ses parents et grands-parents, mais également à soi-même.

Marc-Alain Ouaknin alimente notre réflexion en la matière : « Il existe deux attitudes face au passé. L'une, l'attitude conservatrice, qui conserve le passé et retourne à lui : nostalgie, cette attitude n'est justement pas la fidélité à la tradition. La seconde, la fidélité à la tradition, est l'attitude active et transfiguratrice du passé. Paradoxalement, la fidélité au passé est orientée vers l'avenir. Il ne s'agit donc pas d'être fidèle au temps passé, mais à la conscience du temps que les anciens possédaient. La *Qabala*, c'est-à-dire la réception de la tradition, est essentiellement réception de cette conscience particulière du temps. La *Qabala* n'est pas un contenu sémantique, mais une attitude face au sens, attitude de créativité. Il s'agit d'être homme du Hidouch[11]. » Chacun pourra méditer ces lignes et bâtir sa propre analyse.

Huitième constat : chaque génération génère ses références.

Prégnants sont les enseignements d'un petit nombre de Juifs croyants, charismatiques, véritables références même auprès de gens qui ne sont

10 Citation de H. Derroitte.

11 Marc-Alain Ouaknin, *Le livre brûlé*, Lieu Commun, 2e édition 1987, p. 245. NB : le *hidouch* est le « renouvellement » du sens, dans l'étude et dans la vie.

pas *stricto sensu* des religieux ou des intellectuels. Ainsi d'Edmond Fleg, d'André Neher, de Léon Askénazi (dit Manitou, qui a dirigé l'école de cadres du mouvement des Éclaireurs israélites de France, l'école Gilbert Bloch, encore appelée *École d'Orsay*, maître dont les leçons ont été récemment publiées), d'Emmanuel Lévinas, de Josy Eisenberg (dont l'émission de télévision du dimanche matin *À Bible ouverte*, fut complétée par la reprise réussie de nombreux entretiens sous forme de livres, aux éditions Albin Michel, dans la collection Présence du judaïsme), les rabbins Paul Roitman, Samuel Sirat, Gilles Bernheim, etc.

Fortes références également que celles d'un savant tel qu'Henri Atlan, ou d'un intellectuel laïc comme Alain Finkielkraut et son *Juif imaginaire*. Ou encore les travaux de quelques autres, soucieux d'associer les sciences humaines à leur démarche, tout en s'appliquant à garantir une portée volontairement mobilisatrice ou pédagogique à leurs écrits, tels ceux de Shmuel Trigano, Marc-Alain Ouaknin, etc.

Chacun, selon son métier, son art, ses compétences, sa foi, son engagement, a su donner une dimension nouvelle à tous ceux qui ont eu la chance de bénéficier de leur enseignement. Mais la réussite de cette transmission va bien au-delà : ils sont parvenus à instruire les générations d'après-guerre, au point qu'ils ont transformé le judaïsme français.

Cette diversité de savoirs et d'options témoigne d'une multiplicité de solutions pour vivre et transmettre le judaïsme. Et démontre, par extension, la difficulté à cerner l'essence du judaïsme. Cela présente un mérite : si « le peuple juif ne sait pas ce qu'il est, il sait seulement qu'il existe, et que cette existence déconcertante brouille le partage instauré par la Raison moderne entre le politique et le privé [12]. » Du coup, le débat est sans fin ! Et, conséquence heureuse de cette complexité, la production régulière d'articles, de livres, de séminaires, et autres conférences. Loin de freiner, cela encourage à débattre. Au point d'apparaître parfois comme une manie, mais une manie joyeuse.

12 Alain Finkielkraut, *Le Juif imaginaire*, Seuil, 1980, p. 204.

Nul ne peut transmettre ni recevoir sans s'exposer

Ce que je n'ai pas constaté auprès de mes interlocuteurs juifs, ce que d'autres communautés ou ethnies semblent parfois connaître : un « malaise dans la transmission ». Nathalie Sarthou-Lajus l'explique fort bien, lorsqu'elle parle de « cette difficulté à s'inscrire dans la différence des générations, à la peur de vieillir et d'assumer son rôle d'aîné, à la difficile acceptation de la mort, de céder sa place à quelqu'un d'autre que soi[13]. » Au contraire, les « passeurs d'aujourd'hui », ces Juifs qui vivent en France en ce début du XXIe siècle, semblent avoir une conscience aiguë de leurs responsabilités vis-à-vis du judaïsme. Même lorsqu'ils ne sentent, selon l'expression freudienne, aucun « sentiment océanique », qui les pousserait vers le religieux. La notion de peuple revient souvent au cours des échanges, et suffit à faire d'une appartenance revendiquée une responsabilité.

Cette appartenance au judaïsme, qui est parfois un danger (individuel, collectif, physique, psychologique) est aussi un ferment inépuisable de ressources auxquelles on reconnaît un pouvoir salvateur. Sans doute les Juifs sont-ils particulièrement attentifs à la fragilité du lien générationnel, parce que si souvent menacé, mais dont ils perçoivent en même temps la force. Le judaïsme est, semble-t-il, une réponse efficace aux questions existentielles. « Dans la transmission, la passation de la vie prend le pas sur l'angoisse de sa finitude[14]. » Et puis, de toutes les façons, « nous ne transmettons bien que ce qui nous fait vivre[15]. »

Si le contenu, ces ressources, sont déterminantes quant à l'originalité, la densité et l'efficience du message, on ne peut ignorer que la transmission est affaire de paroles, donc relative aux individus qui les prononcent. « Ces actes (...) décident du destin – chez autrui, pour lui – de ce qui est transmis. En effet, si un même contenu de sens (des idées, des connaissances, des valeurs) peut faire vivre les uns et mourir les autres, éclairer certains et en anesthésier d'autres, c'est bien que l'acte de transmission ne porte pas seulement sur un contenu ; il met

13 Nathalie Sarthou-Lajus, article paru dans Etudes, *revue de culture contemporaine*, tome 408/2, février 2008.

14 *Ibid.*

15 *Ibid.*

en jeu une relation entre deux personnes (au moins), dans un cadre privé ou institutionnel, et cette relation décide du sort des significations transmises, davantage que l'inverse[16]. »

Cela nous rappelle que nul ne peut transmettre sans transiter par une prise en compte de sa propre historicité, c'est-à-dire « cette part de détermination que le sujet exerce sur son histoire[17]. » Ainsi nos déterminismes peuvent faire l'objet d'une transaction de la part de chacun d'entre nous, qui influera sur nos choix, notre histoire propre.

Mais bien plus, comme le précise avec acuité le Grand rabbin de France, Gilles Bernheim : « (...) l'objet de la transmission n'appartient pas à celui qui donne mais à celui qui reçoit. Et je dirais, oui, que ça, c'est la quintessence du judaïsme. Mon exemple même prouve que ce n'est pas une exclusivité du judaïsme, – tout homme peut faire une expérience semblable –, mais c'est la quintessence du judaïsme dans la mesure où, comme le disait déjà rabbi Yossef Rozin, le judaïsme le pose comme un principe : ce que vous dites et ce que vous faites vous constituent en tant que sujet, mais vous n'êtes pas que cela et nul ne peut se dire tributaire de ce que vous êtes. Autrement dit, l'idée que vous vous faites de vous-même, la vérité vers laquelle vous voulez tendre, ne peut jamais s'imposer pleinement aux autres, ne serait-ce que parce que ce qu'ils entendent n'est pas nécessairement ce que vous croyez vous-même leur transmettre[18]. » Et de préciser que cette « dépossession » souligne combien « nous ne sommes pas maîtres de notre parole ». Ce qui nous invite à l'humilité.

La véritable difficulté de la transmission du judaïsme n'est donc pas seulement de l'ordre du contenu, mais également – et sans doute au moins autant – du « soi » et des autres.

Du « soi » d'abord, parce qu'il est ici question de sa propre vérité psychologique. C'est-à-dire de connaître authentiquement son aspiration en la matière, d'aller à la rencontre de son désir profond quant à ce que l'on entend devenir. De l'affirmer et de le communiquer.

---

16 Catherine Chalier, *Transmettre, de génération en génération*, Buchet-Chastel, 2008, p. 20. Cet excellent ouvrage décrit avec minutie et force références les mécanismes de la transmission, revenant aux sources grecques, juives et chrétiennes.

17 Voir plus haut note 5, *op. cit.*, p. 64.

18 Voir plus haut note 6, *op. cit.*, p. 62 et 63.

Des autres ensuite, car comme le souligne également Dominique Schnapper dans son livre *Juifs et israélites*[19], le judaïsme n'est pas une aventure solitaire. Même si sa classification (pratiquants, militants, israélites) me paraît dater, il n'en reste pas moins que ses développements doivent retenir notre attention : tous ont un bien commun à faire vivre, à maintenir le groupe (les Juifs), sa cohésion – sa cohérence. Chacun sent bien, tant intuitivement qu'objectivement, qu'il s'agit d'un projet à défendre collectivement. Et si possible, sans attendre d'y être contraint par la menace extérieure, pour pouvoir s'assurer de partager un devenir propre.

Tout autant que le contenu et le contenant, il convient, pour que la transmission soit effective, que le récit soit dispensé à une personne, une génération nouvelle, une communauté, qui se « laisse enseigner par l'histoire parce qu'elle est appelée à s'y reconnaître. Ce qui, bien sûr, n'exclut ni contestation, ni révolte, ni infidélité, ni rejet[20] » Et Catherine Chalier d'ajouter : « Le leitmotiv biblique "Et tu diras à", ou encore "Tu raconteras à" (aux enfants d'Israël, à tes fils, etc.), veille sur le lien indissociable entre la vie du récit et la compréhension, toujours à affiner par ceux qui écoutent, du fait que ces paroles leur sont transmises pour qu'ils y déchiffrent, peu à peu, l'énigme de leur être-au-monde[21]. »

De la joie de transmettre

Nombreux sont ceux qui, les années passant, manifestent le souhait de s'intéresser davantage au judaïsme.

Pourquoi, alors qu'ils n'étaient encore que de jeunes adultes, tant d'entre eux ont-ils évacué ou retardé le débat ? Pour s'adapter plus facilement à leur temps, par révolte, parce qu'à vingt ans on n'a pas encore « décanté » ses aspirations, mis à jour ses désirs authentiques ?

Toujours est-il que cela provoque souvent un grand gâchis, voire quelques dégâts. Et que, sur le tard, la question remonte douloureusement à la surface. La génération juive soixante-huitarde propose en la matière des exemples saisissants.

---

19 Dominique Schnapper, *Juifs et israélites*, Gallimard, collection Idées, n° 423.

20 Voir plus haut note 13, *op. cit.*, p. 53.

21 *Ibid.*

Comme le souligne Bertrand Le Gendre, rapportant les propos de Marcel Gauchet, exposés dans la revue Le Débat de mars-avril 2008 : « La responsabilité de cette génération est d'autant plus lourde, qu'à vouloir perpétuer son hégémonie, elle a empêché les générations suivantes d'être elles-mêmes. De s'émanciper. Une indifférence à la transmission tout aussi condamnable à ses yeux que la suffisance intellectuelle des baby-boomers[22]. »

De nombreux contre-exemples existent, tout comme des retournements, le cas extrême étant peut-être celui de Benny Lévy. Mais force est de constater que beaucoup se compliquent la tâche !

Un proverbe africain nous enseigne que « Nous ne pouvons donner que deux choses à nos enfants : des racines et des ailes. »

Justement, combien de Juifs sont eux-mêmes si ignorants de ces racines…

Ces entretiens m'ont confirmé la véracité de cette impression étonnante : nous autres Juifs sommes en forte majorité, à des degrés divers bien sûr, très ignorants de notre patrimoine juif ! Y compris ceux qui se déclarent croyants ou pratiquants. Or, s'il me paraît vrai qu'on ne peut transmettre que ce que l'on est, il est non moins évident qu'on ne peut transmettre que ce que l'on sait.

Cette méconnaissance des singularités juives, autres que quelques rites traditionnels comme Yom Kippour, le Seder ou la bar mitsvah, est vraiment surprenante. Mais *quid* véritablement de rites aussi fondamentaux que le respect du Shabbath – je veux dire de sa signification véritable, de sa portée –, ou la fête de *Soukkot* ? Quid de l'histoire juive, *quid* des textes enfin et surtout ? Car, le judaïsme, ce sont aussi et surtout des textes, ou plus encore leur étude.

Loin de moi, qui ne suis en la matière qu'un apprenti tardif, la moindre intention de jeter la pierre à qui que ce soit. Non, plutôt je m'inquiète, et trouve assez triste cet éloignement, parfois même cette « mise à distance », que j'ai croisée si souvent au cours de mes rencontres, qu'elle soit consciente ou non, voulue ou non, en fait le plus souvent subie. Et si souvent regrettée. Soit parce qu'on n'a pas eu le temps, ni le courage ; soit qu'on n'a pas été initié ou qu'on a manqué l'opportunité ; soit qu'on

---

22 Cf. *Le Monde* daté du 29 avril 2008, p. 16.

ne sait comment s'y prendre. Ou bien encore, parce l'on a peur d'être « absorbé » ! C'est-à-dire de s'y perdre. Cette identité que je me suis forgée si difficilement, voilà que des textes « religieux » viendraient la chahuter ! Il existe une pudeur (pour être gentil), ou une lâcheté (pour être injuste) dans notre communauté (prise au sens large) qui ne cesse de m'étonner.

Comment se priver d'une telle chance, du privilège de pouvoir saisir ce qui donne du sens et procure de la joie (au minimum intellectuelle), qui est source de connaissance et de fraternité ? Comment ne pas tenter de le découvrir et de le transmettre à ceux qui nous sont les plus proches, nos enfants ? Comment leur refuser ce don, si structurant, formateur, pérenne ? Et accepter ensuite, qu'une fois en sa possession, ils assument de le conserver ou non.

Comment, alors que nous sommes les propriétaires collectifs de textes si anciens, si denses, si riches... et si actuels, comment pouvons-nous les tenir à distance ou même les rejeter au prétexte que tout cela n'est que de la religion, au mieux du *pilpoul* ?

Dans son ouvrage déjà cité, Catherine Chalier écrit avec justesse : « Quoi qu'il en soit de leurs motivations à ce sujet, le fait est qu'un nombre grandissant de personnes, dans des pays comme la France, estime préférable de « cesser » d'imposer une tradition religieuse à leurs enfants, afin de ne pas contrarier leur liberté. Il suffirait, à ce sujet, de les informer et de les laisser choisir « plus tard ». Cette attitude valorisée pour son respect des nouvelles générations, part du présupposé qu'il n'y a aucune différence entre l'acte d'endoctriner et l'acte de transmettre des paroles ou une tradition qui, pour soi, sont vivantes et profondément signifiantes[23]. » Elle y voit une esquive, un renoncement à transmettre.

Bien sûr, on peut en toute objectivité (sic), informer. Mais « transmettre est-il cependant réductible à donner des informations ?[24] » Hélas ! « informer devient désormais, de plus en plus, le substitut d'une transmission défaillante[25]. »

---

23 Catherine Chalier, *Transmettre, de génération en génération*, Buchet-Chastel, 2008, p. 136 et 137.

24 *Ibid.*, p. 140.

25 *Ibid.*, p. 141.

Cette attitude, plus fréquente qu'on ne l'imagine, me paraît une erreur dans la mesure où justement elle prive son auteur de la voie la plus authentique, la plus efficace, et la plus proche de la rationalité, pour transmettre. Celle qui consiste à transmettre une histoire, des idées (qu'il est autorisé de remettre en question – le judaïsme le sollicite par essence). À démontrer par son propre vécu, une façon d'être homme. L'occasion d'offrir une appartenance. Certainement une identité. Plus encore, une « condition ». Mais c'est là un autre débat.

Comme le déplore Daniel Sibony, « beaucoup ne descendent que d'eux-mêmes », affirment vouloir en finir avec la *plaie* de la filiation, exprimant ainsi un narcissisme d'actualité. Heureusement, « l'épisode d'Abraham implique au moins que cette envie d'en finir soit reconnue, déplacée, interprétée, et par là transmise. (...) Une histoire est une interprétation qui vous défie d'entendre ; et l'interprétation explicite, comme celle de la psychanalyse, est une recharge de l'histoire[26]. » Paraphrasant Sibony, j'ose avancer que transmettre la religion des Hébreux est un appel à symboliser. « J'ai montré que l'essentiel de ce texte *(la Bible)* n'exige pas de croyance mais sollicite l'amour de l'être et l'appel d'être ; il s'incarne dans toutes sortes d'événements ou de personnages qui n'ont rien d'idéal : ce sont des relais où se renouvelle la transmission. Donc, la Bible hébraïque est un montage de mémoires et de potentiels symboliques qui désirent la transmission et qui sans cesse la questionnent[27]. » J'ajouterai que chacun doit être libre d'en considérer l'origine.

Il me semble que la transmission n'est jamais aussi créative, donc souhaitable, que lorsqu'elle fonctionne sur le schéma répétitif suivant : initiation, trahison, retour à la fidélité. Bref, transmettre est un acte de dépassement.

Alors, transmettre le judaïsme : un devoir, une responsabilité, une chance ? Tout cela à la fois sans doute, pour qui se dit Juif. Cependant, n'oublions pas que, comme souligné plus haut, toute transmission se joue au moins à deux. L'émetteur et le récepteur ! La responsabilité est, au minimum, partagée ! Sauf, si transmettre, c'est fondamentalement faire en sorte que l'autre soit en capacité de recevoir.

*

26 Daniel Sibony, *Psychanalyse et judaïsme*, Flammarion, col. Champ n° 484, p. 120 et 121.

27 Daniel Sibony, *Lectures bibliques*, Odile Jacob, 2006, p. 330.

Un dicton juif nous enseigne : est juif, celui dont le petit-fils est juif !

Vous-même, qui avez, je l'espère, éprouvé quelque émotion, trouvé quelque intérêt, voire même quelque plaisir, à la découverte de ces pages, qu'en pensez-vous ?

Étienne Gotschaux

Glossaire

Aliya : mot hébreu signifiant littéralement ascension ou élévation spirituelle. Ce terme désigne l'acte d'immigration d'un Juif en Terre sainte (Eretz Israël).

Ashkénaze : désigne un Juif originaire d'Allemagne, et plus largement des pays de l'Europe centrale et de l'Est (Pologne, ancien Empire austro-hongrois, etc.).

Bar mitsvah : cérémonie de la majorité religieuse pour un garçon.

Bat mitsvah : cérémonie de la majorité religieuse pour une fille.

Beth Din : littéralement, maison du jugement. Désigne un tribunal religieux. On en compte trois catégories, dont le Grand Sanhédrin (qui doit compter 71 sages réunis dans le Temple de Jérusalem), les petits Sanhédrin composés de 23 sages, et ceux composés de trois sages.
L'autorité d'un Beth Din est cantonnée de nos jours au domaine que lui confère la législation du pays où il siège. Son rôle se réduit souvent en diaspora à juger des affaires rituelles, telles que la cacherout, le mikvé ou la conversion au judaïsme.

Beth Ha-Midrash : maison d'étude.

Benei mitsvah : jeunes effectuant leur bar et bat mitsvah.

Birkat hamazon : littéralement, bénédiction de la nourriture. Donc du repas.

Brit milah : circoncision.

Bund : mot de langue allemande, Bund désignant à l'origine l'« Alliance » entre Dieu et les hommes ; puis une société ou une association. Il désigne également un mouvement révolutionnaire juif, socialiste et antisioniste, qui s'est principalement construit en Europe orientale dans le contexte particulier du XIXe siècle.

Cacher : autorisé comme comestible.

Cacherout : ensemble des lois alimentaires.

Choet : celui qui procède à l'abattage rituel.

Choul'Hane Aroukh : littéralement, table dressée. Code officiel de la Loi juive rédigé par le rabbin Joseph Caro au XVIe siècle.

Cohen (pluriel, Cohanim) : prêtre ; mot devenu un patronyme.

Consistoire : dans le judaïsme français, un consistoire est une institution fondée sous Napoléon chargée d'organiser le culte hébraïque dans le cadre d'une région, telle aujourd'hui l'ACIP ou Association consistoriale israélite de Paris, la plus importante. Les consistoires régionaux sont fédérés dans le Consistoire central de France.

Dinim : les lois juives présentées notamment dans le *Choul'Hane Aroukh*.

Dror : mouvement de jeunesse axé sur le sionisme.

EIF (ou EI) : Éclaireurs et Éclaireuses israélites de France.

Gefilte fisch : carpe farcie, plat traditionnel des Juifs ashkénazes.

Goy (pluriel, gyoim) : non-Juif (étymologiquement : étranger).

Guémara : littéralement, complément. Seconde composante du Talmud, elle est elle-même commentaire de la Torah. Rédigée en araméen, elle est en fait un commentaire de la *Mishna*, qui la relie plus clairement au Tanakh. Ses auteurs sont appelés les Amoraïm (ceux qui parlent ou expliquent).

Gueth : acte religieux par lequel un époux consent à son divorce, et donc à « libérer » son ex-épouse.

Haftarah : lecture qui suit la lecture de la *paracha* de la semaine.

Haggadah (pluriel, haggadot) : littéralement, récit. La plus célèbre est celle de Pessah, qui relate la Sortie d'Égypte et qui est lue au cours du Seder.

Halakhah : littéralement, procédure. Désigne la partie juridique du Talmud.

Halal : profane.

Hanoukah : littéralement, inauguration ou dédicace. Désigne la fête des lumières, qui rappelle la victoire des Hasmonéens, conduits par Juda Macchabé sur les Séleucides.

Hanoukiot : candélabre à huit branches utilisé pour la fête de Hanoukah.

Hashomer Hatsaïr : mouvement d'inspiration socialiste, anti-religieux.

Haskalah : dérivé de l'hébreu sekhel (raison, intellect), ce mot désigne un mouvement de pensée juif du XVIIIe et XIXe siècle, fortement influencé par le mouvement des Lumières.

Hazan : chantre de la synagogue.

Heder (ou reder) : littéralement, chambre. Désigne une école élémentaire traditionnelle où sont enseignés les rudiments du judaïsme et de l'hébreu.

Hevrouta : apprentissage talmudique qui se fait en groupe.

Houppah : dais nuptial.

Judaïsme libéral : l'un des courants héritiers du judaïsme progressiste apparu en Allemagne avec les Lumières. Terme utilisé par certaines communautés, notamment en France, en Angleterre, aux Pays-Bas et aux États-Unis pour désigner ce qui est connu par d'autres comme le « judaïsme réformé » ou le « judaïsme progressiste ».

Kabbale (ou Kabbala) : littéralement, réception. Terme utilisé le plus souvent au sens restreint de doctrine mystique juive transmise oralement. La Kabbale consiste principalement en la croyance fervente en une relation constante à Dieu. Elle a connu un grand essor après la publication du Sefer Zohar (ou « Livre de la splendeur ») par Moïse de Léon en 1286, livre majeur qui rapporte, sous la forme d'une compilation de textes en araméen, l'enseignement de Shimon Bar Yochaï, jusqu'alors transmis par tradition orale.

Kaddish : littéralement, sanctification. Désigne la prière prononcée notamment à l'occasion d'un décès ou pour saluer la mémoire des morts.

Ketouba : contrat de mariage.

Kibboutz (pluriel, kibboutzim) : littéralement, rassemblement. Désigne une communauté agricole en Israël.

Kiddoush : littéralement, sanctification. Bénédiction du vin, effectuée notamment le jour de Shabbath.

Klezmer : le mot *klezmer* vient de l'association des mots *klei* et *zemer*, « instrument de chant ». À l'origine le mot *klezmer* (pluriel : *klezmorim*) désignait donc les instruments. Le sens a glissé et l'on a également appelé les interprètes les *klezmorim*. Le klezmer est une tradition musicale des Juifs ashkénazes (d'Europe centrale et de l'Est). En raison de ses origines, la langue de prédilection de la chanson *klezmer* est le yiddish, mais les langues locales étaient aussi utilisées.

Kneidler : boulettes de pain azyme, principalement consommée à l'occasion de la fête de Pessah dans le monde ashkénaze.

Kotel : désignation en hébreu du lieu où se situe à Jérusalem Le mur des Lamentations.

Loi (la) : Loi écrite (la Torah) et Loi orale (le Talmud).

Loubavitch : l'une des branches du hassidisme. Le mouvement Habad a été fondé par Rabbi Shneur Zalman de Liadi. Comme tous les *juifs orthodoxes*, ils suivent les préceptes et coutumes de la *Halakhah* (la Loi juive codifiée) enseignée par leurs propres *Rebbeim* (de Rabbi, maître), dont la lignée commence par le fondateur du hassidisme, Rabbi Israel Baal Shem Tov.

Manichtana (ou ma nishtana) : il s'agit de l'un des passages les plus célèbres de la Haggadah de Pessah, qui comprend les quatre questions posées par les enfants au cours du Seder.

Massorti : mouvement religieux apparu en Europe au cours de la période qui suivit l'Émancipation ; il se développa à l'instigation de « l'école historique positiviste » prônée par Zacharias Frankel, directeur du Séminaire théologique juif de Breslau (1854-1875).
Le judaïsme conservateur (ou Massorti) se constitua en mouvement en Amérique au début du siècle.

Matsa (pluriel, matzot) : ce mot désigne le pain azyme, fait à partir de céréales, et constitué uniquement d'eau et de farine qui sont pétris ensemble, donc sans levain. Ce pain est cuit durant la fête de Pessah en souvenir de ce qui firent les Hébreux lorsqu'il quittèrent précipitamment l'Égypte.

Maximes des Pères (voir Pirké Avot).

Melamed : celui qui enseigne aux enfants juifs.

Mellah : quartier juif des villes d'Afrique du Nord (par opposition au "hara", quartier arabe).

Mezouza : petit étui apposé sur la porte, à l'extérieur de la maison, et qui contient des extraits du Shema.

Midrash (pluriel midrashim) : commentaire rabbinique construit à partir de récits et proposant de nombreuses paraboles.

Midrashia : lieu d'enseignement du Midrash.

Mikvé (ou mikveh) : bain rituel.

Miniane : nombre de personnes nécessaires à la tenue d'un office religieux, ce nombre étant dix.

Mishna : signifie en hébreu répétition. Première partie du Talmud, la Mishna est écrite en hébreu. Elle rapporte essentiellement l'ensemble des décisions légales. Le terme Mishna fait à la fois référence à l'ouvrage recensant l'opinion et les conclusions des rabbins de l'époque - on parle alors de La Mishna - et aux conclusions des rabbins elles-mêmes - on parle alors d'une ou des Mishnayot (pluriel de Mishna). Elle comporte six ordres, eux-mêmes divisés en traités (63 au total).

Mitsvah (pluriel, mitsvot) : commandement biblique. Au nombre de 613 dans la Torah.

Mohel : celui qui pratique la circoncision.

Molok (ou Moloch) : dieu cananéen en l'honneur de qui étaient immolés, puis brûlés, des enfants.

Nakhat rouakh : sérénité de l'âme.

Neila : dernière partie de l'office de Yom Kippour.

Oulpan : cours d'apprentissage de l'hébreu.

Paracha (synonyme de sidra) : passage de la Torah spécifique à chaque semaine, lu à la synagogue et faisant l'objet d'une étude attentive.

Pessah : Pâque juive, qui célèbre la Sortie d'Égypte. Au cours du repas familial, appelé Seder, est lue la Haggadah de Pâque.

Pilpoul : dérivé du mot « pilpel », poivre ; littéralement « raisonnement aiguisé ». Méthode introduite vers 1500 en Pologne, qui consiste en une étude systématique du Talmud. C'est une sorte de gymnastique intellectuelle entre un maître et un étudiant, ou entre étudiants, qui relève du postulat que les contradictions et les différents avis émis par les maîtres du Talmud ne peuvent être qu'apparence. Le pilpoul est souvent considéré par les rabbins comme un exercice de vaine rhétorique.

Pirké Avot (ou Maximes des Pères, Traité des Principes) : traité de la *Mishna* qui recense des sentences morales.

Pletzl : littéralement, une petite place. Surnom donné à ce quadrilatère situé au cœur du quartier du Marais (à Paris), composé par les rues des Rosiers, des Ecouffes, Pavée et du Roi-de-Sicile. Les migrants juifs d'Europe centrale se sont installés là essentiellement entre 1880 et 1939.

Pourim : commémore le sauvetage des Juifs de Perse. Le nom de Pourim évoque la notion de tirage au sort, en référence au caractère aléatoire du jour prévu pour le massacre prévu par Aman et évité grâce à la reine Esther et Mardochée. La veille du jour de Pourim est un jour de jeûne.

Psaume : un psaume est une prière poétique de la Bible, composée de plusieurs versets. La plupart des psaumes ont été regroupés dans le Livre des Psaumes.

Rav : mot araméen équivalent du mot hébreu « rabbi » qui signifie « mon maître ». Cependant le nom de rav est en général moins prestigieux, car il n'implique pas que l'on a reçu la Semikha.

Rosh Hashanah : nouvel an juif.

Sanhédrin : tribunal rabbinique.

Schmattes : du polonais szmata qui signifie les chiffons, désigne en yiddish la fripe et, par extension, le métier de tailleur.

Sedarim : l'ensemble du Talmud est également traditionnellement appelé le "Sha", une abréviation hébraïque de "shisha Sedarim", les « six ordres » de la *Mishna*.

Seder : repas traditionnel de la fête de Pessah (Pâque juive).

Séfarade (ou Sépharade) : désigne un Juif originaire d'Espagne, et plus largement du Portugal et des pays du pourtour méditerranéen.

Sefer : livre.

Sefer Torah : rouleau manuscrit contenant le texte du Pentateuque.

Semikha : ordination rabbinique.

Sépharim : rouleaux sur lesquels sont écrits, à la main, les textes de la Torah.

Shabbath : littéralement, cessation, arrêt, coupure. Désigne le jour de repos hebdomadaire, et de partage communautaire.

Shalom Arshav : littéralement, La Paix Maintenant. Désigne le mouvement qui lutte pour une paix rapide d'Israël avec ses voisins.

Shema : prière fondamentale de la liturgie juive, reprenant trois passages de la Torah.

Shoah : littéralement, catastrophe. Désigne l'extermination des Juifs au cours de la Seconde Guerre mondiale.

Shoffar : littéralement, mise en ordre, arrangement. Livre de prières.

Shtetl : diminutif yiddish désignant une petite communauté ou un village juif, principalement en Pologne.

Sidour : livre de prières.

Sidra : littéralement, arrangement ou portion. Synonyme de paracha, mais se rapporte plus précisément à celle lue le samedi à la synagogue.

Sofrim : scribes.

Soukka : cabane provisoire construite à l'air libre à l'occasion de la fête de Soukkot, au sein de laquelle on habite et reçoit ses amis pendant une semaine (huit jours en diaspora).

Soukkot : fête qui rappelle les quarante ans passés dans le désert par les Hébreux libérés de l'esclavage. C'est une invitation au dépassement de soi.

Taleth (ou tallit) : châle de prière.

Tanakh : appelé également Micra, le Tanakh est l'acronyme hébreu désignant la Bible hébraïque, formée de trois parties : la Torah (la Loi, en cinq Livres également dénommé Pentateuque), les Nevi'im (les Prophètes) et les Ketouvim (les Écrits ou Hagiographes).

Talmud : littéralement, enseignement. Ce nom désigne la Loi orale. Initialement transmis oralement, ces commentaires ont été mis et conservés par écrit entre le IIe et le Ve siècle de notre ère. Cette littérature rabbinique est une exégèse de la Torah, regroupée en deux ensembles, la *Mishna* et la Guémara.

Talmud Torah : instruction religieuse.

Téchouva : littéralement, le retour. Signifie le retour spirituel et religieux au judaïsme.

Téphilins : cubes de cuir attachés à des lanières également en cuir, que les hommes placent à l'occasion de la prière du matin, l'un sur le front (chel roch) et l'autre sur l'avant-bras gauche (chel yad). Ces cubes contiennent des parchemins, sur lesquels sont retranscrits des textes de la Torah.

Tishri : premier mois de l'année, au cours duquel on fête Rosh Hashanah et Yom Kippour.

Torah : littéralement, enseignement. Désigne les cinq premiers livres de la Bible juive (Torah écrite). On parle de Torah orale pour désigner le Talmud.

Tsahal : armée d'Israël.

Tsédaka : souvent traduit par « charité », ce mot hébreu signifie en réalité justice ou droiture. Par extension, désigne la collecte de fonds pour des œuvres philanthropiques (collecte à laquelle, dans la tradition juive, l'on se doit de répondre favorablement, car c'est un devoir).

Yeshiva : littéralement session, station assise. École d'enseignement biblique et talmudique.

Yiddish : langue germanique dérivée du haut allemand avec apport de vocabulaire hébreu et slave, qui a servi de langue vernaculaire aux communautés ashkénazes d'Europe centrale et orientale. Elle s'écrit avec les lettres hébraïques.

Yom Kippour : nom officiel de la célébration juive également connue comme le Jour du Grand Pardon. C'est un jour de jeûne et de prière.

Table

Éditions du Palio
Maison fondée en 2007

*

- TITRES PARUS -

Le mammouth se trompe énormément
(Paroles d'inspecteur)
Geneviève Winter

Profession Salaud
(Une manière d'être en entreprise)
Claude Lussac

Un lobbying professionnel à visage découvert
(Enquête sur l'influence des Français à Bruxelles)
Stéphane Desselas

J!innove comme on respire
(... ou comment faire vivre notre capacité d'innovation)
Olwen Wolfe

Danse avec les renards
(Comment nos petites singeries
soutiennent le pouvoir marchand)
Marie-Claude Sicard

Profession Démago
(Comment devenir démago en 8 leçons)
Jean-Paul Gourévitch

Et l'intolérance, bordel !
(Essai sur les limites de la tolérance)
Pierre Zimmer

Neuromanagement
(Pour tirer parti des inconscients de l'entreprise)
Robert Branche

Achevé d'imprimer par Corlet, Imprimeur, S.A. - 14110 Condé-sur-Noireau
N° d'Imprimeur : 115984 - Dépôt légal : octobre 2008 - Impr*imé en France*